机关法人体系化研究

从民法到财政法

张成松 著

上海人民出版社

序　言

在《民法典》总则篇中，法人被分成营利法人、非营利法人和特别法人。从逻辑关系上看，既然都是法人，应该具有共性。从《民法通则》到《民法总则》再到《民法典》，改革开放以来的民事立法都确认，法人具有民事权利能力和民事行为能力，依法独立享有民事权利和承担民事义务，法人以其全部财产独立承担民事责任。对于营利法人和非营利法人而言，达到这些要求并不难。但对于特别法人而言，如何满足这些条件让自己成为"法人"，并不是一件很容易做到的事情。机关法人便属于这种类型。

国家机关之所以有必要被确认为民事主体，是因为其需要从市场获取从事公务活动相关的商品和服务。国家机关本身区分级次和职能，到底是将整个国家作为一个民事主体，还是中央和各级地方分别作为民事主体，甚至将一级政府不同职能的部门都作为民事主体，并不存在统一的答案，取决于理论和实践中的选择。《民法典》将有独立经费的机关和承担行政职能的法定机构认定为法人，代表了其中的一种选择。只是，机关不仅是民事主体，也是财政法上的主体，需要满足财政预算、经费标准、开支程序的要求。在遵守财政法的前提下，机关如何与法人制度相协调，独立从事民事行为，独立承担民事责任，这是一个值得深入研究的问题。

张成松在武汉大学攻读博士学位期间，在我的指导下一直从事财税法方向的研究工作。在博士论文选题时，他选择钻研机关法人的财政法问题，也是基于我的建议。毕业三年后，他对博士论文进行增补、修改和润饰，准备交付出版，当然是一件令人欣喜的事情。希望成松博士继续沿着这个话题，深入对财政法主体的研究，探寻财政法与相关领域的交叉，既要总结其共性，更要挖掘其特性。

成松博士已经注意到，在从事民事活动时，机关法人虽有主体的独立性，但并不具有行动自主性，也没有独立的财产，不能独立承担责任。导致这个现象的原因在于，国家机关的交易行为大都涉及财政支出，必须遵守财政法方面的标准和程序。对于已经安排预算的项目，机关对外支付自然不存在问题。一旦涉及大额债务或者赔付责任，当机关的行政经费不足以承担时，必然会出现偿债不能的问题。国家机关可以从事哪些民事行为，有哪些财产可以用于对外履行债务，偿债不能时由谁最终承担责任，这些问题很难从民法角度找到答案，必须结合财政法才能呈现完整场景。

从财政法的角度看，除了每年通过预算安排的办公经费，以及只能用于公务用途的资产和设备，机关法人并没有自己独立的财产。如果没有安排预算，即便已经形成债务，也无法对外完成支付。民法意义上的法人拥有权利能力、行为能力和责任能力，但财政法意义上的机关必须受到限制。基于这个现实，为了实现"机关"与"法人"的圆满结合，成松博士不得不从法人制度本身入手，引证各种著述和见解，主张法人资格主要与主体独立性相关，将其与独立意志、独立财产、独立责任相区隔。

围绕这个话题，本书做了多方面探索，从财政法角度展示了国家机关民事行为的复杂性，尤其是揭示了民事自主与财政约束之间的紧张关系。成松博士甚至提出，鉴于机关法人不能独立承担责任，上级机关对下级机关的债务应该承担补充责任，例如，一级政府对其职能部门的债务承担补充责任，上级政府对下级政府的债务承担补充责任。在解释民事关系与财政关系的复合性时，他引入了德国法上的"双阶理论"，将遵从财政法约束作为内部要求，遵从民法自主性作为外部要求，并将前者定性为公法行为，将后者定性为私法行为。这些见解虽然不能解释和解决所有问题，至少代表了作者在这个领域的有益探索。

如果一定要将政府的职能部门认定为法人，受制于政府预算机制和财政支出要求，确实不宜要求其独立对外承担责任，因为其财产和经费有限，且都有特定的公务用途。一旦出现对外欠债，法院甚至不能对其强制执行。只是，这与《民法典》法人制度的一般要求相抵触，因此成松博士才不得不着手改造法人制度，其立场实际上已经脱离法律解释，进入了制度构建的场域。从其实益看，赋予一级政府独立的民事主体地位确有必要，因其需要不断在市场上发生交易行为。鉴于其有法律所确认的独立财政收入，可以独立进行财政支出，也有能力独立对外承担责任，这种认定不会存在理论与实践障碍。但将政府职能部门界定为独立法人，意义其实没有想象中那么大，其实效未必具有不可替代性。

在对外民事行为方面，这些部门所需要的只是主体地位，能够以自己的名义签订合同、起诉应诉，无论是否赋予其法人资格，都很难让其独立承担责任，因为它们缺乏独立的财产。而所谓的主体资格需求，也不一定非要用法人的名义。职能部门代表政府对外从事民事行为，政府作为债务人对外承担责任，这与我们目前的财政预算制度、国库集中支付制度、政府集中采购制度、收支两条线制度更为吻合。因此，从法律再造的角度看，也许可以采纳另一条思路，对一级政府赋予法人资格，而政府职能部门只是作为代表机构。

当然，这个思路需要更加有力的论证，我只是提出来供作者和读者参考。希望本领域的专家在阅读此书后，能够向成松博士反馈更多的问题，提出有价值的修改建议，帮助其进一步完善对这个题目的研究。

特此推荐!

熊　伟

武汉大学财税与法律研究中心

2021 年 1 月 8 日

机关法人的行为自主性审思

机关法人的责任(能力)反思

机关法人的具体运用：
以财政法为场域

导　论

在法学研究中，作为自然人的团体构造，法人制度是永恒的热点，相关论著不胜枚举。而对于与法人制度既紧密关联又有所区别的机关法人，学界则鲜有涉及，财政法视角下的机关法人研究更是法人研究中的"荒芜之地"，属亟待深入的"新领地"。机关法人兼具财政主体(公法主体)与民事主体(私法主体)的二重性，与宪法、民法、行政法、财政法等学科交错连接，但其人格独立性、财产独立性和责任独立性在各部门法中的规定和运行机理不尽相同，实践中国家机关经费、责任均可能不独立，与法律独立主体相悖。① 故此，本书以财政法为立论基础，以"主体—财产—行为—责任"为研究脉络，从"整体法"尤其是财政法的视角展示"机关非法人化"的现实样态：主体虽独立，但行为不自主，财产和责任均不独立，进而揭示机关法人的财政法面向及其规范约束问题，最终回归到机关法人规范与约束规则的建构，可谓一种有别于传统的机关法人研究模式。

一、研究背景与研究价值

机关法人是一个具有中国特色的法律概念。纵观机关法人的缘起与发展，1922年《苏俄民法典》首创了国家机关的法人地位，在承认国家私法人格的同时全面赋予国家机关以法人资格。在苏联国家机关法人理论的基础上，我国在制定民事基本法律② 时吸收和借鉴了《苏俄民法

---

① 王春梅：《苏联法对中国民事主体制度之影响》，法律出版社2016年版，第141页。
② 主要涉及《民法总则草案》《民法典草案》《民法典总则篇》(第三次草稿)、《民法典总则篇》(第四次草稿)等民事立法规范。

1

典》(第 13 条)的规定，"机关法人化"从此走向实践。1986 年《民法通则》第 50 条将"有独立经费的机关"确定为机关法人，2017 年《民法总则》和 2020 年《民法典》将机关法人列为"特别法人"，并在《民法通则》的基础上，新增"承担行政职能的法定机构"，扩展了机关法人的主体范围，且其指向的仅是"可以从事为履行职能所需要的民事活动"。①与之相关联的是，2018 年机关运行保障管理方面的立法项目正式列入十三届全国人大常委会立法规划，2019 年《政府投资条例》解决了政府投资的边界设定、投资效率、风险控制、合法性保障等议题。实践中，国家机关从事民事活动的现象愈发普遍，原先仅满足于自己的公务需要，现在则变成了一种实现公法目的的手段，如政府购买公共服务。而源于民法中有关机关法人的规定却相当简单，②且涉及公、私法规范的"接轨"问题，加之相关理论研究相对薄弱，机关法人制度的弊端日渐暴露。在此制度下，国家机关和承担行政职能的法定机构是否可以或应当人格独立？面对作为管制与自治工具的公、私法规范，机关法人到底是遵守民法规则(私法)，还是遵守财政法(公法)？民事权利能力、民事行为能力、民事责任能力等概念是否适用于国家机关和法定职能机构？机关法人究竟包括哪些？其财产如何体现独立性？行为是否自主？如何独立地对外承担责任？凡此种种疑问，皆预示着深究机关法人这一命题，不仅具有重大的理论价值，也具有深厚的实践价值。

1. 侧重于财政法的视角系统研究机关法人制度。鉴于我国机关法人的传统和现实，机关法人的重要性不言而喻。本书从财政法向度，以机关法人这一核心命题为研究对象，抓住了我国法治进程中的一大理论与现实难题。但对该问题的研究刚刚起步，成果寥寥，在国内更是属于无人开垦的"荒芜之地"。

---

① 1986 年《民法通则》第 50 条规定"有独立经费的机关从成立之日起，具有法人资格"；2017 年《民法总则》和 2020 年《民法典》均将机关法人列为"特别法人"，第 97 条规定："有独立经费的机关和承担行政职能的法定机构从成立之日起，具有机关法人资格，可以从事为履行职能所需要的民事活动。"

② 从既有民法法律的规定来看，有关国家机关法人的规定有《民法通则》第 50 条第 1 款、第 121 条和《民法总则》《民法典》第 97 条、第 98 条等。

2. 修正机关法人理论，消除其与传统法人理论之间的冲突。对于法人与机关的关系，虽有机构说和代理说两种不同的观点，从实际立法及其解释来看，已经确立了机构说的立法和通说地位，但基于机关法人主体界定不清、行为不自主、财产和责任不独立的现实语境，关注公、私法内部的调和与接轨问题，修正传统的法人理论，形成新兴法域，便极具学术价值与实践意义。

3. 打破部门法的学科壁垒，从整体法学视角研究机关法人。机关法人内容涉及宪法、财政法、民法、行政法等部门法，本书同时运用跨学科之研究方法，揭示了机关法人的"领域法"特质，拓宽了财政法的研究视角和研究疆域，寻求机关法人在财政法与相关法域之间的互动，助推机关法人问题的深度研究。

4. 为我国财税实践提供智识指引。机关法人不仅是一个理论问题，更是一个实践命题；不仅是一个民法问题，也是一个财政法议题。本书试图勾勒出机关法人在"主体—财产—行为—责任"之间的行为规则，直指财政主体(机关法人)的权义配置，进而确认财政责任的归属，从而为具体的财税实践提供指引。同时，其制度也能调动各级机关法人的积极性，从而提高行政绩效和效能，规范和约束政府的行为。

5. 对纳税人权益保障具有重要的实践价值。作为一种组织形态，机关法人的任务限定于公共职能，这是机关法人与一般法人质的区别，也决定了国家机关借助法人治理模式达成公共职能的分散化、实现基本公共服务均等化的基本诉求。也因如此，设置机关法人也不失为保障纳税人权益的一种路径。

二、研究文献述评

(一) 国内研究现状

在法学研究中，作为自然人的团体构造，法人制度[①]是永恒的热

---

① 《大清民律草案》专章规定"法人"，将法人分为社团法人和财团法人。新中国成立后法人制度同旧法一同废除。参见谢振民编著：《中华民国立法史》(下)，中国政法大学出版社 2000 年版，第 743 页。

点，相关论著不胜枚举。①然则，学界主要聚焦于有限责任公司、股份有限责任公司等营利性法人的研究，②研究常从企业法人的财产、权利能力、责任能力、行为能力等范畴依次展开。对于属于法人范畴的机关法人，学界则鲜有涉及，对财政法视角的机关法人的研究更是鲜见。从整体上看，时下的机关法人研究有如下几个特点：

其一，机关法人的理论研究薄弱，仅有的文献多为对机关法人概念和特征的简要介绍。③新中国成立以来，数次民法典草案、《民法通则》《民法总则》《民法典》中虽均设有机关法人条款，但鲜见对机关法人制度进行专门深究的文献，之后的研究也长期局限于制度介绍，在研究深度上甚为不足。④例如，朱庆育教授在《民法总则》一书中，仅简要提及"机关法人既不是社团法人，也非财团法人，相当于《德国民法典》第 89 条⑤、《瑞士民法典》第 52 条⑥上作为公法人的

---

① 参见但不限于以下文献：江平主编：《法人制度论》，中国政法大学出版社 1994 年版；蒋学跃：《法人制度法理研究》，法律出版社 2007 年版；陈晓军：《互益性法人法律制度研究——以商会、行业协会为中心》，法律出版社 2007 年版；张力：《法人独立财制研究：从历史考察到功能解析》，法律出版社 2008 年版；张静：《法团主义》，中国社会科学出版社 1998 年版；梁慧星主编：《民法总论》，法律出版社 2015 年版；王利明：《民法》，中国人民大学出版社 2006 年版；王全弟：《民法总论》，复旦大学出版社 2005 年版；龙卫球：《民法总论》，中国法制出版社 2002 年版；韩松：《民法总论》，法律出版社 2006 年版。

② 参见宋亚辉：《营利概念与中国法人法的体系效应》，载《中国社会科学》2020 年第 6 期。

③ 不过，近年来学界和实务界开始关注国家机关事务，着力推进机关事务治理体系和治理能力现代化。参见高鹏程：《试析国家机关事务的概念》，载《中国行政管理》2019 年第 3 期；周志忍：《美国"三公经费"管理对机关事务标准化建设的启示》，载《中国行政管理》2018 年第 12 期；彭宗超、曾学华、曹峰：《整体性治理视角下党政机关事务的整合与协同》，载《北京行政学院学报》2019 年第 1 期，等等。

④ 除开《民事主体论》(罗玉珍主编，中国政法大学出版社 1992 年版)和《法人制度论》(江平主编，中国政法大学出版社 1994 年版)对机关法人制度有较为全面论述外，一般的民法学著作和教科书仅对机关法人作为我国法人的一种类型而予以简单提及或在概念上的简要介绍。

⑤ 《德国民法典》第 89 条规定："(1)对国库以及公法上的社团、基金会和机构，准用第 31 条的规定。(2)同样，对允许破产的公法人上的社团、基金会和机构，准用第 42 条第 2 款的规定。"第 31 条(社团对机构的责任)规定："对于董事会、一名董事会或者一名合法任命的代理人由于执行属于权限以内的事务，发生应负损害赔偿责任的行为，致使第三人受到损害时，社团应负赔偿责任。"第 42 条第 2 款："在资不抵债或负债累累的情况下，董事会应立即申请开始破产程序。申请迟延时，因过时对此应负责任的董事会各成员，对于债权人因此而受到的损害负有赔偿责任；他们作为连带债务人负其责任。"

⑥ 《瑞士民法典》第 52 条规定："(一)团体组织以及特殊目的的独立机构，在商业登记簿上登记后，即取得法人资格。(二)公法上的团体组织及机构，非经济目的的社团、宗教财团、家庭财团，不需经上述登记。(三)违背善良风俗或有违法目的的机构、团体组织，不得取得法人资格。"

'机构'"。①

其二，侧重于机关法人的正当性反思，肯定或否定国家机关的法人资格。②关于国家机关是否具有法人资格这一命题，常有争辩，产生两种截然相反的观点：大陆法系国家以传统法人理论和制度为参考，承认国家法人说，坚持机关人格否认说，否认国家机关的独立主体地位。③同样地，在公法学界(主要是行政法学界)，国家机关法律地位的研究从"行政机关"到"行政主体"，然后再转向"行政主体/公法人"，研究演进脉络体现为：从认可行政机关为当然的行政主体到质疑其行政主体地位的趋向。④代表此种研究特点的集大成者为张彪博士，在其著作《国家机关法人地位正当性分析》一文中，以问题为导向，揭示机关法人与一般法人理论及制度体系的冲突与矛盾，认为中国应舍弃"机关法人"，认同"国家法人说"，否定国家机关和职能机构的法人的地位。⑤与之相反，我国采用了"机关法人肯定说"，⑥承认国家机关和法定职能机构的法人资格。

---

①　朱庆育：《民法总论》，北京大学出版社 2016 年版，第 433 页。
②　参见但不限于以下文献：马克勤：《法律赋予政府机关法人资格的特殊意义和作用》，载《法律科学(西北政法学院学报)》1991 年第 2 期；欧锦雄：《宪政建设的民法基础：机关法人制度》，载《广西政法管理干部学院学报》2006 年第 6 期；陈雪娇：《机关法人的独立责任探讨》，载《广西政法管理干部学院学报》2005 年第 3 期；路松明：《机关法人法律制度研究》，中国政法大学 2008 年硕士学位论文。
③　参见但不限于以下文献：王千帆：《宪法学讲义》，北京大学出版社 2011 年版；王天华：《国家法人说的兴衰及其法学遗产》，载《法学研究》2012 年第 5 期；张建文：《转型时期的国家所有权问题研究——面向公共所有权的思考》，法律出版社 2008 年版，第 159 页；葛云松：《法人与行政主体理论的再探讨——以公法人概念为重点》，载《中国法学》2007 年第 3 期；刘章平：《地方政府性债务视角下的机关法人理论研究》，西南政法大学 2012 年硕士学位论文。
④　参见但不限于下列文献：王珉灿：《行政法概要》，法律出版社 1983 年版；罗豪才：《行政法论》，光明日报出版社 1988 年版；杨海坤、章志远：《中国行政法基本理论研究》，北京大学出版社 2004 年版；王名扬：《法国行政法》，中国政法大学出版社 1988 年版，第 39—49 页；罗豪才主编：《行政法学》，中国政法大学出版社 1996 年版；应松年主编：《行政法学新论》，中国方正出版社 1998 年版，第 110 页；应松年、薛刚凌：《行政组织法研究》，法律出版社 2002 年版，第 8—16 页；胡建淼：《行政法学》，法律出版社 2003 年版，第 39—49 页；李昕：《作为组织手段的公法人制度研究》，中国政法大学出版社 2009 年版，第 29—71 页；沈岿：《重构行政主体范式的尝试》，载《法律科学(西北政法学院学报)》2000 年第 6 期；葛云松：《法人与行政主体理论的再探讨——以公法人概念为重点》，载《中国法学》2007 年第 3 期。
⑤　张彪：《国家机关法人地位正当性分析》，湖南大学 2016 年博士学位论文。
⑥　参见但不限于以下文献：梁慧星主持的《中国民法典草案建议稿》、全国人大法工委的《中华人民共和国民法典(草案)》和王利明教授主持的《中国民法典草案(专家建议稿)》等。而于 2015 年 4 月公布的中国法学会民法典编纂项目领导小组组织撰写的《中华人民共和国民法典·民法总则专家建议稿(征求意见稿)》也对机关法人地位持肯定的态度。

其三，机关法人主体范畴(财政主体)界定不清，研究匮乏。①主体是法律关系的参加者，是法律关系中享有权利并承担义务的"人"。但在财政法领域，关于主体范畴的研究尚处于起步阶段，有关机关法人的界定更是鲜有谈起。对于集公法主体(财政主体)与私法主体(民事主体)双重身份于一体的机关法人，在理论上的研究不够，以致实践中争议较大。例如，江平教授认为作为独立的财政预算单位的机关具有法人资格，②但实际并不尽然。至于主体范畴，是否同时包含国家权力机关、国家行政机关、国家司法机关和国家军事机关，抑或仅含其中的部分，争议亦有之。③

其四，机关法人财产和责任的非独立性受到关注，但研究文献较为不足。④此种研究风格的代表为吕瑞云博士，其在《公法法人财产所有权问题研究》一文中，深入论证公法人管领或控制财产的支配权问题，指出公法人拥有财产所有权，提倡在我国承认和规范公法人财产所有权的行使，承认公法人的财产所有权。

其五，公法与私法的"接轨"问题，在财政法和民法之间体现不足，时下主要限于私法对税法的规范影响。财政法和民法存在类似的"模糊地带"，如有些虽然是"公"的问题，比如政府发债，但只有通过"私"的方法方能妥当处理；有些虽然是"公"的问题，比如政府采

---

① 参见但不限于下列文献：崔潮：《论财政主体的演进与中国财政学的发展》，载《改革与战略》2009年第9期；崔潮：《财政主体结构视角下中西财政形态演化的比较》，载《郑州大学学报(哲学社会科学版)》2012年第5期；孙树明、郑里：《财政法律关系论》，载《财政研究》1988年第9期；刘剑文：《财税法总论》，北京大学出版社2016年版，第230—242页；刘隆亨：《中国财税法学》，法律出版社2010年版，第12页；张守文：《财税法学》，中国人民大学出版社2007年版，第45—50页。

② 参见江平：《法人制度论》，中国政法大学出版社1994年版，第65页。

③ 参见但不限于以下文献：傅静坤主编：《民法总论》，中山大学出版社2002年版，第93页；徐海燕编著：《民法总论》，对外经济贸易大学出版社2004年版，第125页；刘凯湘：《民法总论》，北京大学出版社2006年版，第180页；江平主编：《法人制度论》，中国政法大学出版社1997年版，第63—67页。

④ 参见但不限于以下文献：吕瑞云：《公法法人财产所有权问题研究》，中国社会科学院研究生院2011年博士学位论文；王继远：《我国机关法人财产立法保护初探》，载《特区经济》2009年第4期；余睿：《论行政公产的法律界定》，载《湖北社会科学》2009年第9期；陈雪娇：《机关法人的独立责任探讨》，载《广西政法管理干部学院学报》2005年第3期；任尔昕、王肃元：《我国法人民事责任制度之检讨》，载《政法论坛》2002年第2期；尹田：《无财产即无人格——法国民法上广义财产理论的现代启示》，载《法学家》2004年第2期。

购，主要依据行政法等公法认定，但仍需借助民法作具体处理。①不过，目前的研究主要限于财政收入端的税法对私法的"接轨"问题。此种研究的代表为黄士洲博士，在其《税法对私法的承接与调整》一书中，其采用抽象至具体的论证方式，以税法独立性与法秩序一体性的矛盾与冲突为起点，在宪法的体系正义思维下妥善地解决税法对于私法近于全面性的承接与调整关系，以及评价歧义所产生的外溢效果，具体包括税捐债务对私法的承接与调整、税法对身份法的承接与调整、税法对于财务会计的承接与调整、税法对私法证据方法的承接与调整。此外，学界对机关法人的法律属性也尚未形成共识，②以致在《民法总则》颁布之际，既有将机关法人纳入"特别法人"范畴的论断，③也有主张将机关法人以及与其类似的准公法人纳入公法人体系的洞见，④而对于机关法人的功能、法律地位等议题，研究深度亦尚有不及。⑤

（二）国外研究现状

在国外，即便传统大陆法系国家有类似于机关法人的公法人概念，但仅苏联和俄罗斯将"机关法人"作为一项独特的制度和理论。其中，在私法学界，机关的法人地位首次确立于《苏俄民法典》，机关法人理论亦首先由苏联提出和确立。⑥A.B.维涅吉克托夫最先提出国家机关法人

---

①　参见但不限于以下文献：葛克昌：《税法基本问题——财政宪法篇》，元照出版公司 2005 年版，第 229—230 页；叶金育：《税法整体化研究：一个法际整合的视角》，北京大学出版社 2016 年版，第 79—108 页；黄茂荣：《法学方法与现代税法》，北京大学出版社 2011 年版；黄茂荣：《税捐法与民事法》，载《月旦财经法杂志》2005 年第 2 期；苏永钦：《寻找新民法》，北京大学出版社 2012 年版；田喜清：《私法公法化问题研究》，载《政治与法律》2011 年第 11 期；杨小强：《论税法与私法的联系》，载《法学评论》1999 年第 6 期；杨小强、彭明：《论税法与民法的交集》，载《江西社会科学》1999 年第 8 期；罗俊杰、刘霞玲：《税法私法化趋势理论探源》，载《税务研究》2010 年第 4 期；等等。

②　参见尹田：《民事主体理论与立法研究》，法律出版社 2003 年版，第 162—177 页；马俊驹：《法人制度的基本理论和立法问题之探讨（上）》，载《法学评论》2004 年第 4 期。

③　参见张璁：《全国人大常委会审议民法总则草案法人一章增加特别法人类别》，载《人民日报》2016 年 12 月 12 日，第 4 版。

④　参见张闻祺：《我国民法总则中的法人分类方式探析》，载《中州学刊》2017 年第 2 期，谭启平：《中国民法典法人分类和非法人组织的立法构建》，载《现代法学》2017 年第 1 期。

⑤　参见李昕：《作为组织手段的公法人制度研究》，中国政法大学出版社 2009 年版，第 81—106 页。

⑥　See, but not limited to the following documents: W.E.Butler, *Immunity of Soviet Juridical Persons*, The Modern Law Review, Vol.35, No.2(Mar., 1972), pp.189—193; O.S.Yoffe, Y.K.Tolstoy, *The New Civil Code of the R.S.F.S.R.: A Soviet View*, The International and Comparative Law Quarterly, Vol.15, No.4(Oct., 1966), pp.1090—1115.

理论，其坚持财产归属国家，国家机关仅对其支配的划拨财产享有经营管理权。其采用民法和行政法相结合的"领域法"研究方法，吸收行政法学中的"管理"概念，认为国家是所有权的唯一主体，而国家机关则为管理权主体，经营管理权理论正式形成，从而为机关法人理论发展和深化奠定了学理基础。①苏联解体后，《俄罗斯联邦民法典》和《俄罗斯非商业组织法》虽规定"机构"仍为法人，但并未直接规定机关法人的类型，②国家机关的民事主体地位在学界亦呈现出各异的认识，承认和反对均有之。③不过，学界普遍认为，作为民法中法人的一类，机关法人仅具有过渡性质。④但令人欣慰的是，基于公共行政的现实发展，公法学理论赋予特定行政机关以法人资格与法律地位，机关法人日渐成为现代公法理论的关注点，甚至部分国家和地区对此进行了立法探索与实践。⑤例如，日本实施《独立行政法人通则法》，机关的人格性在大陆法系国

---

① 因为按照《苏俄民法典》(1922)第23条的规定，国家机关作为法人，必须拥有独立的财产，而国家享有所有权、机关享有经营管理权的这一理论构造，无疑实现了在肯定国家所有权统一的前提下，对国家机关作为法人必须享有独立财产的要求。该理论为《苏俄民法典》(1964)第94条第3款所接受。参见中国社会科学院法学研究所民法研究室编：《苏俄民法典》，中国社会科学出版社1980年版，第14页；[苏]玛·雅·克依里洛娃主编：《苏维埃民法》(上册)，北京政法学院民法教研室译，法律出版社1957年版，第62—63页。

② 参见鄢一美：《俄罗斯当代民法研究》，中国政法大学出版社2006年版，第37—38页。

③ See, but not limited to the following documents: Andrew Vincent, *Can Groups Be Persons?* The Review of Metaphysics, Vol. 42, No. 4 (Jun., 1989), pp. 687—715; Janet McLean, *Government to State: Globalization, Regulation, and Governments as Legal Persons*, Indiana Journal of Global Legal Studies, Vol.10, No.1(Winter 2003), pp.173—197.

④ 参见[俄]E.A.苏哈诺夫：《俄罗斯民法(第2册)》，王志华、李国强译，中国政法大学出版社2011年版，第549—550页；王春梅：《苏联法对中国民事主体制度之影响》，法律出版社2016年版，第18—20页。

⑤ See, but not limited to the following documents: D. Harcourt Kitchin, *The Public Corporation*, The British Medical Journal, Vol.2, No.4315(Sep.18, 1943), pp.369—371; D.Harcourt Kitchin, *The Public Corporation(Concluded)*, The British Medical Journal, Vol.2, No.4317(Oct.2, 1943), pp.423—424; J.Preston Carson, *The Liability of Public Corporations*, The Virginia Law Register, Vol.5, No.10(Feb., 1900), pp.661—665; W.Friedmann, *The New Public Corporations and the Law*, The Modern Law Review, Vol.10, No.3(Jul., 1947), pp.233—254; J.A.G.Griffith, *Public Corporations as Crown Servants*, The Modern Law Review, Vol.12, No.4(Oct., 1949), pp.496—498; Winfried R.Dallmayr, Public and Semi-Public Corporations in France, Law and Contemporary Problems, Vol.26, No.4, Public Authorities(Autumn, 1961), pp.755—793; Lucile Sheppard Keyes, *Some Controversial Aspects of the Public Corporation*, Political Science Quarterly, Vol.70, No.1 (Mar., 1955), pp.28—56; W. Friedmann, *The Legal Status and Organization of the Public Corporation*, Law and Contemporary Problems, Vol.16, No.4, The Nationalization of British Industries(Autumn, 1951), pp.576—593.

家和地区逐渐受到认可，①但目前"行政法人化"并不具有普遍性和广泛性，②理论上也形成了机关独立要素说、机关部分人格说、机关具体人格说、法人格相对性说、机关人格否定说等关于法律人格的多种观点。当下，公法学界虽较少争辩行政机关的法人资格，③但在行政法学中一直存在对机关主体性问题的讨论：在机关之上不再套用"法人"概念，而将机关作为国家组织内部的功能主体。而有关法律主体性、部分权利能力的主张，实质上在于构建不同于私法的指向机关公法主体资格的概念。此外，无论是在联邦制国家抑或单一制国家，大都认同公法人享有财产所有权。

总体来说，我国学术界对本论题虽有涉猎，但大多局限于对机关法人的正当性的反思，揭示机关、机关法人与国家法人说的内在关联等，④而与本论题"擦肩而过"；苏联和俄罗斯虽有对机关法人的具体实践和理论探索，但机关法人在该国有退出历史舞台之势。不过令人欣喜的是，与机关法人类似的公法人正逐渐受到大陆法系国家的认可，公法人研究日渐成熟。同样地，纵使我国形成了诸多的制度反思论断，但《民法通则》《民法总则》《民法典》已明确了国家机关的法人资格，昭示着机关法人在我国将长期存在。鉴于现有文献尚未触及机关法人核心领域，侧重于财政法视角，融私法和公法于一体的整体化研究范式不仅必要，亦为可行，可助力机关法人在财产和责任不独立问题上的根本解决。

三、研究思路与研究方法

本书以机关法人为研究对象，以财政法为立论基础，遵循"主体—

① [日]铃木义男等：《行政法学方法论之变迁》，陈汝德等译，中国政法大学出版社2004年版，第99—103页。
② 参见李昕：《论公法人制度建构的意义和治理功能》，载《甘肃行政学院学报》2009年第4期。
③ 参见[日]盐野宏：《行政组织法》，杨建顺译，北京大学出版社2008年版，第65页。
④ 参见王锴：《机关、机关法人与国家法人说——基于国家组织法的考察》，载《人大法律评论》2019年第1期。

财产—行为—责任"的行文逻辑，对照传统法人理论，揭示机关法人的民法(私法)限度与财政法(公法)约束的实然性与应然性，探究机关法人的制度缺陷，着力建构迥别于传统法人理论的一体化机关法人约束规则。对于研究模式，本书尽力避免沦为理论或实务单一层面的说教，而是追求理论与实践的高度融合。为此，本书不是简单地肯定抑或否定机关法人制度，而是结合理论与实践进行严丝合缝的论证，进而演绎或推导出机关法人的私法限度与财政行为约束，止笔于机关法人责任的反思与规则构造。本书始终围绕"主体—财产—行为—责任"的论证思路，试图说明在《民法典》认可机关法人制度之余，学界不能仅限于机关法人的正当性思量，而要深度解剖机关法人制度，规范和约束机关法人的具体行为。为深度研究机关法人的财政法面向及其约束，全书主体部分设计为五章，循序渐进，依次展开。其具体的研究思路展现为：

第一章论证机关法人在现代法治中的公、私法价值，勾勒机关法人在不同法域的识别标准/观测指标，反思传统法人理论，展示机关法人"主体虽独立，但行为不自主、财产和责任均不独立"的实态，揭示机关法人的财政法面向及其约束规则。具体而言，机关法人化的实质是"去机关化"，它属于公法人范畴，通过揭示其内涵不清、权利受限、责任非独立等财政乱象，指出机关法人并非单纯的私法命题，宪法、行政法、财政法等公法领域均有机关法人，只是称谓不同罢了。因此，要勾勒出不同法域中机关法人的识别标准及其内在联系，从"整体法"尤其是财政法的角度反思法人理论。一方面，比照传统法人理论，展示机关法人与一般法人的不同，另一方面，从"机关"角度诠释机关法人在主体、财产和责任之间的逻辑关联。结论是，在公、私法竞合领域，机关法人虽作为一种法人类型，但不同于一般法人，机关法人的财产和责任可不必独立，还要受财政法的约束。

第二章基于主体独立性，重点考察机关法人的主体资格。选取稽查局为考察对象，以案例反推稽查局的主体资格，揭示机关法人主体性的实然面向，进而深思机关法人的独立性。相较于一般法人理论，机关法人并未遵循法人"人格独立、财产独立、行为自主和责任独立"的传统特质，可谓是一种特别法人。同时，不能将组织机构代码证作为认定依据，独立经费抑或独立执法权可能更适合作为机关法人的判断基准。应在此基础上界定机关法人的主体内涵。在主体构造上，重新定义机关法人，主张机关法人的有限法人化；根据事权与财权相一致原则，合理配置各机关法人的权利和义务；机关法人虽遵从民法及其私法机理，但更要受公法的约束与限制。

第三章以财产独立性为重心，论证机关法人的财政能力和财产范围等问题。机关法人欲以自己的名义享有民事权利与承担义务，前提便要掌握其财产能力，因而要检视机关法人的财产独立性。其实，机关法人并非一个独立的财政主体，机关法人也并非仅以预算资金作为收入基础。在性质上，财产独立制与国家所有权相关联，但机关法人并不具有所有权，仅为支配权；在财产构造上，机关法人的财产独立性是相对的，可从公共财产权的视角加以解构，包括遵循财产的取得法定、使用约束、收益限制、处分规制等。

第四章以财政自主性为中心，聚焦机关法人的行为自主性。机关法人并非由民法所决定，而是取决于宪法统摄之下的财政法、行政法等公法。因此，机关法人的行为是一个典型的财政行为，涉及机关法人收入、支出、管理等。机关法人的实质是"去机关化"，要受预算法、财政法的特别调整，是财政法(公法)对民法(私法)的限制。为此，本章以政府购买公共服务为考察重心，检视机关法人行为非规范和支出规范中约束性过强的问题，反思机关法人行为的自主性与约束性，解剖机关法人行为的评价序位，在此基础上构造和优化机关法人行为的规范与约束机制。

第五章立基于传统法人理论之责任独立性，反思机关法人的责任能力并进行规范构造。机关法人承担责任的过程，也是财政支出的过程。但经深究，机关法人并非一个独立的责任主体，独立责任并非为机关法人所必需。在此基础上，本章对机关法人责任的具体问题展开研究，包括越权行为的效力与责任承担、表见代理中的机关法人责任、机关法人的破产问题、国家赔偿的民事性质等。基于机关法人财产和责任不独立的现实，若发生重大民事交易活动，机关法人应当独立承担责任。而欲构造和提升机关法人的责任能力，需从责任形态、责任拓补、责任实现等面向综合加以建构。

第六章以财政法为场域，实证剖析机关法人的具体运用问题。立基于一体化的机关法人规则，一方面，以政府购买公共服务为重心，通过审视政府购买公共服务的主体范畴、财产能力、行为自主度和责任承担，着力构造体系化的政府购买公共服务机制，助推社会公共需要的法治实现；另一方面，以地方债发行为分析场域，以《预算法》第35条为切入点，以财政自主性为中心，透析地方债发行主体、财产、责任之独立性问题，从发行主体的资格认定、范围拓展、权限划分、责任实现等方面建构"主体"与"责任"联动的地方债发行模式，从而寻求机关法人规则在财政法中的具体运用。

研究方法于本书写作，不可谓不重要，研究机关法人同样如此。当前，从方法论向度审视机关法人研究，有以下几个特点抑或流弊：其一，利用民法研究范式，坚持法人概念的私法性，而忽略了机关法人的公法人属性，且理论研究薄弱，大多文献止于对机关法人概念和特征的简要介绍；其二，美其名曰运用比较法，实则沦为"只比较，不研究"之怪状；其三，研究成果特别是学位本书，论证时几乎囊括所有的研究方法，包括实证分析法、文献分析法、利益衡平法等，然字里行间，难觅其踪。在对机关法人的探究之中，不论是从私法角度还是公法视角，研究都强调机关法人的私法属性，而弱化公法属性及其约束性，导致部分国家机关以"法人"之帽，行私利之实。而在公、私法竞合规则之下，机关法人的研究模式应兼顾二者，尤其要注意公法职能及其约束性。

为实现上述目标，引入新的方法论并与传统方法论相结合，已经势在必行。机关法人涉及宪法、民法、行政法、财政法等学科领域，仅有民法尚不足以解决机关法人的根本问题，因而研究模式应有别于传统，需要从多学科、多视角来探究机关法人制度。在方法论选择上，本书选用文献分析法、实证分析法、比较研究法等，遵循科学的论证路径，达致明晰的证成目的。此外，财政学、经济学、历史学、政治学等科际知识被广泛吸收和借鉴，纵使在法际之间，同样借鉴和吸收了财政法、行政法、民法等关联部门法的研究成果，兼采类型化和实证研究方法，使得论题研究不只是简单的概念比对和国别比较，而多为反思和比较机关法人在传统部门法之间的差别，寻求共识。具体而言，由于机关法人是一个集公法(财政法、行政法等)与私法(民法)于一体的综合命题，既非单纯的私法问题，也不是纯粹的公法问题，在论述过程中不可避免地涉及其他法域的分析工具、研究范式，如以案例、法规文件为基础的实证研究、以大陆法系国家特别是苏联、俄罗斯和新中国成立以来的立法实践为中心的历史研究，比照和吸收民法、行政法、财政法、宪法等领域的比较研究，对机关法人做交叉、系统的整体性研究，旨在实现机关法人在不同法域中无缝对接，实现公法与私法的和谐互动。需要强调的是，对于"机关法人"这一论题，虽然其研究方法是多元的，但其核心应当是恒定的，便是围绕"主体—财产—行为—责任"的主线逻辑，展示机关法人的现实样态，揭示机关法人表似一个简单的民事主体，实则涉及财政法的规范及其约束，是一个典型的财政法问题。

第一章

现代法治中的机关法人

在我国，《民法通则》《民法总则》《民法典》虽继受了苏俄民法的机关法人制度，但于机关法人的设定、财产性质、财产范围、责任承担等均无系统完整的规定，[①]"机关非法人化"在实践中成为常态。为此，论证机关法人的生成价值，考察公、私法域的相关立法和研究成果，提炼并勾勒出不同法域中机关法人的识别标准/观测指标，阐发各指标之间的内在联系，不仅必要，更是必然。本章先阐述机关法人的普世规律，在此基础上，反思传统法人理论，展现机关法人行为不自主、财产和责任均不独立的现实样态，揭示出机关法人的财政法面向及其约束，它表面似一个简单的民事主体，实际上是一个典型的财政法问题，受其规范和约束。

第一节 认知"机关法人"：研究的起点

机关法人理论的确立，在于区分国家机关的公法身份与私法角色，

---

① 参见张彪：《国家机关法人地位正当性分析》，湖南大学 2015 年博士学位论文，第 66 页。

只有基于实现公法目的而从事辅助于公职活动的民事活动时，国家机关才以法人的身份示人。①机关法人兼具"公"与"私"的双重品格，其可以民事主体的身份从事必要的民事行为，如采购办公用品、租用办公场所等，但更多的则是以社会管理者的身份实施国家统治和社会治理行为，如发布规章命令、实施行政许可等。前者主要存在于私法领域，后者主要适用公法领域(财政法)的法律规范，机关法人呈现出公、私法的交错与互动趋向。

一、机关法人的生成逻辑

机关法人是公法主体与私法主体的集合体，以财政拨款为独立预算，以实现公共目的为终极目标追求。②其基本特征主要体现在：其一，民事活动与公共管理职能的分离。机关只有在为民事活动时，才可称之为法人，反之，则不是法人。其二，拥有独立的经费。经费来源纳入国家财政预算，由中央或地方财政拨款(预算拨款)形成的独立经费，是国家机关赖以进行民事活动的财产条件和物质基础。其三，依照法律或行政命令成立，无须专门的核准登记程序。机关从成立之日起，即可取得法人资格。不过，即便机关法人从事的是民事活动，但最终仍是为公共行政管理活动服务。③

(一) 公、私法(人)的分立：机关法人的存在基础

机关法人虽不等同于大陆法系国家的公法人，但作为法人的一种，同样肇始于罗马法公、私法划分理论，且成为了机关法人的生成基础。④其中，乌尔比安作为公、私法划分理论的观念创始者，其以法律

---

① 参见韩松：《民法总论》，法律出版社 2006 年版，第 152 页。
② 参见江平主编：《法人制度论》，中国政法大学出版社 1994 年版，第 63—67 页；傅静坤主编：《民法总论》，中山大学出版社 2002 年版，第 93 页，等等。
③ 参见王名扬：《英国行政法、比较行政法》，北京大学出版社 2016 年版，第 80—81 页。
④ 参见李昕：《作为组织手段的公法人制度研究》，中国政法大学出版社 2009 年版，第 56—70 页。

维护的利益为标准，将法律区分为公法和私法，①查士丁尼做了进一步的确认。②在罗马法上，基于法人构成基础的不同而将团体分为社团与财团两类，前者包括国家、地方政府、商业或实业社团、政治社团，后者有寺院、慈善团体、待继承的遗产。不过，对于罗马法上是否存在公法人，时至今日，学者的见解仍存在较大分歧。究其本质，反映的是公、私观念的对立，其划分目的在于研究之便利和安全。③至此，大陆法系国家的公法和私法，正式以制度形式被确定下来，且广为流传，影响深远。

在罗马法中，公法与私法划分的理论虽较为完善，但两者的地位与发展程度却大为不同，公法的发展极为有限。④事实上，在中世纪的欧洲国家，法律实践体系中并没有公法与私法的划分，所有的法律问题均套用同样的方式予以处理，如 13 世纪法国的《博韦习惯法集》、德国的《士瓦本法典》、16 世纪的《加洛林纳法典》，均没有提到公法与私法的划分。但是在学理上，自 11 世纪起，基于罗马法在欧洲大陆的复兴，法学家们在对查士丁尼《法学阶梯》和《学说汇纂》的研究、继承和传播的过程中，重提公法与私法划分理论，并得到了学界的肯定与支持，但主要是罗马私法的复兴。⑤17、18 世纪资产阶级革命爆发以后，公、私法的划分日益明显，至此，近代公法与私法划分理论才得以发展。直到 19 世纪概念法学的研究中，公法与私法的概念区别才日益受到重视，并在完善以宪政为基础的公法体系之上，公法和私法的二元划分才成为大陆法系的一项基本法律原则。可以说，在以法国、德国为代表的

---

① 参见[意]彼德罗·彭梵得：《罗马法教科书》，黄风译，中国政法大学出版社 1996 年版，第 9 页。
② 参见[古罗马]查士丁尼：《法学总论》，张企泰译，商务印书馆 1996 年版，第 5—6 页。
③ 参见郭明瑞、于宏伟：《论公法与私法的划分及其对我国民法的启示》，载《环球法律评论》2006 年第 4 期。
④ 例如，罗马国家于公元前 450 年制定的第一部成文法《十二表法》，就是一部以私法为主要内容的法典。此外，体现罗马法发展最高成就的法律巨著查士丁尼《国法大全》，其内容也主要是私法。参见叶秋华、洪荞：《论公法与私法划分理论的历史发展》，载《辽宁大学学报(哲学社会科学版)》2008 年第 1 期。
⑤ 参见赵世义：《为私法正名》，载《中国法学》2002 年第 4 期。

大陆法系国家，形成了公法与私法分际的基本格局，私法对应于市民社会，公法适用于政治国家，二者如楚河汉界，各司其职。

不过，公、私法二元分立标准的模糊以及公、私法内容的交融，使得公、私法二元分立的传统受到强烈质疑。于是，19 世纪的个人本位日渐让位于 20 世纪的社会本位，私法的价值取向亦从"个人本位"走向"社会本位"，私法开始"公法化"；与此同时，传统意义上的私权自治领域，越来越受到国家干预和公法原则的影响，又体现出了公法"私法化"的特性。尤其是进入 20 世纪，公法与私法融合的趋势更显明朗，形形色色的"私法公法化"[①]和"公法私法化"现象层出不穷，[②]甚至出现新的社会立法而无法归类(介于公法与私法之间的法律)。[③]例如，行政领域的"国家的社会化"与"社会的国家化"现象：前者是行政趋向于私人领域，致力于向社会提供优质的公共服务，后者为大量的私法组织介入公共领域，助推公共职能和公共福祉的实现。[④]但是，进入 20 世纪 70 年代以后，基于国家对社会经济过度干预的负面教化，特别是"福利国家"的膨胀，主张经济自由的新自由主义学派逐渐占据主导地位。基于此背景，西方国家开始了新一轮的私有化过程，公法和私法在一定程度上重新分离，可谓"分久必合，合久必分"。

纵使学术界对公法与私法的划分标准有不同的学说，如主体说、服从说、强行法说、利益说、混合说，[⑤]并且对于公法与私法具体内容的

---

① 私法公法化主要表现在：财产所有权保护从绝对到相对；契约制度从强调自由到追求正义；责任归责原则从主观到客观。私法公法化的理论基础仍然是以坚持公法、私法的划分为前提的，一方面它肯定了公法对私法的渗透和影响，另一方面它认可了公权通过干预走向私权领域的延伸。参见田喜清：《私法公法化问题研究》，载《政治与法律》2011 年第 11 期。

② "公法私法化"的主要表现是将平等对立、协商较量、等价有偿、恢复补偿等私法手段引入有政府和公权力加入、以公共利益为考量的公法关系。参见龚刚强：《法体系基本结构的理性基础——从法经济学视角看公私法划分和私法公法化、公法私法化》，载《法学家》2005 年第 3 期。

③ 参见方昀、曾祥生：《试论公法合同的契约基础——以公法与私法的关系为中心》，载《武汉大学学报(哲学社会科学版)》2009 年第 2 期。

④ 参见李昕：《作为组织手段的公法人制度研究》，中国政法大学出版社 2009 年版，第 63 页。

⑤ 参见沈宗灵：《比较法总论》，北京大学出版社 1998 年版，第 124—126 页。

界定亦存在分歧，公法与私法孰先孰后更无定论。①但可以预见的是，未来公、私法的发展必然是公法和私法在相对独立中的互补共进。而在公、私法分离与融合的语境下，公、私法人②的分立为机关法人的形成奠定了基础。概括而言，一般私法人依私法设立，公法人根据公法设定。③公法人和私法人的分野，前者在于政府目的，后者则不然；前者并非一个自愿性的结合，但后者是自愿性的结合体。④作为一种公法人，机关法人既是公法与私法、公法人与私法人分离的产物，也是立法实践的历史选择。一言以蔽之，洞悉公、私法的区分，揭示机关法人变迁的历史根源，更是领悟机关法人制度价值的基础。

(二) 机关法人的创立与发展

机关法人虽发端于英国的政署改革，⑤但正式创设于 1922 年的《苏俄民法典》(第 13 条)。从主体范围上看，作为组织形态的法人，苏联将国家组织、合作社组织、社会团体等公法主体及其法律关系纳入私法调整范围。由于《苏俄民法典》采用了传统私法的名义和外壳，因而法人概念被采用成为必然之举，⑥并进而在承认国家私法人格的同时全面赋予国家机关(国家法人分为国家机关和国营企业)以法律地位。⑦然则，此时的"机关法人"仍系公法主体，而非公、私法划分之下的私法主体。究其缘由，基于以公有制为基础的高度集中的计划经济体制，国家机关和国有企业虽成为经济活动的主要主体，但实质上它们并非独立的

---

① 参见汪习根：《公法法治论——公、私法定位的反思》，载《中国法学》2002 年第 5 期。

② 私法法人和公法法人的区别在于，前者是根据私法的设立行为(如设立合同和捐助行为)而成立的，后者大多数是基于一种公权力行为，特别是依照一项法律而成立，或最后经法律认可作为公共事业的承担者而成立。参见卡尔·拉伦茨：《德国民法通论》，王晓晔译，法律出版社 2003 年版，第 179 页。

③ 参见李建良：《论公法人在行政组织建制上的地位与功能——以德国公法人概念与法制为借镜》，载《月旦法学杂志》2002 年第 5 期。

④ 参见齐红：《单位体制下的民办非营利法人——兼论我国法人分类》，中国政法大学 2003 年博士学位论文。

⑤ 参见李昕：《作为组织手段的公法人制度研究》，中国政法大学出版社 2009 年版，第 127 页。

⑥ 苏联民事立法和民法理论在表述"法人"时，更多地使用另一种极具经济色彩的表达："组织"和"企业"。

⑦ 参见[苏]玛·雅·克依里洛娃主编：《苏维埃民法》(上册)，北京政法学院民法教研室译，法律出版社 1957 年版，第 62—63 页。

民事主体，亦没有独立的财产权；鉴于高度公法化的社会主义法制，国家对法律概念、基本原则、具体法律制度等都进行了"改造"，塑造了迥别于传统私法的"民法公法观"，民法不再被认为是私法。因此，国家机关在苏俄民法中法人地位的确立，便是高度集中的计划经济和"民法公法观"的具体体现和历史产物。

1922 年《苏俄民法典》虽未直接规定机关与国家之间的财产关系和私法债务的责任承担，但第 19 条有类似的国有企业债务责任之规定。并且，1926 年《"关于国家预算制机关的经济业务"的联合决议》第 2 条和第 4 条规定"具有独立经费预算的机关"方能成为财产纠纷的原告或被告。资金来源为预算拨款和专款专用资金。在整体上，国有企业与国有公司在财产上完全独立，预算机关在批准预算的范围内完全独立，集体农庄和合作组织以法定基金形式实现财产独立性。而作为一种法人，此种规定展示了预算制机关财产独立和责任独立的理论诉求和制度需求。[①]根本而言，在苏联民事立法和民法理论中，预算机关具有相对独立于国家的法律地位，独立预算经费和独立责任是其中的重要体现。

至 1964 年，基于维涅吉克托夫的经营管理权理论，[②]1964 年《苏俄民法典》第 23 条将拥有独立财产的组织视为法人，第 24 条进一步将有预算经费保障的"国家机关和其他国家组织"列为法人，第 94 条将国家确定为国家财产的唯一所有人。不难看出，1922 年《苏俄民法典》虽未对国家机关的财产权性质做出明确定位，[③]但 1964 年《苏俄民法典》借助经营管理权理论，将经营管理权划归为机关法人的财产权利，将本为行政法上的管理权确立为私法上的财产权，满足了国家机关作为民事

---

①　参见王春梅：《苏联法对中国民事主体制度之影响》，法律出版社 2016 年版，第 19—20 页。
②　苏联科学院院士 A.B.维涅吉克托夫提出了国家机关对国有财产享有经营管理权的理论，认为国家财产权利的法人代表应该是国家机关，而不是国家，即便它是国家机构财产的所有者。唯一例外的是，维涅吉克托夫把社会主义国家直接看作一个整体，即在对外关系中，国家是法人。
③　仅仅是对国家机关出让财产、合同签订和履行、诉讼时效等均作出了规定或者指引性规定。

主体所要求的财产权利(但仅是一种公法上的管理权)，为国家机关(还包括国有企业)法人地位的合理化提供了理论上的支持。换言之，将机关法人纳入民法的调整范围，便满足了民法典对法人独立财产的要求，符合了传统法人理论的基本要义。在责任独立性上，1964 年《苏俄民法典》第 32 条规定法人以其拥有的财产清偿债务，且第 33 条又进一步对国家的责任和国家组织责任做了区分规定。①在国家及其机关之间的关系上，财产与债务责任承担的规定可谓相当明确。在学界，苏联的多数学者认可国家机关法人化理论，并认为地方苏维埃和国家预算制机关均为法人。

深究之，机关法人并非严格意义上的私法主体概念，它只不过是将行政法律关系和计划经济活动主体确立为法人的结果，使国家机关及其管理权堂而皇之地披上了私法的外衣，谓之苏俄"民法公法化"和高度集中计划经济体制二重作用下的历史产物。②亦正因如此，苏联解体后，俄罗斯开始重新宣告私法的基本原则并构建私法体系，产生于公、私法不分的计划经济体制下的机关法人制度也进行了相应变革。在法人的类型上，依据法人的活动性质，《俄罗斯联邦民法典》将法人划分为商业组织和非商业组织，其中非商业组织法人包括消费合作社、社会和宗教组织、基金会、机构、协会和联合会等。进言之，纵使《俄罗斯联邦民法典》改变了以国家企业、国家组织和国家机关为主要法人类型的做法，但其依旧在"机构"这一法人类型中，保留了部分由国家拨款成立的国家机关的法人地位。即由财产所有人拨款的机构属于法人，"机构"依然具有法人地位。但是，俄罗斯学者普遍认为，机关法人作为一种法人类型仅具有过渡性质，国家机关法人地位的合理性与正当性日渐受到质疑和摒弃。

(三) 机关法人的中国走向

纵使主流理论认同国家主体性二元结构理论，大陆法系国家坚持机

---

① 中国社会科学院法学研究所民法研究室编：《苏俄民法典》，中国社会科学出版社 1980 年版，第 14 页。

② 参见张彪：《国家机关法人地位正当性分析》，湖南大学 2016 年博士学位论文，第 56—60 页。

关法人否定说，以及机关法人非法人化的司法事实，但受苏联国家机关法人理论的深刻影响，20世纪50年代以来中国就在立法和理论上认可了国家机关的法人地位。①纵览中国民法之立法史，②在《民法通则》前的三次民事立法中，每一次草案都确立了国家机关的法人资格，且在法人类型选择上，亦与苏联民法大体相同。尤其是20世纪80年代民法典草案的法人概念和机关法人表述，与1964年《苏俄民法典》极为类似。③

其中，在20世纪50年代，《民法总则草案》(1955年10月5日)第19条和《民法典草案》(1955年10月25日)第19条均将机关法人主体确认为"国家机关、群众团体、社会组织、合作社、企业、学校、医院等"，两次草案作出了几乎相同的规定。尔后，《中华人民共和国民法典总则篇》(第三次草稿)(1956年12月17日)第16条将"集体组织"规定为法人；《民法典总则篇》(第四次草稿)(1957年1月15日)第15条将相应的"组织"确定为法人，第三次和第四次草稿虽未采用前两次草稿的表述，但并不意味着不赞同国家机关的法人地位。在学界，我国学者们也基本认可国家机关的法人资格，并且在法人类别中将机关法人单独列为一类。④

20世纪60年代，同1961年《苏俄民事立法纲要》和1964年《苏俄民法典》全面肯定国家机关的法人地位一致，我国同样在民法草案中赋予国家机关法人资格。例如，《中华人民共和国民法(草稿)》(1963年4月)第11条规定机关法人为"独立预算的单位"。20世纪80年代，即便经济领域的改革在不断深入，法制理念不断更新，但民法理论和民事立

---

① 参见王春梅：《潮流与现实悖反：我国机关法人之定位与重构》，载《北京行政学院学报》2016年第3期。

② 其实，在新民主主义革命时期，其民事立法已经开始承认机关的独立民事主体地位。例如，《陕甘宁边区地权条例》第11条规定："部队、机关、学校、社团及公营企业，得依法领取(不得自由圈地)公地、公荒使用，但所有权仍属于边区政府。"

③ 由于采纳了维涅吉克托夫提出的经营管理权理论，1964年《苏俄民法典》以及我国20世纪50年代、60年代、80年代的民法典草案中，对国家所有权及国家机关享有的对国有财产的经营管理权即占有、使用和处分国有财产的权利亦进行了规定。

④ 参见王春梅：《苏联法对中国民事主体制度之影响》，法律出版社2016年版，第74页。

法仍坚守国家机关的法律地位。一方面，国家机关的法人资格与法人地位仍受到学界的普遍认可，各版本的民法教材均有对机关法人制度的介绍和探究；另一方面，第三次民法立法活动无不例外地贯彻了国家机关全面法人化原则，如《中华人民共和国民法草案(征求意见二稿)》(1981 年 4 月 10 日)第 21 条和第 86 条分别规定了机关法人的定义和财产性质。

而至今影响了中国三十余年的《民法通则》，在机关法人制度的规定上，其条文虽比较简单，但还是正式确定了机关法人的类型，不过，《民法通则》未对国家机关享有的经营管理权进行规定。尽管如此，机关法人制度在《民法通则》中的确立，昭示着机关法人作为一种法人类别的客观存在。[1]即便在《民法总则》起草之际常有争议，《民法总则》仍肯定了机关法人制度，其中第 97 条和第 98 条更是做了较为详尽的规定。更为重要的是，《民法典》第 96 条同样将机关法人列为"特别法人"范畴，且《民法典》与《民法总则》均是在第 97 条、第 98 条中规定了具体机关法人条款。

与大陆法系传统理论坚持机关人格否认说不同的是，苏联实行国家机关全面法人化系由苏联高度集中的计划经济和民法高度公法化所决定。受苏联国家机关法人化理论和特定的历史环境影响，中国继受机关法人制度具有相当的必然性。不过，鉴于机关法人的固有缺陷，随着市场经济体制的建立，机关法人制度的正当性也备受质疑，多数学者主张"摒弃国家机关的私法人化理论，仅承认国家作为一个整体为特殊民事主体"。[2]但从世界范围来看，国家机关的法人资格呈现逐渐被认同的趋势。例如，为了克服传统的国家机关在履行职务时因受到层层人事、

---

[1] 20 世纪 80 年代的民法学与经济法学大论战：最引人瞩目的焦点是企业之间的关系究竟归民法调整还是归经济法调整的问题。实际生活中，企业就与国家关系而言不具备任何独立性。同时，当时的主流意识形态也不容许法人的独立性。社会主义国家必须实行公有制，而公有制的特征就是以国家计划克服资本主义自由放任市场条件下的无序性。参见王正泉：《苏联法学界关于经济法问题的争论》，载《法学杂志》1981 年第 6 期，第 34 页；魏振瀛：《参加〈民法通则〉起草的片断回顾》，载《判解研究》2006 年第 7 期。

[2] 刘章平：《地方政府性债务视角下的机关法人理论研究》，西南政法大学 2012 年硕士学位论文。

预算与财务法规的限制而导致的弹性不足、僵化不知变通与缺乏效率等流弊，日本学者认为，在外部关系法规中国家机关不应具有人格，而在关于国家内部关系的法规，即组织法中肯定机关的人格性。①从我国的实际情况来看，不论学界是否认同机关法人制度，既然《民法总则》采纳了"机关法人肯定说"，在民法上承认"有独立经费"的各级立法、司法和行政机关都具有法人资格，那就预示着机关法人在我国将长期存在，机关法人研究的理论价值与实践意义必将永驻。

二、机关法人的法律属性与财政实像

在市场失效和政府失灵的大环境下，严格界限的公、私法二元体制难以解决实践中存在的种种问题，变革已成必然。②鉴于此，"私法公法化"和"公法私法化"两股思潮几乎同时呈现在公众视野，以管制为目的的公法(财政法)与以意思自治为导向的私法(民法)之间彼此交融，相互发展。因此，国家立法不仅面临着公法、私法如何接轨的技术难题，更要解决以自治为导向的私法规范与以管制为目标的公法规范带来的冲突问题，从而使双方既可"各为其主""相互监督"，又能呈现"齐头并进"的和谐状态。

(一) 机关法人的公法(人)基础与私法限度

法人之设立目的，在于其意志独立与行为自主的行为模式。而机关具有隶属性，是为落实法人意志的一种方式，机关行为的法律效果最终都归属于机关法人。③就公法人与私法人的关注点而言，前者将人格独立与行为自主作为国家机关"去行政化"的一种手段，后者则强调财产责任的独立负担。虽有交集，但关注点不尽相同。也就是说，在自治的导引下，机关法人理应享有独立的预算权、财产权，能够独立对外从事

---

① 参见[日]铃木义男等：《行政法学方法论之变迁》，陈汝德等译，中国政法大学出版社 2004 年版，第 99、103 页。
② 参见钟瑞栋：《"私法公法化"的反思与超越——兼论公法与私法接轨的规范配置》，载《法商研究》2013 年第 4 期。
③ 参见张正修：《地方制度法理论与实用(1)》，学林文化事业有限公司 2000 年版，第 12 页。

行政私法事务，进而独立地承担民事责任。进言之，机关法人以分权授能为导向，以"权限独立、责任自主"为核心，不仅强调地方分权，亦注重公务分权，其分权机理殊途同归。机关法人的职能属于公共职能，目的在于分权，其运行机理在于：将公共行政的职能分散于多个主体，设立独立于国家之外的其他公共服务机构，实现分权机制下的行政分散化。其理论基础在于：公民社会理论承认国家与社会、政府与市场的分离以及在此基础上形成的公共领域与私人领域的界分；法团主义强调要关注国家与社会之间的联合与合作；治理理论代表着一种全新的公共管理模式，意味着公共行政主体的多元化、公共事务责任的重新配置、公共行政的多向性和互动性以及政府作用的重新定位。①其实，国外公法人的设定，设定基础在于自治、分权和绩效，但就我国的机关法人而言，虽然之中有其机理，但最为直接的还是基于便利的考虑，是为了国家机关和法定机构能够更好地与私法主体开展民事活动。

深究之，"公权与私权是法权属性的基本界分，不能含糊，无法折中"。②机关法人的法权，究竟属于公法、私法抑或其他？无可否认，作为一种团体构造，机关法人的任务限于"行政职能"，这意味着机关法人的规范基础仍为公法，在法律属性上归为公法人，要接受公法的特别调整。不过，机关法人固然属于公法人范畴，其设定依据、目的范围等均为公法内容，纵使是公司法人，也都具有公法人的特点。③深究之，机关法人的权利能力来源于公法，其实质在于私法的公法限制，其活动应当受到公法的约束。作为一类特别法人，机关法人的实质是民事主体能力与公共管理职能的分离。倘若"政府从事私法行为，如向私人承租房屋、购买物品时，因非基于公权力的地位，故属于私法行为"，④则国家机关参与民事活动，只能以民事法人的身份，而不是公

---

① 参见佟德志：《西方治理理论与实践研究》，载《人民论坛》2014年第14期。
② 巩固：《自然资源国家所有权"非公权说"检视》，载《中国法律评论》2017年第4期。
③ 参见朱庆育：《民法总论》，北京大学出版社2016年版，第427—428页。
④ 王泽鉴：《民法总则》，中国政法大学出版社2001年版，第13页。

共管理者的身份。国家机关和法定职能机构在参与私法活动时，其与其他民事主体的法律地位完全平等，均要遵循民法平等、自愿、公平、等价有偿等原则，且更要预防机关法人的公权力损害交易相对人的行为，要为交易相对人提供制度保障。当然，即便是法人化了，国家机关的私法活动仍属于执行公共行政任务，在拥有私法人格的同时也应对其限制和约束。

但是，机关法人兼具公法与私法的双重属性，在公法私法竞合规则之下，人民的行为或事实首先受民法及其特别法的规范，公法关系则为第二次规范。①对于公法人与私法人的区别，主要在于能否贯彻团体自治原则：前者奉行职权法定与法律保留原则，后者贯彻私主体自治原则。法人可依不同的部门法而成立，但私法人侧重于交易地位的承认以及财产责任的承担，公法人则强调法人以特定人格，完成法律所赋予其的任务和社会公共管理职责。根本而言，公法与私法同为国家统一法秩序的部分法领域，统一在宪法指导理念下。由于宪法与位阶在其下的法律规范具有不同的功能，其不但明定立法裁量范围及其界限，同时对不同法域间因评价基准的差异所产生的漏洞与落差，负有整合及统一的功能。换言之，公法规范往往以私法关系作为原因事实，此时公法规范对私法关系究竟须予承接，或者以调整，便涉及公法对私法自治的尊重程度，在何种条件下得以调整，其调整有何宪法界限等问题。在公、私法之间，基于行政任务一体性，公法与私法借由连接关系与互补关系作用，达成法体系的整合。但是，机关法人是一个集公法与私法角色于一体的跨部门法问题，在从事私法活动时，必然涉及公法规范和约束机关法人行为的问题。作为一种法律技术构造的产物，机关法人依公法设立，因而首先需得到公法规范中"找法"。因此，机关法人虽可从事民事活动，但也不应成为私法人的主要类型，而是兼顾公、私法二元属性的一种特别法人。

---

① 参见黄士洲：《税法对私法的承接与调整》，台湾大学法律研究所 2007 年博士学位论文。

需要注意的是，对国家机关而言，在公法领域"法无授权即禁止"，在私法场域"法无授权皆可为"。鉴于政府机构作为民事主体的特殊性，国家机关从事民事活动既要受公法的限制，同时从事私法活动时亦具有限度。至于机关法人的主要特殊性，在于机关的民事主体资格和民事权利能力对机关本来公共管理职能的从属性，主要体现在：其一，机关法人私法主体资格的从属性；其二，机关法人民事权利能力的从属性；其三，机关法人民事行为能力的从属性；其四，机关法人民事责任承担的特殊性。一言以蔽之，机关法人实质上是公法人，其不能无限地从事民事活动，要防止机关以势压人，偏重于保护民事交易中官民关系的平等性，机关法人须接受公法的限制和约束。

（二）机关法人的财政乱象：基于公、私法竞合的时代语境

"现代化同时带动公领域和私领域的扩张……使得公法和私法间的接轨问题变得越来越复杂"。[1]在现代社会，由于受西方文化的影响，契约化的倾向日渐明显，具体包括政治生活的契约化、经济关系的契约化等。而"契约的概念本质上不仅仅是一个私人领域的问题，更重要的是一个涉及公共领域，以及私人领域和公共领域关系的范畴"。[2]例如，在近现代公法私法化、私法公法化的大背景下，税法亦呈现出强烈的私法化趋势，表现为课税依据的私法化、税收法律关系的私法化等。[3]国家机关及承担行政职能的法定机构作为公法主体，在依法行使行政职权和履行职能的过程中，不可避免地要参与商品交换等民事活动，如购置必备办公用品等。机关法人依公法设立，但其一旦成立，便既可参加民事法律关系，也可依法参加其他法律部门的法律关系，如接受政府的工商管理和金融等规制。法律在授以国家机关以法人资格的同时，更是规范和约束国家机关的私法活动，以防机关法人以

---

[1] 苏永钦：《寻找新民法》，北京大学出版社2012年版，第219页。
[2] 王晓烁：《国家机关权责平衡问题研究》，中国商务出版社2006年版，第1页。
[3] 参见刘剑文主编：《WTO与中国法律改革》，西苑出版社2011年版，第281—293页。

公权力身份行私利之实，损害正常的市场秩序。[1]私法效能若能持续发挥，必须在自治的基础上，适当引入一些必要的管制措施，自治与管制不可偏废。但是，目前的机关法人，尚有许多问题亟待处理。具体如下所示：

其一，国家和国家机关是什么关系？国家机关是否具有私法主体人格？从实践来看，司法机关无不坚持"机关法人肯定说"的论断，一致认可国家机关为权利主体的立场。[2]在各法域中，相关概念比比皆是，如刑法中的"机关犯罪"、行政法上的"行政机关""行政组织""行政主体"和"行政法人"，更别提民法中直接规定了"机关法人"。这虽不符合我国的实定法规定，但实践中国家机关的法人资格却受到了认可。与之矛盾的是，与"机关法人否定说"相连的"国家"概念也随处可见，如《宪法》使用了"国家保护""国家所有""国家保障"等法律术语。这也间接地说明，国家是一个权利主体，甚至是唯一的权利主体。例如，《国家赔偿法》虽规定了"赔偿义务机关""赔偿费用列入各级财政预算"，但既明确具体的行政机关作为义务主体，又以国库为费用承担私法责任，显然不够周延。此外，在府际关系上，上级机关与下级机关之间同样没有完全独立，下级机关通常仅是上级机关授权处理事务的机构。[3]

深究之，国家机关是国家创设的，它是国家的机关；国家可以创设机关，也可以撤并机关。在国家与国家机关之间的关系上，宪法学者主张国家法人说，所有的国家机关都是一个整体，于此可能就会产生某一个机构不独立的问题。[4]如果认同"国家法人说"，国家机关就只能作为国家的组成部分，进而也只能辅助国家私法人格的实现。传统大陆法

[1]　参见马克勤：《法律赋予政府机关法人资格的特殊意义和作用》，载《法律科学(西北政法学院学报)》1991年第2期。
[2]　参见侯健：《舆论监督与政府机构的"名誉权"》，载《法律科学(西北政法学院学报)》2001年第6期；庄庆鸿：《山西临县上访村民被判敲诈勒索政府获刑三年》，载《中国青年报》2010年5月6日。
[3]　参见吴珊：《民法典法人分类模式之选择》，载《研究生法学》2015年第3期。
[4]　参见林来梵：《宪法学讲义》，法律出版社2015年版，第167页。

系国家就持此种立场，认为"国家具有法律上的独立人格，而机关则无法律上的人格"。①在此背景下，国家机关并不是法人，也就无关独立人格和参与私法活动了。②不过，事实却与之相反，从而也就意味着机关法人命题研究的重要性。

其二，在认同机关法人法律地位的同时，机关法人究竟包括哪些？财产性质是什么？如何对外承担民事责任？凡此种种，皆需反思。实践中，不同类型的法人之间交错共存，行政机关与事业单位有着"剪不断理还乱"的复杂关系，社会团体与民办非企业单位、行政机关交叉重叠，难以分清。同样地，根据传统的法人理论，机关法人须符合人格独立、财产独立和责任独立的基本要求，而我国《民法通则》和《民法总论》在国家机关法人的设立、财产权属、责任承担等方面，均缺乏完整和系统的规定。事实上，即便国家机关人格独立，但经费不独立、责任不独立亦为常态，这是否符合法人的特质？

其三，坚持机关法人肯定说，机关从事民事活动的范围如何，是否意味着能够从事法律所不予禁止的各项民事活动？③根据机关法人的法律定位，其设定虽为私法行为，但其主要仍为一种公法人，目的首先旨在为国家机关和法定职能机构提供民事活动的便利，同时也要注意以法人之模式规避国家机关的过度私法化，进而损害交易相对人的私法权益。但是，机关法人兼具"公"与"私"的双重属性，其财产权构造中法人恒定的非营利目的与法人控制者可能的谋利冲动之间存在紧张关系，可能使机关法人沦为藏私之利器。④毕竟国家机关法人的职能在于公共福祉，倘若允许其作为民事主体参与民事流转，在市场中便集"裁判员"和"运动员"角色于一身，终将阻碍公平竞争的市场秩序。例如，因权利主体缺位、责任主体模糊、法不责众等问题，化公为私型、

---

① 张建文：《转型时期的国家所有权问题研究——面向公共所有权的思考》，法律出版社 2008 年版，第 159 页。
② 参见王天华：《国家法人说的兴衰及其法学遗产》，载《法学研究》2012 年第 5 期。
③ 法律虽无规定，但相关的党和国家政策对有关国家机关从事营利活动予以禁止。
④ 参见税兵：《非营利法人解释》，载《法学研究》2007 年第 5 期。

权钱交易型、强取豪夺型、转移支付型等类型的机关法人经济犯罪常有发生；①由于机关法人地位的泛化与主体权限的不清，使得国家机关以私法身份谋取机关私利，进而与机关法人的公共需要目标背道而驰。国家机关遁入私法之时，公权力必然如影随形，在私法人格的外衣下可能逃避公法规范与约束。更何况，民法将"独立经费"作为取得法人资格的条件之一，从而使得机关法人与交易相对人之间信息不对称，最终因机关法人的经费缺位或机关被撤销等原因而使交易相对人陷入不利的境地。②因此，机关法人制度需要跨越民法、行政法、财政法等法域，构建一系列的机关法人规则约束。同时，公法上的权利能力与私法上的权利能力不能等同，尚需明确机关法人的能力范畴。

概括而言，机关法人制度乱象丛生，许多问题需要深刻反思，如机关法人的主体资格、机关法人的种类和层次、机关法人独立资产的范围、各机关法人对这些资产的权利和义务、上级机关对下级机关的独立资产有何权利、各级机关的独立资产可否经营、可否划拨、转让、出租等。同时，极有必要从宪法、公法的角度，论证机关法人为什么不独立？财政法上不独立但民法上独立在实践中会产生什么问题？与民法机关法人独立定位之间可能产生的问题？等等。深言之，国家机关和法定职能机构从事民事活动的现象越来越普遍，原来还是只满足于自己的公务需要，现在变成了一种实现公法目的的手段。国家机关和法定职能机构到底是遵守民法(私法)，还是遵守财政法(公法)？民事权利能力、民事行为能力、民事责任等话题，是否适用于政府机关？机关所从事的财产活动，哪些是民事活动，哪些是财政行为？财政法上财产和责任不可能独立，是目前的体制性问题抑或是其他问题？机关法人涉及的这些核心问题，无不牵涉各方利害关系，均值得深究。

---

① 参见李文伟：《机关法人经济犯罪的制度原因和对策初探——对大庆国税局受贿案的法律思考》，载《社会科学动态》2000年第11期。
② 参见崔拴林：《论我国私法人分类理念的缺陷与修正——以公法人理论为主要视角》，载《法律科学(西北政法大学学报)》2011年第4期。

第二节　机关法人的法域考察

法人不仅是拟制的产物，也是职权职责、权利义务的承载者，在各部门法的法律关系中，法人的特殊性就是基于其调整任务、调整对象的特殊性，从不同层面赋予既定的法人以特殊的权利(力)义务，从而对其形成一种不同于其他部门法的关注和调整。①机关法人具有"公"与"私"法人的双重品质，其领域同样不仅限于民法，行政法、财政法等公法领域均有涉及。虽然各法域的口径未必完全一致，但都是同一个"人"，只是称谓不同罢了。但要深究的是，民法为何要设定机关法人？机关法人的立法目的何在？是否只适用于民法领域？如果其他法域有"机关法人"，又是如何设定的呢？有无成文立法的依据？并且公法与私法涉及机关法人问题，是应共同调整还是择一适用？凡此种种，均需要考虑，但结论未必一致。为此，本节主要借助民法、行政、财政法等文本实践和基本原理，兹就机关法人的适用场域和适用问题做深度检思。

一、机关法人的民法检思："机关法人"入法

在民法上，国家作为特殊民事主体，可以参与民事活动，同时亦有相关之规定。例如，《物权法》第4条和第五章及相关立法通过对国家所有权的规定承认了国家物权主体，尤其是所有权主体的地位；《合同法》规定和承认了国家合同主体的地位，如第196条。与此同时，法律赋予国家机关法人资格，《民法典》以及《民法总则》《民法通则》《担保法》《著作权法》等中均有规定，国家机关全面法人化。其中，《民法通则》第50条和《民法总则》《民法典》第96条、第97条专款规定了"机关法人"，

① 参见李友根：《论经济法主体》，载《当代法学》2004年第1期。

且后者将其列为"特别法人"。从中不难看出，机关法人作为一项独特的制度，我国仅在《民法通则》《民法总则》《民法典》中予以规定，从而决定了从民法角度探究机关法人的必然性。但是，"法人私法说"才是民法学界倡导之主流学说，法人概念公法价值和意义并未得到承认。

统观中国立法史，1981年《经济合同法》首次引入"法人"术语，《民法通则》秉承将法人人格和有限责任相结合的立法思路，明确将"独立承担民事责任"作为法人的核心特征。①此种规定与传统大陆法系国家的规定不尽一致，但趋同于苏俄民事立法。②而我国立法之所以将法人人格制度与有限责任制度相结合，强调(机关)法人的财产与责任独立性，有其特定的历史背景，且在当时并无不当之处。究其缘由，主要包括以下两点：其一，在以单一公有制经济为基础的计划经济体制下，国有企业、集体企业和外商投资企业成为主要的企业形态，机关法人强调责任独立性，其终极诉求既在于确立和保护法人的独立自主地位，以避免国家对亏损企业承担补充责任，也是吸收外国投资者在中国投资的需要；其二，机关法人为国家直接投资设立，在当时的情况下，一般不会发生债务不能清偿的问题，有关"法人应该能够独立承担民事责任"的规定实质上是针对企业法人而言的。③即便机关法人制度在理论和实践中常常陷入困境，但《民法总则》仍延续了《民法通则》的规定，且更加完备。

法人是否为具有权利能力抑或独立承担责任的组织？民法最为关注的，就是财产是否独立、责任是否相互独立、人格是否独立。④通常而

---

① 就具体的法人而言，无论是公司法、全民所有制工业企业法、集体所有制企业法，还是外商投资企业法，都规定了企业法人以国家授予它经营管理的财产或所有的财产(资产)承担民事责任。

② 有关法人独立承担民事责任的最早规定是1922年《苏俄民法典》第19条。该条规定国有企业为与国库无关的法人，以其自有支配的财产承担民事责任。其立法目的在于打破战时建立的总管理体制，推动国有企业走向市场。这一立法精神后为1964年《苏俄民法典》所继承和扩大，该法典第23条和第32条进一步将独立承担民事责任扩及一切法人。

③ 参见任尔昕：《我国法人制度之批判——从法人人格与有限责任制度的关系角度考察》，载《法学评论》2004年第1期。

④ 参见李永军：《以"社团法人与财团法人"的基本分类构建法人制度》，载《华东政法大学学报》2016年第5期。

言，成为法人须具备以下几个法律要件，分别是：要有独立的财产和经费；要有章程；要有机关；要依法设立。严格地讲，作为法人的一种，机关法人概莫能外。法人之所以能成为与自然人并列的法律主体，主要在于它是一种独立的团体，实行财产区隔制度，有助于法人成员利益的保护和社会经济的发展。由此推断，机关法人必须对其财产(经费)享有支配并排除他人干涉的权利。原因在于，倘若其不能支配，等同于没有自己的财产，也就不能独立地承担民事责任，从而不能成为法人。①应当说，机关法人作为民事主体当然应当适用《民法典》等有关法人财产制度的规定，机关法人财产所有权的运行机理应遵循民法精义。但是，《宪法》强调国有财产属于国家所有(即全民所有)，民法有关法人财产权制度与《宪法》有关国有财产归属的规定不相一致，机关法人的财产和权利归属难以明确，责任独立和责任追究亦将难以落实，从而导致国有财产的大量流失且未能得到有效的遏制。

不过，国家机关不具有私法上的法人地位，乃现代国家公、私法学界的共识。伴随着国家与国库人格的同一，国库遂成为国家从事私法活动时的另一名称，国家机关在民法上作为国家法人的代表地位也随之确立，而不是具有法人地位。②于此，"法人重构说"或"法人范畴扩张说"③主张从源头将法人范畴的界定与责任承担剥离，回归大陆法系诸多民法典"依法设立的组织，即取得法人资格"的通识。④不论争议几何，可以肯定的是，机关法人属于公法人，"其成立基础、依据的规范、职能、解散等本来与民法无关"。⑤在《民法总则》颁布之后，机关法人的特殊之处并不仅限于国家机关。例如，执政党的党务机关也属于机关

---

① 参见吕瑞云：《公法法人财产所有权问题研究》，中国社会科学院研究生院 2011 年博士学位论文。

② 参见张彪：《国家机关法人地位正当性分析》，湖南大学 2016 年博士学位论文。

③ 参见柳经纬：《民法典编纂中的法人制度重构——以法人责任为核心》，载《法学》2015 年第 5 期；范健：《中国需要一部什么样的民法典》，载《南京大学学报(哲学·人文科学·社会科学)》2016 年第 1 期；任尔昕：《论我国合伙企业法律人格的选择》，载《法学评论》2007 年第 2 期。

④ 参见傅穹：《法人概念的固守与法人分类的传承》，载《交大法学》2016 年第 4 期。

⑤ 李永军：《以"社团法人与财团法人"的基本分类构建法人制度》，载《华东政法大学学报》2016 年第 5 期。

法人的一种。①另外，法定机构(半官方机构)也是机关法人。相较于《民法通则》意义上的机关法人，《民法总则》和《民法典》新增"承担行政职能的法定机构"。这样的定位是否妥当，值得研究。②总而言之，"机关法人的独立经费应纳入国家或地方预算，只有同时具备独立的预算经费和为履行职能需要进行民事活动者，才能成为机关法人"。③即从民法的角度看，机关法人应符合一般法人特征，恪守财产和责任独立的基本要义。当然，机关法人须遵循公法法理的同时不违背民法法理，达至兼顾公、私法的双重目的。

二、机关法人的财政法叙说：一种类型化的视角

诚然，"机关法人肯定说"为我国立法所采纳，常以预算单位作为认定机关法人的依据。④但实际上，《民法通则》《民法总则》《民法典》《行政诉讼法》等均未对"机关法人"作出具体界定，⑤民法意义上的"机关法人"与行政法意义上的"行政主体"和"行政法人"亦不等同，二者的内涵和责任受体不尽相同，后者最终由国家承担责任。无可否认，私法上的机关法人，其权利能力取决于公法职能，而不是由民法设定。民法乃至行政法都不能展示"机关法人"的全部面貌，同为公法人，对作为规范国家财政权与私人财产权关系的财政法的梳理与检思，势在必行。因此，欲描绘出机关法人的完整形象，真正诠释机关法人的制度机理，必须从财政法尤其是财政支出与管理的角度予以梳理与证成。

统观现行财政法的体系结构，内容宏大，不仅有财政基本法(包括预算法、财政收支划分法、财政转移支付法)，还有财政收入法(包括税

---

① 参见龚祥瑞：《比较宪法与行政法》，法律出版社1985年版，第298—299页。
② 参见张谷：《管制还是自治，的确是个问题——对〈民法总则〉(草案)"法人"章的评论》，载《交大法学》2016年第4期。
③ 屈茂辉：《机关法人制度解释论》，载《清华法学》2017年第5期。
④ 参见江平主编：《法人制度论》，中国政法大学出版社1994年版，第65—66页。
⑤ 唯一一似乎比较全面地对什么样的国家机关具有法人资格的所作的界定，是国家统计局在全国基本单位普查时作出的规定。

法、行政性收费法、国有资产法、公债法)、财政支出法(包括财政采购法、财政投资法、财政贷款法、财政拨款法、财政转移支付法)和财政监管法(包括财政监督法、国库管理法、审计法、政府会计法、其他法律中的相关条款)。但是，源于划分标准的各异，财政主体有着不同向度的内涵。例如，按性质划分，财政主体包括国家(或政府)、国家机关、其他公共组织(一些事业单位、社会团体和国有企业)、相对人(自然人、法人和其他非法人组织)等类型；从内容上看，财政主体又具体包括：预算主体、财政收支划分主体、税收主体、公债主体、财政贷款主体、财政采购主体、财政监督主体、国库管理主体等。至此，需要深思的是，财政法上是否有必要考虑机关法人？哪些属于或类似于机关法人？本书以财政法的视角，从财政收入法、财政支出法和财政管理法等领域，聚焦机关法人问题研究。

其一，财政收入法中的"机关法人"。在财政收入法尤其是税法领域，重点关注的是法人是否具有营利性。其中，营利或营利性，是以目的而言的，与该经营主体或者组织事实上能否赚钱、是否获得利润而盈利并无关系，与主体的法律形式没有必然联系。[1]税法关注和规制营利或非营利，是因为这与税法上的可税性、纳税主体的应税行为等问题相关。一般而言，就某一行为应否征税，考虑的因素主要是收益性、公益性和营利性。[2]例如，就所得税而言，营利法人必须就其收益缴纳所得税，非营利法人的收益依法无须缴纳所得税。税法是以此作为引导、调控经济活动和社会事业发展的重要手段。因此，财政收入法有着自己的价值判断，与机关法人有交集，但仅限于面向上的考虑。

其二，财政支出领域的"机关法人"：以政府采购为例。"政府采购具有民事行为和行政行为的双重性质"，[3]既受私法的约束，也受公法的制约，与机关法人相近。同样地，"政府采购合同具有公法与私法的

---

① 参见史际春：《论营利性》，载《法学家》2013 年第 3 期。
② 参见张守文：《收益的可税性》，载《法学评论》2001 年第 6 期。
③ 湛中乐、杨君佐：《政府采购基本法律问题研究(上)》，载《法制与社会发展》2001 年第 3 期。

兼容性"，①但其究竟属于何种性质的合同，不可简单地要求一律适用私法。②换言之，作为民事合同的政府采购合同占比较大，但这并不意味着政府采购合同中行政合同种类的可有可无，而应持公共利益优先的价值诉求。③统观我国现行政府采购法体系，《政府采购法》中与机关法人相关的条款主要有：第 2 条第 2 款、第 15 条、第 60 条第 2 款、第 68条、第 69 条、第 70 条、第 71 条、第 72 条、第 74 条、第 77 条、第 82条、第 83 条等，"机关"一词共出现 16 次，具体包括"国家机关""行政机关""审计机关""监察机关""机关"(包括"上级机关""有关机关")、"工商行政管理机关"等，同时还有"事业单位和团体组织""采购人""采购代理机构""供应商""政府采购监督管理部门""单位和个人"等；"法人"一词共出现 2 次，具体表述为"法人""非营利事业法人"。在《政府采购法实施条例》中，"机关"一词共出现 3 次，分别是"国家机关""审计机关""监察机关"；"法人"一词出现 2 次，分别是"非营利事业法人""法人"。在此，需要追问的是：哪些公共组织的采购活动应当纳入其范畴，使用哪些公共资金进行采购，政府采购活动由哪些机构或组织来进行?④《政府采购法》中采购人之"事业单位、团体组织"是否为《民法典》中"承担行政职能的法定机构"，为何将国有企业、国有控股企业排除在外? 其实，对于政府采购，国际上没有一个权威的定义，各国对它的定义、范围的认识也并不一致。⑤在中国，学术界同样没有对政府采购的定义形成统一的观点。

在我国，《政府采购法》第 2 条具体界定了"政府采购"，将属于机

---

① 于安：《我国政府采购法的几个问题》，载《法商研究》2003 年第 4 期。
② 参见于安：《我国政府采购法的合同问题》，载《法学》2002 年第 3 期。
③ 参见王文英：《试论政府采购合同的性质》，载《行政法学研究》2003 年第 3 期。
④ 参见湛中乐、杨君佐：《政府采购基本法律问题研究(下)》，载《法制与社会发展》2001 年第 4 期。
⑤ 例如，新加坡《政府采购法案》规定政府采购主体为政府部门和法定机构；欧盟"公共工程采购指令"和"公共部门货物采购指令"将采购主体分为传统公共采购人(国家中央和地方政府)、公法机构、公营企业、公用事业私营企业、政府补贴的企业五大类；法国政府采购法典调整的政府采购主体包括国家，非工、商业性质的全国性公务法人，地方行政机关与地方公务法人，等等。参见杨蔚林、杨诗媛：《论法国政府采购主体的构成和特点》，载《中国政府采购》2015 年第 11 期。

关法人的各级国家机关、部分事业单位定位为采购主体。具体而言，政府采购的主体具有特定性，我国政府采购主体包括采购机关和供应商，其中采购主体包括政府机关和事业性公共机构两类，具体包含各级国家机关及其派出机构、政党组织、社会团体、事业单位、行会组织、自治组织以及其他社会组织，但不包括国有企业；①政府采购所使用的资金主要是财政性资金，其主要来自财政拨款和需要由财政偿还的官方贷款，具有公共性；政府采购旨在实现正常的政府职能以及向社会提供公共产品，具有目的的公益性，等等。②在责任承担上，《政府采购法》第43条规定"政府采购合同适用合同法"，第79条规定"给他人造成损失的政府采购当事人应承担民事责任"，因此，政府采购行为应当为民事行为，且以自己名义独立承担责任。③由此可见，政府采购与机关法人极为相近，甚至可以说政府采购是机关法人的一种典型体现。

其三，财政管理领域的"机关法人"：以预算法为中心。在预算法中，"主体、行为和责任都是公私法通用的要素"，④"主体—行为—责任"构成了预算法律规范的结构性特征。这与机关法人的制度机理恰好相称。并且，公共财政具有保障人民权利、限制政府权力的"权力性"禀赋，⑤而机关法人的资金来源于财政，这决定了机关法人在从事民事活动之时，必然要受《预算法》的约束。在2015年《预算法》中，有着与机关法人机理相一致的规定，例如，第3条第1款规定："国家实行一级政府一级预算"，实行五级的复式预算体系，实际上就是强调各预算单位具有独立的法人资格，即以预算单位作为认知机关法人的基准。具体来看，2015年《预算法》中"机关"一词共出现4次，具体表述为"机关""各单位的机关"和"国家机关"；"法人"一词出现1次；2016年《预算法实施条例》中"机关"一词共出现5次，具体表述为"派出

---

① 参见陈兆霞：《政府采购法律问题研究》，载《现代法学》2003年第2期。
② 参见张传主编：《政府采购法比较研究》，中国方正出版社2007年版，第1—12页。
③ 参见冯乐坤：《国有财产的中央与地方分权研究——以地方所有权为视角》，西南政法大学2015年博士学位论文。
④ 蒋悟真：《我国预算法修订的规范分析》，载《法学研究》2011年第2期。
⑤ 参见熊伟：《财政法基本问题》，北京大学出版社2012年版，第208页。

机关""地方国家机关""部门机关""审计机关",同时也包括"政党组织""社会团体"等采购主体或与采购主体相关的术语;"法人"一词出现"0"次。这些术语与机关法人是什么关系? 是否都是预算单位? 再如,《税收征收管理法》中"机关"一词共出现 258 次,但基本上是指"税务机关";"法人"出现 0 次。各税种法、条例中出现的"机关",也多为"税务机关",这些是否属于机关法人? 即使不能一概而论,但至少说明《预算法》的诸主体均为立法、行政等国家机关,揭示了预算单位与机关法人之间的关联关系,核心均围绕着"主体—行为—责任"的逻辑脉络展开。例如,责任主体和责任财产之间的关系问题,不同的预算级别是否会反过来影响机关法人的定位问题,可作深入考虑。

整体而言,因为无普适性的法理,以不够成熟的财政法理论证机关法人,实属不易。但是,至少在财政管理领域,各"机关法人"在"主体—财产—行为—责任"上的演绎逻辑,恰好印证着机关法人在财政法中的独特制度与运行机理。

三、其他法域的机关法人反思

机关法人的实质是"去机关化",除开民法、财政法等领域,宪法、行政法等法域中亦有涉及机关法人议题。亦如此,本书也对宪法、行政法中的机关法人命题一并梳理,以便更好地反思机关法人问题。

(一) 机关法人的宪法检视

我国实行民主集中制,国家职能适度分离,各项权力在宪法的划定范围内规范行使。[①]之于财政关系,财政表征着国家财政权与私人财产权的关系,"宪法的作用在于在公产与私产之间划定一个界限",[②]以防公产对私产的征收及损害。在立宪主义之下,在中国共产党的领导下,我国的立法权、行政权和司法权相对独立,又有一定的制衡机制。除开

---

① 参见王晓烁:《国家机关权责平衡问题研究》,中国商务出版社 2006 年版,第 66 页。
② 王世涛:《财政宪法学研究:财政的宪政视角》,法律出版社 2012 年版,第 51 页。

法律制度的设计，在政治维度，我国还设有政治协商制度，是为一种政治体制。不仅在横向上包括立法权、行政权和司法权的分立与独立，也应包括纵向府际关系的"独立"，赋予地方相应的权力。统观现行宪法规范体系，财政意义上的国家机关包括中央权力机关及其执行机关、地方权力机关及其执行机关、财税主管机关、财税监督机关、财税司法机关等，各机关虽有一定的权力，但都在宪法统摄之下。具体如表1-1所示：

表 1-1　宪法意义上的"机关法人"展示

主　体	依　据　来　源
全国人大及其常委会	《宪法》《全国人大组织法》《预算法》《立法法》《各级人民代表大会常务委员会监督法》
国务院	《宪法》《预算法》《国务院组织法》《立法法》《企业所得税法》等单行法律
县级以上地方人大	《宪法》《预算法》《地方人大和地方政府组织法》
县级以上地方各级人民政府	《宪法》《地方人大和地方政府组织法》《车船税法》等单行法律
民族自治地方的自治机关	《宪法》《企业所得税法》等单行法律
财政机关	《个人所得税法》《政府采购法》等单行法律
税务机关	《税收征收管理法》
海关	《海关法》
国有资产监督管理机构	《企业国有资产法》
审计机关	《宪法》《审计法》
监察机关	《行政监察法》
法院	《法院组织法》《税收征收管理法》

以此观之，我国宪法体系中未有"机关法人"术语，而是由中央与地方机关具体组成。其中，《宪法》第35条规定了结社自由，从而成为机关法人的设定基础或设立依据。从目的上看，既有以营利为目的的结社，如公司，也有以不营利为目的的结社，如组织政党。深言之，在宪法领域，法人是结社权的上位概念和具体诉求。学者们常以结社自由这

一传统命题切入法人制度，主张一定程度上的结社自由，反对"全能国家"的大包大揽。各级政府、人大、政协、法院、检察院等国家机关在运作中要具有相对独立性，有相对独立的职权，能够自主履行各自的职责。①那么，国家和个人之外，是否有第三种强调人格独立、财产和责任都独立的法人主体呢?②事实上，不论是理论上抑或实践中，除开国家，尚没有完整意义上的法人(自主)主体。宪法学者主张国家法人说，认为国家才是权利主体和责任主体，各机关和机构不具有法人资格。③不过，各国家机关虽有一定的独立性，但都不是完整意义上的机关法人，分权、自治、绩效等理念难以从根本上得到有效体现与保障。例如，《个人所得税法》等单行法律授予财政机关批准免税权，《政府采购法》等单行法律赋予财政机关财政监督职责，《税收征收管理法》具体规定税务机关的税收征收管理职权，都是在宪法、法律的统摄之下的，受其约束。

(二) 机关法人的行政叙事:从行政主体到行政法人

在行政法领域，与机关法人趋同或类似的概念主要有行政机关、行政主体、行政法人等，这既是行政权力社会化和公共行政多元化的应有之义，也影响和冲击着传统的行政法理论。④在我国，先前以"行政组织""行政机关"指称行政管理主体，但 1990 年《行政诉讼法》将"法律法规授权的组织"纳入行政诉讼的被告之后，行政机关理论难以囊括所有的诉讼报告主体。鉴于此，学者们基于对以往"行政机关"主体模式缺陷的认知，主张在借鉴和吸收法国和日本行政法经验的基础上，构建具有中国特色的行政主体理论。⑤

---

① 参见欧锦雄:《宪政建设的民法基础:机关法人制度》，载《广西政法管理干部学院学报》2006 年第 6 期。
② 参见郭锐:《抽象理论与现实关怀——以法人概念研讨和中国经济转型为例》，载《中国政法大学学报》2016 年第 5 期。
③ 参见王天华:《国家法人说的兴衰及其法学遗产》，载《法学研究》2012 年第 5 期。
④ 参见张继恒:《非政府组织的行政主体地位研究》，南昌大学 2016 年博士学位论文。
⑤ 参见葛云松:《法人与行政主体理论的再探讨——以公法人概念为重点》，载《中国法学》2007 年第 3 期。

在法律概念上，行政主体主要包含三个要素(称之为"三要素说")：其一，依法承担公共行政任务者，①其权源来自宪法和相关组织法的规定，或者由法律法规予以授权，以固有的或非固有的权力保障公共行政任务的达成。其二，具有独立的法律人格。行政主体能够以自己的名义行使权力，能够依法独立行使行政行为，从事行政活动。其三，依法独立承担法律责任。②唯有同时具备这些要件，方能取得行政执法主体资格。反之，倘若缺少其中任何一个要件，都不能成为行政主体。③其实，无论是公法人或私法人，只要其可归属于行政组织框架之内，能够履行行政法上的权利和义务，都可以构成行政主体。④因此，从主体上看，行政主体和机关法人在某种程度上是重合的，二者的运行机理极为相似。

但是，行政主体不仅具有行政法上的权利能力，依法行使公权力，并且得参与私法交易活动，作成私法法律行为。行政法学界普遍认为，行政主体可以以私法方式完成行政任务，不仅对自己的行政活动采取私法形式，而且可以设立私法人，授权其执行特定的行政任务。⑤行政机关具有二重性，在执行公共行政事务时，其是行政主体；而以私法主体身份从事民事活动之际，行政机关就演化为一个机关法人。⑥例如，某税务机关为建筑办公大楼与建筑公司签订建筑承包合同，该税务机关便具有民事主体资格。至于国家机关行为究竟属于公法还是私法范畴，一般需依据行为方式、国家机关的意愿、行为的法律依据等标准综合加以判断。⑦进言之，行政私法可分为两个阶段，先由公法评价，决定(是

---

① 不应当将行政主体定义为行政权力的行使者，而应当定义为行政任务(或行政职能)的承担者。

② 参见王名扬：《法国行政法》，中国政法大学出版社1988年版，第39—41页。

③ 参见周佑勇：《行政法原论》，中国方正出版社2005年版，第72—75页。

④ 参见任万兴、崔巍岚、折喜芳：《台湾行政法论》，甘肃人民出版社2006年版，第41页。

⑤ 参见[德]奥托·迈耶：《德国行政法》，刘飞译，商务印书馆2013年版，第17—18页。

⑥ 参见胡建淼：《行政法学》，法律出版社2003年版，第71页；王慧：《行政法人制度研究》，西南政法大学2006年硕士学位论文。

⑦ 参见伯阳：《德国公法导论》，北京大学出版社2008年版，第17—19页。

否)批准、公法性质、行政行为，尔后以私法方式执行该决定，但仍受特定公法原则和规则的约束。①换言之，行政机关关于从事私法交易活动时，应如同一般的私法人适用民法基本规定。除专属自然人的权利义务外，在法令限制内，行政机关有享受权利和负担义务的能力。同时，行政机关必须不抵触其目的及性质，才具有私法上的权利能力，行政主体在其目的及管辖权范围外所为的私法法律行为，应归无效。②

深究之，行政主体理论的核心要义在于确定权、责、利，包括由谁进行行政管理、谁作行政诉讼的被告、如何承担行政责任等问题。为了适应不同的区域和不同的公务需要，法律由此建立了不同种类的行政主体。从范围上看，传统行政主体一分为二，既包括行政机关，还包含法律法规授权的组织(其中一部分是私法人，一部分是公法组织体)。③但是，国家与人民之间的行政法律关系，形式上虽由行政机关出面，但实质上与人民相对等的法律主体，则为行政主体，而非行政机关。④面对当今社会的转型与公共行政的变迁，囿于传统行政主体理论"只关注国家行政而冷落社会行政；只注重国家授权的组织形态而忽视基于社会自治而形成的多样化主体"⑤的缺陷，公共行政的兴起、权力结构的调整以及权力的多中心化，在"国家向社会分权、行政权力回归社会"中势必引起行政主体的多元化，国家行政走向公共行政。⑥事实证明，行政主体的多元化趋势，在法治较为发达的国家或地区早已出现。与此同时，这些国家和地区还将一般行政职能中的部分特定且相对独立的行政公务，移交特定机构行使，进而由其独立承担产生的责任。在此基础

---

① 参见[德]哈特穆特·毛雷尔：《行政法学总论》，高家伟译，法律出版社 2000 年版，第 427 页。
② 参见陈敏：《行政法总论》，新学林出版社 2003 年版，第 859—860 页。
③ 参见罗豪才主编：《行政法学》，北京大学出版社 2001 年版，第 34 页。
④ 例如，所得税为国税。税收债权人为国家，税收债务人(纳税义务人)为人民。在缴纳所得税之公法金钱债务关系中，出面与纳税人接触者，为国税局此一行政机关，而真正之租税债权人，即为国家。
⑤ 余凌云：《行政主体理论之变革》，载《法学杂志》2010 年第 8 期。
⑥ 有学者认为，公共行政主体的范围必须由"行政机关和法律、法规授权组织"扩展到包括作为社会公共行政主体的非政府公共组织在内。参见张继恒：《非政府组织的行政主体地位研究》，南昌大学 2016 年博士学位论文。

上，演化出一类新型行政主体。如法国除开国家和地方团体外，还专门设置了公务法人，实现行政分权。[1]再如，英国的行政主体包括王权、地方团体、公立法人；美国的行政主体包含联邦和州、地方团体、独立的控制委员会和政府公司。[2]以此观之，"行政主体的种类各国基本相同：有的行政主体以地域为基础，有的行政主体以公务为基础"。[3]总言之，秉承地方分权和公务分权的旨意，各国在"国家"之外，还确认了地方公共团体、公务法人等行政主体。

行政主体是一个公法人，属于法人的一种形态。[4]它可以统合机关法人和行政主体，将公法主体与私法主体融合在一起，克服行政机关之人格分裂，构造并实现新型的、平等的行政法律关系。至于在行政管理活动中，行政机关应否作为行政法人，能否享有法律人格，则观点不一，见仁见智。[5]事实上，行政法人与行政机关并非等同关系，成立行政法人须有更高的要求抑或实质要件，具体有：有组织机构、有行政权利能力和行为能力、能以自己名义履行行政权力和义务、是一个相对独立的核算单位。[6]其核心在于实现行政任务的分殊化：设立行政法人，以行政私法方式履行特定属性的行政任务。[7]例如，日本历经公法人论、营团论、公共企业体论、特殊法人论、行政主体论和独立行政法人论几个阶段。在日本，行政法人是兼具专业化及弹性化的运作方式，"是公法人组织形态里最具有前瞻性的制度，也是政府在公务机关与属于私法的财团法人之间，割出的第三条道路"。[8]其中，作为行政主体的一种，独立行政法人是"通过主管大臣任命的设立委员所实施的设立

---

① 参见王名扬：《法国行政法》，中国政法大学出版社1988年版，第39—49页。
② 参见黄异：《行政法总论》，三民书局2004年版，第21—22页。
③ 王名扬：《英国行政法、比较行政法》，北京大学出版社2016年版，第302—303页。
④ 参见熊文钊：《行政法人论》，载《法学》1988年第4期；陈自忠：《行政机关的法律地位与行政法人制度》，载《法学》1988年第4期。
⑤ 参见杨海坤：《当前关于行政法人问题的理论探讨》，载《河北法学》1991年第3期。
⑥ 参见陈自忠：《行政机关的法律地位与行政法人制度》，载《法学》1988年第4期。
⑦ 参见张一雄：《比较法视野下的行政法人法律属性探究及其制度化建构基础》，载《理论与改革》2016年第2期。
⑧ 朱宗庆：《行政法人运作的再思考》，载《研考双月刊》2009年第6期。

行为而设立"。①随着 1999 年《独立行政法人通则法》的出台，各种独立行政法人设立法被大量制定。

行政机关是最普遍、最重要的一种行政主体，但行政机关并非唯一的行政主体，不能将两者等同起来。②行政机关具有二元属性，它既是一个相对独立的经济实体，也是一个独立的行政实体。不过，在纵向上，行政机关间是一种等级命令关系，上级机关可以确定下级机关的法定职权及其裁量权范围；③在横向上，行政机关之间的关系有三种类别，包括不同主管部门之间、不同地方行政机关之间、上一级政府的主管部门与下一级政府之间的关系。④而且，在行政法上，行政主体有形式主体与实质主体之分，以及行政机关和行政机构之别，行政机关是一个基础单位，而行政机构仅是行政机关的一部分，难以独立对外行使职权，承担责任。⑤

在我国行政主体理论中，除了一般的行政机关，作为职能机构的派出机关、派出机构和内部机构，在法律授权之下，也都可以成为行政主体。但实际上并非如此，除开享有高度自治权的特别行政区机关，其他行政机关都是在宪法的统摄之下受国务院的领导，各级地方政府均无独立的法律地位。也就是说，我国的行政机关并不是严格意义上的行政主体，有相当的一部分实际上难以归为真正的行政主体范畴。例如，作为行政机关内部设置的部门或派出机构则不具有公法人地位，其责任由行政机关或派出行政机构承担。况且，行政主体不能自行设立，行政机关没有自己独立的利益，不具有独立的地位，也不能独立承担行政法律责任。此外，行政机关可以作为行政诉讼的被告，⑥但作为被告并不意味

---

① [日]盐野宏：《行政法学上法人论的变迁》，肖军译，载中国法学会行政法学研究会 2010 年论文集。
② 参见周佑勇：《行政法原论》，中国方正出版社 2005 年版，第 75—76 页。
③ 我国的立法一般都不规定实施该法的机构名称，而以"事务性质＋主管部门"形式规定。至于哪个机关系负责该事务的主管部门，都由本级人民政府确定，以便为机构的撤并改革提供空间。
④ 参见叶必丰：《行政组织法功能的行为法机制》，载《中国社会科学》2017 年第 7 期。
⑤ 参见胡建淼主编：《行政法》，浙江大学出版社 2003 年版，第 148 页。
⑥ 参见《行政诉讼法》第 26 条规定。

着其承担由此所产生的责任。我国行政机关承担的只是形式意义上的责任，实质的责任只能由国家承担。①具体体现在两个层面：其一，行政诉讼的成本由国家负担；其二，行政诉讼的后果由国家承担。例如，履行纳税义务时，是纳税人对国家的义务还是对税务机关的义务?② 在法人的语境下，尤值得深思。

概括而言，我国统统实行间接行政模式，而国外大多数国家以直接行政为原则，间接行政为例外。坚持"机关法人肯定说"，实际上就是间接行政的具体体现。而坚持"机关法人否定说"，则行政机关仅是国家的组成部分而已，依据国家的授权而行使相应职权。然则，行政主体理论的确立和行政法人制度的出现，不仅打破了单一的国家行政观念界限，还以问题主体为导向，之于国家放权、社会分权下的行政分权、公共利益维护和行政效能提升均具价值与意义。

综上，传统法理认为法人仅适用于民法领域，但目前其已超出民法范围，广泛应用于宪法、行政法、刑法等公法领域。但机关法人仅在《民法通则》《民法总则》和《民法典》中有明确规定，且条文相对简单。而实际上，机关法人作为公法人，只有在从事民事活动时，才为民法所规范，大多时候则为宪法、行政法、财政法等公法所调整与规制。进言之，法人是共通于所有法律部门的基础概念，只是不同法律部门对于法人的关注各有侧重而已，机关法人有着不同的概念指称，如在宪法中为"国家机关"，在行政法中为"行政主体"抑或"行政法人"，在财政法中则为"财政主体"。在责任形式上，民法规范中仅规定民事责任，刑法规范中仅规定刑事责任，行政法规范中则主要规定行政责任，机关法人可能涉及各种责任形式，但主要体现为民事责任及其独立

---

① 参见《国家赔偿法》第7条规定。
② 从《国家赔偿法》第2条、第5条等条文来看，这是国家的赔偿责任，并且第29条规定了赔偿费用列入财政预算，也就是要以国库财产来赔偿，也可以佐证这一点。但是，《国家赔偿法》第7条和第19条规定了有关的行政或司法机关作为赔偿义务机关。需要注意的是，在采取机关法人否定说的国家和地区，国家的赔偿责任和具体的赔偿义务机关之间并无逻辑矛盾，可是，我国采取机关法人说，因此就难以解释二者之间的关系。

性。①换言之，在宪法、行政法、财政法等法域中具有主体地位的机关法人是同一的，称谓不一，但表现不尽相同。从研究方法上看，时下着重从行政法的角度，侧重于从行政管理/行政主体的角度加以分析。②而对于机关法人参与民事活动的过程中，其财产之有无、权利之变动、财产之保护等则鲜有涉及。③

其实，机关法人在各法域的做法，关注焦点无不在于其对外是否具有独立性。④显然，机关法人在各法域的体现不尽相同，也并不符合传统的法人特质，那么其各自权义构造、责任承担方面有何不同？在财政法场域，是否一定要遵循法人思维？倘若无需遵守一般的法人特征，机关法人还是否属于法人范畴？实践中的种种问题表明，现行民法规范无法有效解决机关法人问题，机关法人的行为作为一个典型的财政法问题，涉及其收入、支出和管理，能否从财政法的角度进行深度研究，乃至解决机关法人存在的问题？凡此类问题，下文将做重点探讨。

第三节　机关法人的观测指标与财政法立场

机关法人连接公法与私法，是一个典型的财政法问题，难以从作为纯私法的民法上得到根本解决，必须借助于预算法、财政法、行政法等公法加以调整和保障。换言之，机关法人具有二重性，它既是一个民事主体，同时也是一个财政主体，只不过财政主体的范围更广而已。机关法人既要遵守私法原理，更受制于财政法，是财政法(公法)对民法(私法)的限制。因此，只有将机关法人的支出行为纳入财政法评价，才能

---

① 参见侯卓：《财政法学总论体系构建论纲》，载《理论月刊》2015年第9期。
② 参见屈茂辉、张彪：《法人概念的私法性申辩》，载《法律科学(西北政法大学学报)》2015年第5期。
③ 参见吕瑞云：《公法法人财产所有权问题研究》，中国社会科学院研究生院2011年博士学位论文。
④ 葛云松：《法人与行政主体理论的再探讨——以公法人概念为重点》，载《中国法学》2007年第3期。

更好地实现公共需要与公法目的。因此，在前文的启迪下，本书试图勾勒出机关法人在不同法域中的识别标准/观测指标，阐述各指标之间的内在联系，反思一般法人理论，展现机关法人的财政法立场，意在搭建并构造一个一体化的机关法人规范约束规则。

一、机关法人的识别标准

"法人者，团体人格也。"[①]作为一种拟制的"法律人格"，机关法人有何认知标准呢? 结合一般法人的特征和机关法人的特殊性，本书从主体、财产和责任方面展开，意在探究机关法人的识别标准／观测指标。

(一) 主体认知

机关法人兼有公、私法品格，常与民事主体、行政主体、行政法人、财政主体等法律概念紧密交错。就机关法人而言，其主体资格与人格、权利能力等术语紧密关联，但又互不等同。其中，"主体的存在是人格、能力存在的必要前提和基础条件……"，[②]但是，长期以来，人们一般不对主体、人格、权利能力等概念和制度加以区分，甚至将三者视为实质相同的一个问题，特别是把主体与人格、人格与能力作同义或同质的表述。为此，在界定机关法人的主体范畴之时，必须对机关法人涉及之主体、人格、权利能力等议题，做必要的求证。

其一，机关法人的主体性。在主体、人格、权利能力等术语中，"主体"概念最具本原意义，其位阶要先于人格或权利能力。[③]一般而言，法律主体强调独立性，其表征的法律意义在于实现法律地位之平等性，目的在于保障私法交易的顺利和有效。换言之，机关法人主体独立的核心要义在于，机关法人在法律关系中的法律身份、财产利益和法律责任的独立性。具体来说，机关法人的主体性主要体现为两个方面：(1)机关

---

① [日]志田钾太郎口述，熊元襄、熊仕昌编：《商法：会社、商行为》，上海人民出版社 2013 年版，第 4 页。

② 肖海军：《非法人组织在民法典中的主体定位及其实现》，载《法商研究》2016年第 2 期。

③ 参见[意]彼德罗·彭梵得：《罗马法教科书》，黄风译，中国政法大学出版社 2005年版，第 3—24 页。

法人与其所属内部机构关系中，机关法人的主体性表现为通过法律责任的归属，确认行政机关的法律地位；(2)在国家与其他机关法人的关系上，贯彻机关法人意志独立、行为自主的理念，以落实机关法人的制度功能。①至于机关法人的主体范畴，各国差距较大，有的公法人制度只是针对国家这一主体，有的针对的是行政主体以外的承担公共职能的组织，我国侧重于从行政主体的角度，借鉴民法有关法人分类的规定。②其实，"法律主体包含权利主体、义务主体、责任主体三种形态"。③作为法律主体的一种，机关法人既享有权利，也要承担相应的义务和责任，必须融权利主体、义务主体、责任主体于一体，在立法时需要更为明确和具体。

其二，机关法人的人格属性。究其本质，民法"人格"一般具有几重价值与法律意义，具体在于法律主体、权利能力、伦理人格等。④虽看法不同，且其内容日益更新，但经过抽象并认为是最为核心的因子是平等、自由与独立。⑤之中，平等是抽象人格的外在特征和保障条件，自由是人格成就的必要条件，独立性是人格存在的前提和基础。换言之，机关法人的成立，蕴含着身份独立、行为自主和地位平等的法治要义。其中，尤为重要的是私法主体的人格独立，其关键内容为独立、自由、平等等具有抽象意义的法概念与法范畴，能以自己的财产独立承担民事责任。⑥对于机关法人法律地位的独立性，其人格只可否认或注销，而不可限制、放弃或转让。人格、权利能力虽同由主体所派生，但相对而言，"人格"表征的是"私法主体"地位的独立性，人格制度更是

---

① 参见李昕：《作为组织手段的公法人制度研究》，中国政法大学出版社 2009 年版，第 82 页。
② 同时，对于行政主体作为公法人的情形，主要探讨的是各级政府机关法人作为公法人的情形，对于法律、法规授权的组织的公法人主体地位，并没有更多的涉及。
③ 胡玉鸿：《法律主体的基本形态》，载《法治研究》2012 年第 10 期。
④ 参见张平华、曹相见：《人格的私法构造》，载《浙江工商大学学报》2014 年第 1 期。
⑤ 参见马俊驹、刘卉：《论法律人格内涵的变迁和人格权的发展》，载《法学评论》2002 年第 1 期。
⑥ 参见肖海军：《民法典编纂中非法人组织主体定位的技术进路》，载《法学》2016 年第 5 期。

因为揭示了私法主体的独立地位，故而在民事主体理论与制度中居于基础性地位。同时需要注意的是，我国学界通说虽认为法人享有人格权，①但在实质上，法人人格权是一种财产权，并非一般人格权，主体资格不等于人格权。②例如，在刑法上限制甚至取消诽谤国家机关罪，在民法上不承认国家机关的名誉权。③据此推断，机关法人也不具有名誉权。④

其三，机关法人的权利(力)能力。在人格的"四元"构造中，权利能力是个技术性概念，是生物人或团体成为权利主体的资格。⑤代表性学说认为，人格与权利能力具有同质性。例如，有学者认为，团体之"人格"只是人为拟制的且无社会政治性、伦理性的法律人格，故其仅为团体在"私法上的主体资格"或"财产权主体资格"。⑥其实，权利能力的具体内容是权利和义务的边界，即机关法人能够以自己的名义和财产对外承担责任。在法学构造上，"权利的享有(权利能力)与权利的行使(行为能力)判然分开"。⑦以"权利能力"型构的主体制度，一是要通过权利能力赋予主体资格，二是要实现行为能力与主体资格两相分离。相对而言，对民事主体的权利能力则可予以限制，如公法人在营业方面的权利能力受到法律的各种限制。⑧进言之，当法人行为超出其目的范围时，该行为效力如何，目前尚有权利能力限制说、行为能力限制说、代表权限制说和内部责任说⑨四种学说，但是均有缺陷。民法之所以确定法人目的外行为有效，根由在于对交易安全的保护，而非基于对法人目

①　法人人格权是指其参加民事法律关系的地位和资格，一般而言，它是权利能力的同义词。参见马骏驹：《法人制度的基本理论和立法问题之探讨(下)》，载《法学评论》2004年第6期。
②　参见尹田：《论法人人格权》，载《法学研究》2004年第4期。
③　参见李延枫：《论国家机关名誉的法律保护路径》，载《求是学刊》2017年第4期。
④　参见许中缘、颜克云：《论法人名誉权、法人人格权与我国民法典》，载《法学杂志》2016年第4期。
⑤　参见张平华、曹相见：《人格权的"上天"与"下凡"》，载《江淮论坛》2013年第2期。
⑥　尹田：《论法人人格权》，载《法学研究》2004年第4期。
⑦　李萱：《法律主体资格的开放性》，载《政法论坛》2008年第5期。
⑧　法人的权利能力作为民事主体的资格，没有范围的大小，只涉及有无的问题，其限制仅限于对法人行为能力。
⑨　法人目的限制外行为的效力：无效说、有效说和相对无效说(行为能力说、保护善意第三人说、无权代理说)，行为能力说更符合司法实践。

的外行为之合法性的认可。①根本而言，机关法人更多关注的是社会公共利益的需要，故应将其限定在特定的社会生活领域内。为保障民事主体在竞争地位上的平等性，机关法人的行为能力应严格限制在事业范围内，超出目的事业范围的行为无效。②

（二）财产识别

机关法人财产所有权问题的研究涉及多个部门法，横跨两大法域，既要研究公法对机关法人制度的规制，也要研究私法对机关法人制度的影响，既涉及政治领域，又要兼顾经济体制，既涉及意识形态，又涉及物权法理。从法经济学角度观之，一般组织可以简化为"独立人格"与"独立财产"。而法人之所以具有独立的人格，其根由在于其具有独立之资产，独立资产是法人所具备的核心要素。③从物权法的角度看，机关法人的财产在广义上包括物权、债权、知识产权等，对于公债，有的国家认为是机关法人财产的一部分。

在财政法上，财政承载一国的经济政策、政治体制和法律规则，财政法的核心在于处理好私人财产权和国家财政权的关系，限制国家的财政权，保护纳税人的合法权利。④众所周知，机关法人的财源在于政府财政拨款，按照财产独立制的基本诉求，抑或依据经营权管理理论，机关法人能够独立支配其预算经费。但是，一个机关法人实际上既属于上级机关，在经费使用上也受其管制和约束。换言之，就机关法人的预算经费而言，难言实现使用与处分之独立。况且，并不是只要明确"有独立的预算经费"此一要件，"国家机关"即可从成立之日起具有法人资格。⑤从《民法典》第97条的规定来看，"独立经费"仅指向"机关"，而"承担行政职能的法定机构"并不必然享有独立的预算经费。因此，可以

① 参见尹田：《论法人的权利能力》，载《法制与社会发展》2003年第1期。
② 参见周海霞：《论法人行为能力》，山西大学2008年硕士学位论文。
③ 参见王文宇：《揭开法人的神秘面纱——兼论民事主体的法典化》，载《清华法学》2016年第5期。
④ 参见熊伟：《财政法基本问题》法律出版社2012年版，第387页。
⑤ 参见张彪：《国家机关法人独立预算经费要件论——兼评〈中华人民共和国民法典民法总则草案(征求意见稿)第八十九条〉》，载《湖南警察学院学报》2016年第6期。

说，有"独立经费"的国家机关构成机关法人，但"独立的预算经费"并不构成机关法人成立的必要条件，因为法定职能机构并不必然要求。鉴于此，机关法人人格是否独立，不能以财产独立与否作为衡量指标，因为在单一制政体之下，机关法人的财产难以独立，也没有必要独立。

（三）责任确定

"凡法人皆有人格，而人格必意味着责任的独立。"[1]因此，统合独立人格和独立承担责任的法律主体，便成为我国最主要的法人学说。具体来说，责任能力是民事主体据以独立承担民事责任的法律资格，包括不履行债务的能力和侵权能力。至于法人有无民事责任能力，学理上有肯定说和否定说两种观点。不过，各国的相关立法均承认法人独立责任制，主张以其所有财产独立地承担民事责任，具体包括法人组织之间、法人与其成员、法人与其管理人员和工作人员之间责任的相互独立。

关于财产独立制之本质，是确保权利人对特定财产的优先权，在于"财产区隔"与明确优先权人。[2]与法人之财产独立性相比，有限责任旨在保护个人财产和个人财产的优先权。就机关法人而言，基于人格独立性、意志独立与行为自主的目标诉求考虑，机关法人优先以自己的财产承担私法责任，在此基础上，倘若仍不能有效偿还债务，可由国库(国家)承担补充兜底责任。换言之，责任独立性虽是考察机关法人的一项重要标准，但并不是说，责任是否独立是机关法人设定的必然要求。同财产独立性观点一致，人格独立并不意味着责任的独立，尤其是在"国家法人说"背景下，更没有要求责任独立的必要。

二、机关法人标准之间的运行逻辑

机关法人之主体、财产与责任之间相辅相成，[3]紧密关联，但非绝对。在现代契约社会，"契约观念或者说契约精神的一项重要内容就是

---

[1] 虞政平：《法人独立责任质疑》，载《中国法学》2001年第1期。
[2] 参见许德风：《法人的虚与实》，载《交大法学》2016年第4期。
[3] 参见方流芳：《"法人"进入当代中国法律，意义何在?》，载《中国法律评论》2019年第6期。

权利、义务对等……国家机关的行为契约化，就要求国家机关必须履行保障人民权利、为社会服务的义务，否则就要承担法律责任"。①之于法人，独立人格意味着法人可拥有与其成员和设立者的财产分开的自己的独立财产，有承担清偿债务的责任。即法人独立人格必然产生法人具有独立责任。这与民法上的权利能力、行为能力及责任能力有着类似之处，权利能力指向法律资格，是行为能力的前提和基础，有行为能力者必然有权利能力，反之则不然。而责任能力与行为能力无太多关联，责任能力的有无不应当以行为能力为基础判定。同样地，基于机关法人的产生基础及运行机理，机关法人虽人格独立，但在财产和责任上未必独立，也没必要独立。

其一，机关法人人格独立，并不意味着财产和责任的独立。通览人格及人格权发展史，公法主体(或兼私法主体)并不需要严格恪守传统法人理论，例如，在罗马法中，法人的独立人格并不依赖于法人成员对其承担有限责任，而是依赖于团体人格与其成员人格的分离。②再如，中世纪的英国，将罗马法中的法人特许理念和教会法的法人团体理念予以整合，指出法人并不具有责任独立性，主张在其资不抵债时，法人完全有权向其机构成员摊派。③以此观之，法人理念虽因时代的不同而有差别，但却也形成共识，比如人格的独立并不必然导出法人责任之独立，二者之间没有必然的法律关系。④从私法和历史发展的维度看，法人成立的衡量指标并不在于有限责任抑或责任独立制。同样地，对于兼具公法与私法二元属性的机关法人，基于种种特殊性，在其人格与财产、责任之间更无直接的联系。

其二，机关法人人格独立与独立财产之间并无必然的联系。传统民

① 王晓烁：《国家机关权责平衡问题研究》，中国商务出版社2006年版，第4页。
② 参见[美]哈罗德·J.伯尔曼：《法律与革命：西方法律传统的形成》，贺卫方等译，中国大百科全书出版社1993年版，第262页。
③ 参见虞政平：《股东有限责任：现代公司法律之基石》，法律出版社2001年版，第50页。
④ 参见任尔昕：《我国法人制度之批判——从法人人格与有限责任制度的关系角度考察》，载《法学评论》2004年第1期。

法理论认为，独立财产是法人具有独立人格的前提和基础。《民法通则》依此规定，部分学者据此做出"无财产即无人格"①的推论。在此基础上，根据公法人理论，主张机关法人对国有财产的"法人所有权"，②如地方财产所有权。③但是，国家对于公法人或地方政府的财产是否享有所有权？通过探知人格的历史演变，人格与财产之间并无必然的联系。倘如以财产论人格，必将导致人格伦理的荡然无存，人格与财产之间的界限也将划清。从法人的人格来看，财产因素对团体是否享有人格，并不具有决定性意义。深究之，机关法人的设定依据在于，其能否承载相应的权利和义务，对外能否独立地享有权利和承担义务，并依法律经行政主管部门许可，取得法人资格。因此，机关法人人格的取得，实质上在于法律的授权，机关法人人格独立与其享有财产的多少，实际上并无牵连。换言之，国家机关是否具有法人资格，与其有没有独立经费无关，因为国家机关的分支机构也可能是法人，以其自身名义履行职责。而且国家机关不是独立的，都是依法处于一定的权力支配体系中，据以行为的人格与承担责任的主体未必吻合。其活动经费或使用的财产，并不足以或者法律不准许用以对其行为造成的后果承担全部民事责任。从实践得知，我国机关法人和事业单位法人就是基于公法目的，根据公法授权，因行政审批而取得。④一言以蔽之，财产只是机关法人履行私法债务的物质基础，但其与人格的取得之间并没有必然联系。

其三，机关法人人格独立与独立责任之间并无必然的联系。根据通说观点，团体是否具有独立的人格，完全取决于它是否独立地承担责任，独立责任谓之法人的一种本质属性。但从域外经验得知，法律并未规定法人成立需承担有限责任，承担独立责任并非法人资格取得的必要

---

① 尹田：《无财产即无人格——法国民法上广义财产理论的现代启示》，载《法学家》2004 年第 2 期。
② 参见孙宪忠：《我国物权法中所有权体系的应然结构》，载《法商研究》2002 年第 5 期。
③ 参见张建文：《转型时期的国家所有权问题研究——面向公共所有权的思考》，西南政法大学 2006 年博士学位论文。
④ 参见鲍家志：《非经营性国有资产使用权研究》，武汉大学 2012 年博士学位论文。

条件。与之相反，在责任形态上，法人体现出补充责任、有限责任、无限责任等，这间接否认了法人的责任独立性。作为法人责任的一种高级形态，有限责任要求法人成员以其出资额为限承担责任，但也不能做出等同于法人有限责任的论断。①实践中，法人人格与有限责任之间的关系也日益削减，立法中的法人责任形态处于动态变化之中，或长或消。②在我国，清末至民初区分法人独立责任与有限责任，但新中国成立至今，人格独立与有限责任之间的关系亦日渐混同。诚然，能否独立承担私法债务是识别法人和判断法人的一项重要指标，③但不能据此推断出，人格独立与责任独立制之间有必然关系。人格独立既不意味着责任的独立，更不是成员责任的独立。④机关法人更是如此，因为机关法人不仅涉及私法原理，同时更是一个公法命题。现实也是如此，机关法人化与非法人化司法事实的背离，就是我国民法理论将法人人格与独立财产、独立责任相连造成的结果。⑤理想的状态是，机关法人以其预算经费独立对外承担私法责任，但在资金不足以偿还债务时，由上级政府、国家(国库)等承担补充责任。根本而言，机关法人的人格独立，并不要求责任独立。

三、机关法人的财政法立场

机关法人作为完成行政私法任务的法律构造，如政府购买公共服务，正活跃于法律和现实生活之中。不可否认，机关法人作为兼具公、私双重品质的法律主体，《民法典》将国家机关和承担行政职能的法定机构赋予法人身份，旨在解决其民事主体资格问题，使其可以名正言顺

---

① 参见柳经纬：《民法典编纂中的法人制度重构——以法人责任为核心》，载《法学》2015 年第 5 期。
② 参见许中缘：《论法人的独立责任与二元民事主体制度》，载《法学评论》2017 年第 1 期。
③ 参见宋才发：《法人主体资格认定的法律探讨》，载《华中师范大学学报(人文社会科学版)》1998 年第 4 期。
④ 参见董学立：《法人人格与有限责任》，载《现代法学》2001 年第 5 期。
⑤ 参见王春梅：《苏联法对中国民事主体制度之影响》，法律出版社 2016 年版，第 140 页。

地参与私法活动，进而降低交易风险，最终实现公法目的与公共福祉。不过，"'法人化'不仅只是立法条文的推动，背后必须有一套完整的组织变革策略与执行过程"。[①]机关到底是遵守民法(私法)，还是遵守财政法(公法)? 民事权利能力、民事行为能力、民事责任等是否适用于政府? 机关法人的财产如何体现独立性，如何独立地对外承担责任? 政府是否需要为其部门的责任兜底? 上级政府是否要为下级政府的责任，承担补充责任或无限责任? 等等问题，皆须探究。

公、私法人虽有相通之处，承认法人独立性，但侧重点各不相同：私法人侧重于财产责任的独立承担；公法人强调人格独立、行为自主，更有法人独立性的"例外"规则，即财产、责任的不独立情形。财政法独立性与私法评价之间有歧义，但鉴于私法与财政法在价值秩序上的一贯性、私法的框架性功能(体系正义)、公私法二元化与行政任务一体性等机理，财政法要遵循民法法人的基本规则，进而进行二度规范。机关法人虽跨越宪法、民法、行政法等法域，集公法身份与私法角色于一体，而财政法作为平衡私人财产权和国家财政权、规定财产和财政的专门法，势必要对机关法人及其行为作法律评价。进言之，机关法人的行为既是一个外部行为，也是一个内部行为，前者指向对外的民事活动，后者是一个典型的财政行为，涉及收入的来源、哪些资产可用以民事活动等，深刻诠释了其是一个财政法的问题。其中，资金、财产形成财政收入，财产是财政的一部分；经费管理就是财政管理，是机关法人的一种内部管理；机关法人从事必要民事活动的支出为财政支出，须在财政法内适用。此外，机关法人的民事法律效果最终还是归属于国家，比如各级各类机关通过民事合同购得的办公用品、修建的楼堂馆所等所欠债务，都属于国家的财产和债务，最终由国家(国库)承担民事责任。[②]因此，机关法人有其特有的困境，财政法补正恰如其分。

---

① 朱宗庆：《行政法人运作的再思考》，载《研考双月刊》2009 年第 6 期。
② 参见崔拴林：《论我国私法人分类理念的缺陷与修正——以公法人理论为主要视角》，载《法律科学(西北政法大学学报)》2011 年第 4 期。

机关法人是一个财政主体，虽然各法域的口径未必完全一致，但都是同一个"人"，只是不同领域有不同的体现与称谓罢了。它表面似乎是一个简单的民事主体，实则涉及财政法的规则及约束，其本身就是一个典型的财政法问题。为此，直面机关法人及其问题，财政法应持以下立场：其一，机关法人的实质是"去机关化"，但要受财政法的特别调整，是财政法(公法)对民法(私法)的限制。例如，与《预算法》原来禁止地方举债的规定相比，2015年《预算法》将举债主体限定为"经国务院批准的省、自治区、直辖市"，地方政府债务规模由国务院报全国人大或其常委会批准等，这就是机关法人从事民事活动时既遵守私法规则，但更受到预算法、财政法等公法约束的典型例证。因为其不仅主体资格受限，责任承担也跟一般法人理论有所不同。其二，机关法人具有二重性，既是一个民事主体，更是一个财政法律主体，但财政法律主体的范围更广。其判断基准(成立标志)在于，独立经费应纳入预算，只有同时具备独立的预算经费和为履行职能需要进行民事活动者，才能成为机关法人。其三，机关法人虽主体独立，但财产可不必独立。机关法人制度的确立，最基本的条件就是具有自己独立的财产，是为从事民事活动和承担民事责任的基础。按照通说观点，机关法人理应拥有独立的财产，强调财产独立性。但是，鉴于机关法人的公法品质，甚难保障其独立性。其四，机关法人虽主体独立，但责任可不必独立。机关法人责任既是一种民事责任，同时也是一种财政责任。承担责任的过程，也是财政支出的过程。根据事权与财权、支出责任相一致原则，机关法人的责任应与其财权、财力相配。而实践中，各机关法人尚未有足够的财权和财力应对其事权，亦不能独立承担责任，其责任独立性尚难体现。例如，"英国公法人的财政独立……工商企业的公法人自负盈亏，其他各类公法人的经费全部或部分由政府补助"。[①]因此，机关法人之间在民事责任的承担方面，并未严格遵守法人独立性，政府需要为其部门的责任兜

_____

① 王名扬：《英国行政法、比较行政法》，北京大学出版社2016年版，第84页。

底，上级政府要为下级政府的责任承担补充责任或无限责任。

综上，机关法人对传统法人理论形成冲击，因为机关法人虽人格独立，但并不是一个独立的财产主体和责任主体，机关法人的人格与财产、责任之间并没有直接关联。因此，要转换立场，从整体法尤其是财政法的角度反思法人理论，拓展法人的概念范畴，拓宽机关法人的分析进路：其一，遵照传统法人理论，探寻机关法人的运行脉络和现实样态；其二，从"机关"角度审视机关法人运行机理。机关法人开展必要的民事活动并不容易，要受预算法、财政法的诸多约束。概言之，机关法人兼具财政主体与民事主体的双重资格，其"为履行职能需要进行民事活动"并非易事，而要受到以财政法为中心的诸多的公法约束。若发生重大的民事交易活动，既要遵循民法一般法人理论，也要受到财政法等公法的规范与约束。唯有如此，公、私法方能更好地交错与融合，机关法人的设定目标才能最大程度上得以实现。

第二章

机关法人的主体性审视

　　法律主体内于权利、义务和责任之中,"权利必须有享有者,义务必须有履行者,责任必须有承担者……权利、义务和责任都必须附着于'人'这一主体之上,才能使其从静态规范的层面走向现实的法律生活"。①机关法人虽是一种法人(民事主体),但因受预算法、财政法等公法的约束,以致其范围的有限化。为此,本章以《民法典》第97条为立论基础,对机关法人相关主体性问题做深入探讨。兹举之,机关法人之间是否存在民事交易? 哪些机关可以成为机关法人? 这其中包括政府的部门吗? 成为机关法人的标志是什么? 例如,税务稽查局、税务所、财政部驻湖北专员办等,是否都属于机关法人? 如何用财政法的眼光去审视机关法人? 是否仅以独立经费、独立执法权为判断基准? 这本质上是对国家机关有无公法人地位的争论,是法律人格或主体资格的确认问题。

---

① 胡玉鸿:《法律主体概念及其特性》,载《法学研究》2008年第3期。

第一节　机关法人主体资格的实证考察：
以稽查局为中心

稽查局作为主管税务稽查工作的职能部门，其执法主体资格是一个尚有争议的法律问题。尤其是在机关法人语境下，其是否具有民事主体资格，更具考察价值。

一、稽查局的行政执法资格：以 105 份裁判文书为考察样本

关于稽查局的执法主体资格，本书以"中国裁判文书网"为检索对象，以"案由为行政案由且案件名称为稽查局"为检索词，共检索到105 个裁判文书，其具体情况如下展示：

表 2-1　稽查局执法资格梳理展示①

	案　　　由	案　　　号	法院端	纳税人端
1	周某某诉驻马店市地税务局稽查局税务行政确认案	(2010)驿行初字第 71 号	√	—
2	格雷特公司与南通市通州区国税稽查局税务行政管理案	(2012)通中行终字第 0072 号	√	—
3	华恩房地产公司与北京市地税局第二稽查局税务行政处罚案	(2013)二中行终字第 253 号	√	—
4	荣泰公司与成都市青白江稽查局税务行政处罚案	(2013)成行终字第 168 号	√	—
5	法某与淮安市淮安地税局稽查局行政奖励案	(2013)淮法行初字第 0042 号	—	—
6	范某某与浙江省桐庐县地税局稽查局税务行政答复案	(2013)浙杭行终字第 229 号	√	—
7	广西宜州市峻凯公司行政裁定案	(2013)河市行立终字第 6 号	—	—

① 注："√"表示具有执法资格，"×"表示无执法资格，"—"表示案例中未提及执法资格。

	案　　　由	案　　　号	法院端	纳税人端
8	国托公司与海南省地税局第一稽查局纳税担保复函纠纷案	(2013)琼行终字第 209 号	—	—
9	王某某税务行政处理决定案	(2013)长宁行初字第 30 号	✓	—
10	海南义丰公司与海南省地税局第一稽查局撤销行政行为纠纷案	(2013)龙行初字第 18 号	✓	—
11	北京盛强达公司行政处罚案	(2014)一中行终字第 6309 号	✓	—
12	上诉人龙岩公司税务行政处理案	(2014)岩行终字第 53 号	—	—
13	福建龙岩御佳园房地产公司税务行政处理案	(2014)岩行终字第 56 号	—	—
14	华润公司绍兴购物中心与绍兴市地税局稽查局非税收入行政征收案	(2014)绍越行初字第 58 号	✓	—
15	淮安市中铁公司与淮安市国税稽查局税务行政处理案	(2014)浦行初字第 0041 号	✓	—
16	大山公司与江苏宿迁地税局稽查局撤销税务处理决定案	(2014)宿中行初字第 00045 号	✓	—
17	辽宁省彩票发行中心与辽宁省地税稽查局税务行政处理决定案	(2014)沈中审行终再字第 13 号	✓	—
18	明轩公司与泉州市国税局稽查局税务处理决定案	(2014)泉行终字第 29 号	—	—
19	明轩公司与泉州市国税局稽查局税务行政处罚决定案	(2014)泉行终字第 30 号	—	—
20	天津市名典公司请求撤销税务行政处罚决定案	(2014)一中行终字第 4 号	✓	—
21	王某某诉长宁县地方税务局稽查局税务行政处罚案	(2014)宜行终字第 12 号	✓	—
22	贵州凯里银福公司税务处理决定案	(2014)黔东行终字第 88 号	✓	—
23	马某某诉潢川县地税局稽查局税收行政处罚案	(2014)光行初字第 00011 号	✓	✕
24	交安公司与中山市地税稽查局税务行政处罚案	(2014)中中法行终字第 105 号	✓	—

	案　　由	案　　号	法院端	纳税人端
25	北京首实加工厂与石景山区国家税务局稽查局《责令限期改正通知书》案	(2015)石行初字第 17 号	—	—
26	诚信公司诉被本溪市国税局稽查局税务行政处罚案	(2015)本行终字第 00011 号	✓	—
27	世方公司诉常州市国税局稽查局税务处理决定案	(2015)新行初字第 186 号	✓	—
28	洪天公司诉成都市国税局第一稽查局税务行政处罚案	(2015)锦江行初字第 1 号	✓	—
29	再审申请人德发公司诉广州税稽一局税务处理决定案	(2015)行提字第 13 号	✓	✗
30	利民公司与天柱县国税局稽查局税务行政处罚案	(2015)天行初字第 13 号	✓	—
31	博皓公司诉黄山市地税局稽查局税务处理决定案	(2015)黄中法行终字第 00007 号	✓	—
32	博皓公司诉黄山市地税局稽查局税务行政处罚决定案	(2015)黄中法行终字第 00006 号	✓	—
33	黄田公司与六盘水市国家税务局稽查局行政处罚纠纷案	(2015)黔水行初字第 50 号	✓	—
34	罗某某与重庆市地税一稽局不予受理决定案	(2015)渝一中法行终字第 00111 号	✓	—
35	罗某某与重庆市国税第二稽查局行政赔偿案	(2015)渝高法行申字第 00572 号	✓	—
36	罗某某与重庆市国税第一稽查局行政赔偿案	(2015)渝高法行申字第 00587 号	✓	—
37	麦迪格公司行政裁定案	(2015)济行终字第 15 号	—	—
38	茂名市国税局第一稽查局税务行政处罚案	(2015)茂中法行终字第 49 号	✓	—
39	冠峰公司与冠县国税局稽查局税务行政处罚案	(2015)冠行初字第 18 号	✓	—
40	东管公司税务处理决定案	(2015)沈中行终字第 153 号	✓	—
41	天山劳务公司与石河子地税局稽查局行政处罚纠纷案	(2015)兵八行终字第 3 号	✓	—

	案　　由	案　　号	法院端	纳税人端
42	娄建电力公司与苏州工业园区国税局稽查局税务行政处罚案	(2015)苏中行终字第 00225 号	√	—
43	再审申请人乾坤公司与武汉市国税局第四稽查局税务行政处理案	(2015)鄂行申 368 号	√	—
44	杨某某与海淀区地税局稽查局行政复议案	(2015)海行初字第 1617 号	—	—
45	于某行政告知案	(2015)一中行终字第 544 号	—	—
46	长丰地税稽查局与被合肥晨阳公司税务行政处罚案	(2015)合行再终字第 00002 号	√	—
47	赵某某税务行政处罚案	(2015)沪一中行终字第 291 号	√	—
48	中成建工集团(沈阳)公司与沈阳市地税局第二稽查局行政处罚决定案	(2015)沈中行终字第 326 号	√	—
49	正大联合(福州)公司与福州市国税局稽查局税务行政处罚案	(2015)鼓行初字第 35 号	√	—
50	众创公司与通州区国税局稽查局税务行政处罚案	(2016)京 03 行终 551 号	√	—
51	北京海润公司税务处理、行政复议案	(2016)京 03 行终 270 号	√	—
52	庄胜房地产公司与西城区地税局稽查局税务处理决定案	(2016)京 02 行终 1780 号	—	—
53	常州对外贸易有限公司与常州市国税局稽查局税务处理决定及复议决定案	(2016)苏 04 行终 30 号	√	—
54	大同高速公路建设管理处与大同市地方税务局稽查局行政处罚案	(2016)晋 02 行终 32 号	√	—
55	丁某某与北京市国税局稽查局税务行政处罚案	(2016)京 02 行终 1298 号	—	—
56	劳建公司与东阿县地税局稽查局税务行政处罚案	(2016)鲁行再 4 号	√	—
57	云联公司与连云港市国税局稽查局税务行政处理案	(2016)苏 07 行终 245 号	√	—

	案　　由	案　　号	法院端	纳税人端
58	尖峰岭林业局与海南省地税第五稽查局税务行政处罚纠纷案	(2016)琼 97 行终 71 号	—	—
59	何某某与北京市地税局第一稽查局履行法定职责案	(2016)京 03 行终 501 号	√	—
60	湖北荆大公司与荆州市地税局稽查局行政回复及行政复议案	(2016)鄂 10 行终 75 号	—	—
61	湖北朋来律师事务所与武汉市地税局稽查局政府信息公开案	(2016)鄂 01 行终 342 号	√	—
62	再审申请人湖北朋来律师事务所与武汉地税稽查局政府信息公开案	(2016)鄂行申 635 号	—	—
63	江西省第一房屋建筑公司与海南地税第三稽查局税务行政处罚纠纷案	(2016)琼 97 行终 23 号	—	—
64	锦州华侨公司税务行政决定案	(2016)辽 07 行终 40 号	—	—
65	荣鹏公司与开平地税稽查局税务行政处罚纠纷案	(2016)粤 07 行终 112 号	√	—
66	李某税务行政处罚案	(2016)赣 07 行终 227 号	—	—
67	李某某与广东省地税稽查局履行职责案	(2016)粤 7101 行初 598 号	√	—
68	林某某诉广州市市地税稽查局行政奖励纠纷案	(2016)粤行申 573 号	√	—
69	柳某某诉稽查机关不履行税务稽查法定职责案	(2016)苏 01 行终 203 号	√	—
70	江苏省南京地税稽查局与南京土壤仪器厂税务行政管理案	(2016)苏 01 行终 776 号	√	—
71	横港劳动服务公司与南通市国税局稽查局行政处罚及行政复议案	(2016)苏 06 行终 332 号	√	—
72	潘某某税收违法行为检举答复案	(2016)沪 01 行终 938 号	√	—
73	源通公司与三明市三元区国税局稽查局税务行政处罚案	(2016)闽 0426 行初 33 号	—	—
74	山西能源集团西北矿业公司与朔州市朔城区国税稽查局税务行政征收纠纷案	(2016)晋 0624 行初 16 号	√	—

续表

	案　　　由	案　　号	法院端	纳税人端
75	铁岭市长兴荣公司税务行政处理、税务行政处罚案	(2016)辽 12 行终 119 号	√	—
76	杨某某税务举报处理行为及行政复议决定案	(2016)京 01 行终 839 号	√	—
77	再审申请人长沙市地税局稽查局与余忠诚税务管理行政处罚案	(2016)湘行申 319 号	—	—
78	袁某某与卢龙县国税稽查局行政处罚案	(2016)冀 03 行终 52 号	√	—
79	钟某与韶关稽查局税务行政处罚案	(2016)粤 02 行终 67 号	√	—
80	远大海运公司因与舟山地税稽查局税务行政检查及行政复议案	(2016)浙 09 行终 37 号	√	—
81	朱某某税务行政处罚案	(2016)赣 07 行终 228 号	—	—
82	驻马店市金明公司税务行政处罚案	(2016)豫 17 行终 206 号	√	—
83	驻马店市金发公司税务行政处罚案	(2016)豫 17 行终 208 号	—	—
84	驻马店市亚泰公司税务行政处罚案	(2016)豫 17 行终 207 号	—	—
85	北京强威公司诉北京市大兴区国税局稽查局冻结存款决定案	(2017)京 02 行终 216 号	√	—
86	麦博尔工贸公司税务征收处理决定案	(2017)新 28 行终 13 号	√	—
87	强威公司诉北京市大兴区国税局稽查局税务处理决定书案	(2017)京 02 行终 143 号	√	—
88	维力公司诉北京市大兴区国家税务局稽查局冻结存款决定案	(2017)京行终 215 号	—	—
89	维力公司诉北京市大兴区国家税务局稽查局税务处理决定书案	(2017)京 02 行终 144 号	—	—
90	常州世方公司税务行政处理及行政复议决定案	(2017)苏 04 行终 70 号	√	—
91	大同高速公路建设管理处与大同市地税局稽查局税务处理决定和行政处罚案	(2016)晋 02 行终 49 号	√	—

续表

	案　　由	案　　号	法院端	纳税人端
92	范某某要求履行法定职责及行政复议决定案	(2017)沪 01 行终 61 号	√	—
93	福建省聚融公司税务行政处罚及行政复议案	(2017)闽 07 行终 80 号	√	—
94	新悦公司与郑州市国家税务稽查局行政处罚决定案	(2017)豫 01 行终 106 号	—	—
95	丰达公司与公主岭市国税局稽查局税务行政处理案	(2017)吉 03 行终 36 号	—	—
96	江苏悦达卡特公司税务行政处理及行政复议决定案	(2017)苏 04 行终 6 号	—	—
97	姜某某与承德市地税局稽查局行政处罚决定案	(2017)冀 08 行终 26 号	√	—
98	姜某某与承德市地税局稽查局行政决定及复议案	(2017)冀 08 行终 36 号	—	—
99	南通宝都公司税务征收行政纠纷及行政复议案	(2017)苏 06 行终 135 号	√	—
100	祥源公司与青岛市地税局黄岛分局稽查局税务行政处罚案	(2017)鲁 02 行终 146 号	—	—
101	嘉华公司与厦门市国税稽查局行政复议案	(2017)闽 02 行终 39 号	—	—
102	韵博公司诉上海市浦东新区地税局稽查局税务行政处罚决定案	(2017)沪 01 行终 4 号	√	—
103	湖南省双牌县地税局稽查局与永州市宏宇公司税务行政管理案	(2017)湘 11 行终 1 号	√	—
104	冼某某与海南省地税局第二稽查局税务行政处罚纠纷案	(2017)琼 0271 行初 8 号	√	—
105	杨某某、卢某某诉南京市地税稽查局不履行税务行政管理法定职责案	(2017)苏 01 行终 80 号	√	—

从上表得知，有关稽查局的案件，其争议点虽表述各异，如稽查局是否具有法定职权、是否具有独立的执法主体资格、是否具有作出税务行政处理决定的职权等，但无不围绕稽查局的执法主体资格展开。不

过，法院和纳税人对稽查局的认知有差异。从法院裁判的角度看，绝大多数的判例都认可稽查局的执法主体资格，如杨某某、卢某某诉南京市地税稽查局不履行税务行政管理法定职责案([2017]苏 01 行终 80 号)。即便有 32 份裁判文书没有明示其执法主体资格，如嘉华公司与厦门市国税稽查局行政复议案([2017]闽 02 行终 39 号)，但似乎也默认其资格。之于纳税人角度而言，绝大多数的判例也并未质疑其执法主体资格，如原告冼某某与海南省地税局第二稽查局税务行政处罚纠纷案([2017]琼 0271 行初 8 号)。仅有 2 份裁判文书否认稽查局的执法主体资格，具体为原告马某某诉潢川县地税局稽查局税收行政处罚案([2014]光行初字第 00011号)、再审申请人德发公司诉广州税稽一局税务处理决定案([2015]行提字第 13 号)，也即对稽查局执法主体资格并无多大异议。

举凡之，就地税机构而言，有局机关、局机关内设行政机构、直属机构和派出机构。其中直属机构又包括稽查局、直属税务分局、车辆购置征收管理分局、其他直属机构，派出机构又包括税务分局、税务所等。进言之，稽查局所属税务局对偷税案件作出处理决定，该行政行为主体是否合法?《税收征收管理法》和《税收征收管理法实施细则》中的税务机关包括各级税务局、税务分局、税务所以及省以下税务局的稽查局，以致在税收执法实践中出现诸多问题。①稽查局、某些税务分局和税务所与各级税务局不是同一性质的行政主体，其是否都具有执法主体资格? 常有争辩。根据《民法典》第 97 条之规定，除开有独立经费的机关和承担行政职能的法定机构，余下那些无独立经费却承担行政职能的法定机构，如稽查局，是否属于机关法人范畴? 可否从事私法活动?这些问题特别需要深究。本章以"案由为行政案由且案件名称为稽查局"的案例作为实证考察对象，以案例反推主体资格，有助于稽查局主体资格的规范梳理与推导(主要是诉讼推导)。通过上述梳理可以发现，各审法院均承认稽查局的执法主体资格，纳税人虽有质疑，但实属少数。

---

① 参见曹福来:《税务机关辨析》，载《税务与经济》2011 年第 2 期。

二、稽查局的主体资格：从行政执法主体到机关法人

一般说来，行政机关是一个独立的行政单位，能够对外以自己的名义行使权利与履行义务。而作为行政机关的内部成分，行政机构只能代表所在的行政机关对外管理，不能独立行使职权。①在我国，行政机构又可分为内部机构和派出机构，前者因其所属行政机关级别的不同而有所不同，在称谓上表现为室、科、处、司等；后者种类繁多，如公安派出所、税务所、工商所等。不过，无论是派出机构抑或内部机构，通常不被视为行政主体。如果派出机构获得法定授权，则其在授权范围内为行政主体。但派出机构属于"法律、法规授权的组织"范畴，而不属于"行政机关"范畴，若把稽查局、税务所都定格为一个税务机关，实践中会造成许多混乱，如混淆派出机构与行政机关之间的关系。②考虑到税务所作为税务机关的派出机构，其是法律意义上的执法主体，可以在法律规定的范围内行使税收执法权。③根据《民法典》的规定，有独立经费的行政机关和承担行政管理职能的法定机构，在从事相应民事活动时，均可称之为机关法人。以此观之，"承担行政管理职能的"稽查局可被定位为机关法人。

其实，关于稽查局的执法主体资格问题，素有争议。从性质上看，在《民法总则》实施之前，稽查局并非一个行政机关，因为它不属于政府的工作部门或其直属机构，仅是从事稽查职能的税务行政机构。2001年《税收征收管理法》修订之前，稽查局仅是一个内设行政机构，没有对外执法权，而国税总局则将其确定为一种执法主体。但在司法实践中，争议点为稽查局的税务行政主体案件，常常以败诉告终。④2001年之后，《税收征收管理法》第14条和《税收征收管理法实施细则》第9条在立法上确认了稽查局的执法权限和执法主体资格，专司"偷税、逃

---

① 参见应松年：《行政法学新论》，中国方正出版社1999年版，第110页。
②④ 参见袁森庚、罗力涛：《关于税务行政主体界定的分析——兼论〈征管法〉对税务行政主体的规定》，载《税务与经济》2006年第5期。
③ 参见许善达：《中国税权研究》，中国税务出版社2003年版，第149页。

避追缴欠税、骗税、抗税案件的查处"。只不过，它是一种经特别授权的执法主体。①

具体而言，1995 年最高人民法院"行他[1999]25 号"②明确否认稽查分局的行政主体资格，虽然该司法解释不具有现实意义，但稽查局与其所属税务局的职权划分，仍然是税务行政诉讼中的常规争议焦点。直至 2017 年 9 月 22 日，最高人民法院《关于废止部分司法解释和司法解释性质文件(第十二批)的决定》③以"与《税收征收管理法》《税收征收管理法实施细则》相冲突"为由，才将该司法解释正式废止。在财政法领域，《税收征收管理法实施细则》第 9 条授权稽查局"专司偷税、逃避追缴欠税、骗税、抗税案件的查处"，但在执法实践中却问题不断，如当稽查局查处的是除偷、逃、抗、骗的违法行为。如果其无权处理，则势必要将案件移交管理局处理，这就涉及执法的双重主体问题。此外，《税收征收管理法实施细则》和《国家税务总局关于稽查局职责问题的通知》④确定了稽查局的职责范围，负责查处各类税收违法案件。⑤以此可知，对于稽查局的执法资格，认可或反对皆有，但认可是常态。

以此观之，法院一般根据《税收征收管理法》第 14 条及《税收征收管理法实施细则》第 9 条的规定予以认定：省以下税务局的稽查局专司偷税、逃避追缴欠税、骗税、抗税案件的查处。同时，按照《税务稽查工作规程》⑥第 10 条第 1 款"稽查局应当在所属税务局的征收管理范围内实施税务稽查"、《关于进一步规范国家税务局系统机构设置明确职责分工的意见》⑦第 4 条在"直属机构"部分，明确稽查局的主要职责

① 参见曹福来：《税务机关辨析》，载《税务与经济》2011 年第 2 期。
② 参见《最高人民法院对福建省高级人民法院〈关于福建省地方税务局稽查分局是否具有行政主体资格的请示报告〉的答复意见》([行他 1999]25 号)。
③ 法释[2017]17 号。
④ 稽查局的现行职责是指：稽查业务管理、税务检查和税收违法案件查处；凡需要对纳税人、扣缴义务人进行账证检查或者调查取证，并对其税收违法行为进行税务行政处理(处罚)的执法活动，仍由各级稽查局负责。参见国税函[2003]140 号。
⑤ 此外，《国家税务总局关于印发〈税务稽查工作规程〉的通知》(国税发[2009]157 号)第 2 条第 2 款规定："税务稽查由税务局稽查局依法实施。"
⑥ 国税发[2009]157 号。
⑦ 国税发[2004]125 号。

在于"负责税收举报案件的受理、上级交办、转办及征收管理部门移交的有关税务违法案件的查处工作"等，将稽查局认定为依法设立的税务机构，依法具有对辖区内涉税违法行为进行查处的职权。换言之，法院以此认定稽查局的执法主体资格。但是，即便法院在裁判时，通常认定稽查局的执法权限，但作为纳税人的一方，亦常有争议，认为其不具有执法资格，如原告马某某诉被告潢川县地方税务局稽查局税收行政处罚一案、[1]再审申请人广州德发公司因诉广州税稽一局税务处理决定一案。[2]其中，广州德发公司与广州税稽一局税务处理决定一案是典型案例，争议亦最大。

概括而言，以稽查局为研究对象，从公、私法的视角，深入研讨稽查局是否具有双重资格(民事主体资格和行政执法权限)，意义重大。也就是说，以上案例仅限于行政执法权限，这只是机关法人的一个面向，在司法判例中并没有展示财政主体从事民事活动的过程及其结果。机关法人拥有二重人格，即便民事主体与财政主体的口径不一，但都为同一个"人"。结合机关法人"私"的一面，研讨稽查局的主体资格问题，从民事主体(私法主体)和财政主体(公法主体)的二元视角研究机关法人，尤具参考价值与实践意义。

第二节　机关法人的主体性反思

机关法人由"机关"和"法人"组成，亦公亦私，预示着公法主体与私法主体的交错与融合。但是，究竟什么是机关？何谓"机关法人"？现行法律并没有予以界定。唯一有规定的是，第二次全国基本单位普查中有列举机关法人的类型。[3]在称谓上，有关法律法规也不尽相同，比

---

① 光山县人民法院(2014)光行初字第 00011 号行政判决书。
② 中华人民共和国最高人民法院(2015)行提字第 13 号行政判决书。
③ 参见《第二次全国基本单位普查办法》和《第二次全国基本单位普查法人单位及产业活动单位划分规定》(2001)。

如《物权法》中称之为"国家机关",但部分规章中将其定位为"行政单位""党政机关"等。在财政领域,我国传统财政理论对财政主体界定在"国家"层次,西方财政理论则将其定位在"政府"层次,内核也不尽相同。①作为财政法律关系主体的国家机关,主要是指国家权力机关、行政机关和司法机关,但财政主体显然不止于此,且尚未形成共识。②其实,机关法人是一个财政主体,但财政主体的范围更广,还包括既无独立的预算经费也不承担行政职能的法定机构。鉴于此,从财政法的视角,深度研究机关法人制度的主体性,意义重大。

一、特别法人思辨:与一般法人理论的比较分析

纵览中国民法立法史,《民法通则》规定的四种法人类型来源于单位体制中的单位类型,只不过"事业单位法人"在原名后加了"法人"术语,③企业法人、机关法人、社会团体法人的名称都省略了"单位"一词。窥此一斑,可知全豹,《民法通则》中的法人制度仍保留了单位制度的主要内容。④统观各国法人的分类模式,存在呈现营利法人与非营利法人之分的"功能主义分类模式"和区分社团法人与财团法人之别的"结构主义分类模式",⑤但我国《民法通则》《民法典》并未采取大陆法系通说的结构主义分类模式,⑥而是延续固有的立法模式,将法人分为营利法人、非营利法人和特别法人。对于新增之"特别法人",主

---

① 参见崔潮:《论财政主体的演进与中国财政学的发展》,载《改革与战略》2009年第9期。

② 参见孙树明、郑里:《财政法律关系论》,载《财政研究》1988年第9期。

③ 参见徐双敏、蒋祖存:《从事业单位到事业法人:"管办分离"改革的难点研究》,载《中国行政管理》2019年第4期。

④ 参见崔拴林:《论我国私法人分类理念的缺陷与修正——以公法人理论为主要视角》,载《法律科学(西北政法大学学报)》2011年第4期。

⑤ 参见张力:《法人功能性分类与结构性分类的兼容解释》,载《中国法学》2019年第2期。

⑥ 在《民法总则》的起草和审议中,按照法人设立目的和功能的不同,《民法总则(草案)》将法人分为营利性法人和非营利性法人两类,但仍有较大争议,部分法人难以归入这两类法人。直到第三次审议时,机关法人才被纳入草案之中。参见《关于〈中华人民共和国民法总则(草案)〉的说明》,参见 http://www.npc.gov.cn/npc/lfzt/rlyw/2016-07/05/content_1993422.htm,最后访问时间:2018年3月16日。

流观点给予了高度评价，比如有学者认为"特别法人"的特殊意义在于"体现了公法与私法划分的基本理念"、"体现了本土化和现实需要"、"解决了中国广大农村'二元主体'的混沌问题"等。①再如，单独设立一种法人类别既有助于"促进民法典法人制度理论的形式周全"，②也有利于其更好地参与民事生活，保护其成员和与其进行民事活动的相对人的合法权益。③当然，位于营利性法人和非营利性法人之间的其他"中间法人"，如民办学校、民办医院等，④既有公益性又有营利性，尚未被纳入法人范畴。⑤

在理论上，按照形式逻辑规则，"营利—非营利"法人之间应还存在"中间法人"状态，以此调整营利法人从事非营利活动以及非营利法人从事营利活动的问题。⑥但是，《民法总则》《民法典》关于特别法人的设计，并未完全坚持此种"交错于其间的中间法人"路线，也不能满足"逻辑周延性、确定性和实质性区别"等法人基本类型模式的选择标准。⑦因为这些特别法人纯属于公法人、私法人，抑或是介于公法人与私法人之间的组织，并且是营利性组织，并非仅指在成立目的上介于营利法人与非营利法人之间的主体。不止于此，从构成上看，特别法人由"特别"和"法人"两个要素组成。但是，"特别法人"是一个内涵与外延皆不确定的法律概念，它会因"普通法人"之参照系的不同而有差异，故而理论上也出现了相似的表达，如特殊法人、特定法人等。从规范内容上讲，"本节没有规定的情形，应当适用第三章第一节关于法人

① 李永军：《论〈民法典〉"特别法人"的特殊意义及其不周延性》，载《探索与争鸣》2020年第5期。
② 陈小君：《民法典"特别法人"入法动因、功效与实践》，载《检察日报》2020年7月15日，第003版。
③ 参见张璁：《全国人大常委会审议民法总则草案　法人一章增加特别法人类别》，载《人民日报》2016年12月20日，第4版。
④ 参见《民法总则草案初审：在继承中创新》，载《中国人大杂志》2016年第13期。
⑤ 参见《民法总则草案分组审议民法总则草案已渐趋成熟》，载《人民日报》2016年12月21日；《全国人大常委会委员在审议民法总则草案三审稿时指出法律要让人们敢于去"扶老人"》，载《法制日报》2016年12月21日。
⑥ 参见蒋大兴：《〈民法总则〉的商法意义——以法人类型区分及规范构造为中心》，载《比较法研究》2017年第4期。
⑦ 参见谢鸿飞：《〈民法总则〉法人分类的层次与标准》，载《交大法学》2016年第4期。

的一般规定",①但将法人的一般规定适用于农村集体经济组织法人、基层群众性自治组织法人,其合理性备受质疑。整体观之,有关特别法人的规定,尚有诸多问题,如机关法人属于公法人范畴,农村集体经济组织法人、合作经济组织法人等属私法人范畴,在立法技术上将公法人与私法人一并规定在一节,在逻辑性上有失妥当。

无可否认,机关法人、农村集体经济组织法人、城镇农村的合作经济组织法人、基层群众性自治组织法人,彼此差异较大。②为此,尚需对特别法人做深度反思,比如究竟哪些主体构成特别法人?特别法人的特殊性体现在哪里?能否成为营利法人和非营利法人之外的新型独立法人类型?特别法人是营利性法人和非营利性法人的中间状态吗?若是,其与中间法人有何联系与区别?③从类型上看,《民法总则》《民法典》采取完全列举的方式,这种界定方式是否合适?这四种类型法人有无共同或共通之处?能否从这四类法人形态中抽象出其共同的内涵要素,以构成特别法人的特别之处?等等。进言之,特别法人是否符合法人的一般特征抑或法人的例外规则?基于机关法人财产和责任非独立的现实,若发生重大民事交易活动,特别法人该如何处理?根据传统法人理论,要求有独立的财产和经费、有章程、有机关、依法设立,即人格独立、财产和责任独立,因此,极有必要对照一般法人理论,深刻诠释农村集体经济组织法人、城镇农村的合作经济组织法人、基层群众性自治组织法人等特别法人。

其一,农村集体经济组织法人。"农村集体经济组织法人的设立目的具有双重性,对内体现为互助公益性,对外体现为受限制的营利性。"④先前,依据宪法、法律等的规定,农村集体经济组织虽具有法

---

① 谭启平、应建均:《"特别法人"问题追问——以〈民法总则(草案)〉(三次审议稿)为研究对象》,载《社会科学》2017 年第 3 期。
② 参见张闱祺:《我国民法总则中的法人分类方式探析》,载《中州学刊》2017 年第 2 期。
③ 参见张素华:《〈民法总则草案〉(三审稿)的进步与不足》,载《东方法学》2017 年第 2 期。
④ 宋天骐:《论农村集体经济组织法人设立的特殊性》,载《求索》2020 年第 5 期。

律地位，没有明确的民事主体地位。①但倘若农村集体经济组织没有法人身份，法律地位无法确认，就没有组织机构代码，常常连合同都没法签订，很难参与市场经济活动。②《民法总则》《民法典》第99条将农村集体经济组织定位为一种特别法人，③但"分类上的不确定引起主体立法路径选择的难题"。④其实，由于农村土地和其他财产归为集体经济组织所有，法人化的农村集体经济组织必将助益财产归属的确认和财产利益的保护。⑤何况，为赋予农村集体经济组织法人地位，已有一些地方开展了多种形式的探索，例如，以颁发组织证明书的方式赋予农村集体经济组织主体地位。如浙江省《村经济合作社组织条例》，以及登记为农民专业合作社法人、登记为企业法人。一般认为，农村集体经济组织成为法人需满足有相应的组织机构、有自己的名称、有相对独立的财产、独立承担民事责任等要件。实际上，农村集体经济组织法人具有资产的不可分割性、成员的社区性、职能的特定性等，但是，即便《宪法》(1982)最早规定了农村集体经济组织，其含义及类型始终不甚明确，现实中的农村集体经济组织基本上名存实亡，理论界和实务界对其概念内涵、具体范围的认识也不尽一致。根据实证法的规定，⑥农民集体才是集体所有权的主体，而非作为新型法人的农村集体经济组织。鉴于此，农村集体经济组织没有独立的财产，只是作为一种经营管理主体而存在。然则，在被纳入特别法人之后，集体财产性质是否有变化？如果严格恪守《宪法》等实证法的规定，显然不能将此财产归入法人财产

---

① 李适时：《民法总则是确立并完善民事基本制度的基本法律》，参见 http://www.npc.gov.cn/npc/xinwen/lfgz/lfdt/2017-04/14/content_2019846.htm，最后访问时间：2018年3月16日。
② 参见《民法总则要来了 小明为你说亮点》，载《光明日报》2017年3月9日。
③ 农村集体经济组织不包括依据《农民专业合作社法》成立的农民专业合作社法人。
④ 郭洁：《论农村集体经济组织的营利法人地位及立法路径》，载《当代法学》2019年第5期。
⑤ 参见李永军：《集体经济组织法人的历史变迁与法律结构》，载《比较法研究》2017年第4期；吴昭军：《农村集体经济组织"代表集体行使所有权"的法权关系界定》，载《农业经济问题》2019年第7期。
⑥ 我国《宪法》第10条第2款、《土地管理法》第8条第2款和第10条、《农村土地承包法》第12条以及《民法典》第261条第1款和第262条对农村集体所有的财产及其经营和管理有明确规定。

范畴。与之矛盾的是，农村集体经济组织如若没有财源，对其财权、财力又如何予以保障？"其在法人目的、财产构成、成员资格上均与其他类型法人不同"，①之于如何明确其权利义务关系，如何确定其成员资格，哪些财产可以处分，责任如何承担、是否具有破产能力等问题，②尚有争议。不过，明确农村集体经济组织的私法主体地位，之于从事民事活动、完善农村经济形式和发展机制，意义非凡。③因此，基于长远发展的考虑，赋予农村集体经济组织选择法人主体资格的权利也未尝不可。④

其二，城镇农村的合作经济组织法人。《民法总则》《民法典》第100条将城镇农村的合作经济组织认定为一种特别法人，但仅是确认其民事主体资格。纵观合作经济组织的发展史，在制定《农民专业合作社法》之际，便对其是否具有"特殊法人"的私法主体地位进行思辨。毕竟城镇农村的合作经济组织作为一个法律主体，集互益性和营利性的二元属性于一体，既要考虑农村经济发展的使命，如供销合作社，也要秉持满足社会公共需要。因此赋予城镇农村的合作经济组织以法人资格，具有重要价值。但是，合作经济组织的内涵和外延并非单一，而具有组织形式上的多样性和灵活性。例如，作为一种自治性的组织，合作社究竟采取何种形式存在，其最终决定权当属合作社全体成员，由其共同决定。从模式选择上看，合作社的选择方式是多元的，比如由发起人自行决定、选择合伙组织等形式。鉴于合作社的此种性质，致使其存在类型多样化，规模大小不一，所以将其统一纳入法人范围，显然与其灵活性特质不相一致。以此观之，《民法典》第100条将其统归为一种特别法

---

① 魏冉：《农村集体经济组织破产与法人特殊性：互动基础与路径选择》，载《大连海事大学学报(社会科学版)》2020年第3期。

② 参见屈茂辉：《农村集体经济组织法人制度研究》，载《政法论坛》2018年第2期。

③ 《个人信息保护被写入民法总则草案二审稿》，参见 http://www.npc.gov.cn/npc/cwhhy/12jcwh/2016-11/01/content_2000313.htm，最后访问时间：2018年3月16日。

④ 参见陶钟太朗、沈冬军：《论农村集体经济组织特别法人》，载《中国土地科学》2018年第5期；刘宇晗：《农地"三权分置"视域下农村集体经济组织法人制度的完善》，载《山东大学学报(哲学社会科学版)》2019年第4期；臧昊：《特别法人定位下农村集体经济组织的职能重构》，载《农业经济》2019年第5期。

人，固化了组织形式的类型化选择，将有碍于合作经济的有效发展。《民法典》仅从主体上赋予合作组织以法人资格，并未对其财产来源、责任承担等做详尽规定。但从合作组织的正常运转来看，确认组织形式、明确财源和责任形式等，确有必要。①

其三，基层群众性自治组织法人。《民法总则》《民法典》第101条将作为基层群众性自治组织的居民委员会和村民委员会定性为法人，意味着村(居)民委员会具有一定的管理职能，但其民事活动以"履行职能所需要"为限。但是，不论是作为居民委员会、村民委员会基本法的《城市居民委员会组织法》《村民委员会组织法》还是其他民事法律，都没有赋予其民事主体资格。②村民委员会和居民委员会作为基层群众性自治组织，在为社区提供公益服务、从事社区建设时需要进行大量的民事活动，如建设社区公益设施，代表村集体或者居民社区签订公益用品的买卖合同等，若不赋予其法人地位，将严重制约其职能的发挥，不利于社区公益事业的发展和建设。特别是在我国不少农村，村委会还代行村集体经济组织管理集体资产的职能，但村委会没有法律上的"名分"，在很多经济活动中无所适从。③客观讲，居民委员会和村民委员会不同于一般法人，它们在设定、职权行使、责任承担等方面，④存在显而易见的特殊性。《民法典》将其确认为一种特别法人，有利于扩大

---

① 参见谭启平、应建均：《"特别法人"问题追问——以〈民法总则(草案)〉(三次审议稿)为研究对象》，载《社会科学》2017年第3期。

② 仅国家统计局于2001年8月10日发布实施的《第二次全国基本单位普查法人单位及产业活动单位划分规定》作出了相应明确规定，将其确定为企业法人、事业单位法人、机关法人和社会团体法人之外的其他法人。但囿于《第二次全国基本单位普查法人单位及产业活动单位划分规定》在效力级别上只是部门规范性文件，根据法人形态法定原则，这事实上并不能成为居民委员会、村民委员会获得法人资格的规范依据。

③ 《七个问题，让你了解民法总则草案有多重要》，参见 http://www.npc.gov.cn/npc/xinwen/2017-03/09/content_2013875.htm，最后访问时间：2018年3月16日。

④ 根据城市居民委员会组织法的规定，居民委员会的工作经费和来源，由不设区的市、市辖区的人民政府或者上级人民政府规定并拨付；经居民会议同意，可以从居民委员会的经济收入中给予适当补助。因此，其债务也只能以居民筹集的费用、政府拨付的工作经费和居民委员会的经济收入补助来承担。村民委员会原则上也应当以其办公经费承担债务，该债务是其代表村集体从事经济活动所欠，可以村集体财产承担，但不得处分村集体所有的土地。参见李适时主编：《中华人民共和国民法总则释义》，法律出版社2017年版；李适时：《民法总则是确立并完善民事基本制度的基本法律》，参见 http://www.npc.gov.cn/npc/xinwen/lfgz/lfdt/2017-04/14/content_2019846.htm，最后访问时间：2018年3月16日。

基层群众对公共管理的民主参与权。但这种法人化形式是否合适仍值得探讨。居民委员会、村民委员会成为法人，同样需要具备"有自己的名称、组织机构、住所、财产或者经费"等法人的基本要件。实践中，基层群众性自治组织常以诉讼主体的身份进行司法行为，但其诉讼地位并不统一。由此可见，在性质上，基层群众性自治组织不仅可以是法人组织，也可以是非法人组织，并非恒定不变。①例如，《村民委员会组织法》既将村民委员会定位为一种自治组织，但同时又是自治组织的一种内部执行机构，其规定并不一致，甚至自相矛盾。②更为严重的是，"法人化不仅绕不开机关法人的理论障碍，其自治组织的特性还可能导致权力膨胀，损害村集体和村民利益"。③以此观之，将居民委员会、村民委员会确定为一种法人，在私法乃至公法上都有深入研讨和追问的空间。诚然，基层群众性自治组织法人化追求的是私法活动之后权责一致的效果，但其财产如何构成，由何而来，也是学理上和实践中的一大难题。同样地，如何体现和构造基层群众性组织的责任独立性，亦是需要解决的又一难题。

概括而言，特别法人的"特殊性"之于设定依据、设立目的、职能定位和责任承担等，与营利法人和非营利法人均有所不同。④无可否认，在《民法总则》《民法典》中单设一类特别法人，确实为其进行民事活动和私法行为提供了便利，也更有利于保护交易相对人的利益。⑤但是，机关法人主要属于一种公法人，其设立依据、设立目的、行为方式等都要严格受预算法、财政法等公法的约束，而其余三种公法人，虽有

---

① 参见谭启平、应建均：《"特别法人"问题追问——以〈民法总则(草案)〉(三次审议稿)为研究对象》，载《社会科学》2017 年第 3 期。
② 参见《村民委员会组织法》第 2 条、第 6 条、第 11 条、第 23 条、第 24 条等规定。
③ 刘忠平、刘云升：《村民委员会法人化之缺陷及其克服》，载《河北法学》2018 年第 6 期。
④ 李建国：《关于〈中华人民共和国民法总则(草案)〉的说明——2017 年 3 月 8 日在第十二届全国人民代表大会第五次会议上》，参见 http://www.npc.gov.cn/npc/xinwen/2017-03/09/content_2013899.htm，最后访问时间：2018 年 3 月 16 日。
⑤ 参见《民法总则草案三审稿提请审议 建议提请十二届全国人大五次会议审议》，参见 http://www.npc.gov.cn/npc/cwhhy/12jcwh/2016-12/20/content_2004176.htm，最后访问时间：2018 年 3 月 16 日。

不同于一般法人的特殊性，但不受此种公法限制。因此，将四类法人归入特别法人一类，并非因其有共同特性，而是由于难以将其归入营利性法人和非营利性法人所致，因此有学者认为其属于"剩余法人"。①由于此分类本身缺乏内在逻辑性，根本无法抽象出统一的特别法人规律性、共通性条款，进而使得"特别法人"一节规定的法律的规范意义和引领意义都受到限制。究其根本，法人与非法人的显著区别在于承担责任形式的不同。法人以其全部财产承担责任，但股东仅以其出资为限承担有限责任。这也就意味着，某一类组织被确认法人资格后，组织的成员无需以个人财产承担责任。"民法更多考虑的是法人是否以营利为目的……实际上，目的并不是民法最关心的问题，甚至在有的情况下目的与交易无任何联系……这种分类反映不出财产、责任与人格等私法的根本性问题。"②根本而言，通过对照法人的一般理论，四种特别法人均不符合其特征，将它们冠以"法人"名称，不周延之处在所难免。

二、机关法人的认定依据

营利法人区别于非营利法人的重要特征，不是"取得利润"，而是"利润分配给出资人"。③而作为特别法人之机关法人，又有何认定标准呢？众所周知，传统大陆法系普遍认可"(国家)机关主体地位否定说"。与此不同，我国法律上并未确立公法人与私法人相区分的理念，只片面确立了"机关主体地位肯定说"的理念。④但是，有关机关法人的认定标准，国家机关及其组成部分(不同于人民政府的组成部门)的机构是否都属于机关法人的范围，现行法律法规均无明文规定。因而1989年《国务院批转国家技术监督局等部门关于建立企业、事业单位和社会

---

① 张闻祺：《我国民法总则中的法人分类方式探析》，载《中州学刊》2017年第2期。
② 李永军：《以"社团法人与财团法人"的基本分类构建法人制度》，载《华东政法大学学报》2016年第5期。
③ 例如，基金会法人是非营利法人，但为了维持财产价值或者升值，也会将管理的资金用于经营活动；有些寺庙也会收取门票等。
④ 参见崔拴林：《论我国私法人分类理念的缺陷与修正——以公法人理论为主要视角》，载《法律科学(西北政法大学学报)》2011年第4期。

团体统一代码标识制度报告的通知》①确立的组织机构代码标识制度，竟成为确立机关法人地位的唯一正式的法律文件。究其实际，我国法人机构实行分类登记注册制度，机关法人由编制部门登记与管理。质量技术监督部门根据机关的不同类型，分别颁发《机关法人组织机构代码证》和《机关非法人组织机构代码证》，而前者就成为机关具有法人地位的证明文件。2002 年《国家信息化领导小组关于电子政务建设的指导意见》②亦提出建设以代码为唯一标识的全国法人单位基础信息库，因此，代码成为机关法人的一个标识。

诚然，"代码制度是行政机关基于国家法人制度所建立的实施宏观调控和微观管理的技术工具……一个代码对应一个法人或机构"，③可有效地维持代码作为法人唯一标识的稳定性。但是，根据《关于建立企业事业单位社会团体统一代码标识制度的报告》，质量技术监督管理部门只对机关组织承担信息管理和代码标准化工作，并不具有确定机关法人地位的职能，"统一代码标识制度"仅发挥监督和管理的效用，是为一种法技术手段。况且，组织机构代码目前尚未获得任何法律层次的许可。此外，由于法律的缺位，质量技术监督部门在颁发代码证书时，究竟是颁发机关法人代码证书还是机关法人非代码证书，具有一定的随意性。比如，在划分依据上，作为唯一依据的《第二次全国基本单位普查法人单位及产业活动单位划分规定》，与《民法典》第 97 条的规定并不一致。④

机关法人根据宪法等公法而设立，旨在履行社会公共管理职能，满足公共需要。⑤纵览我国机关法人的演进史，《民法通则》第 50 条首次

---

① 国发[1989]75 号。
② 中办发[2002]17 号。
③ "组织机构代码在国家信息化和电子政务建设中的基础性作用研究"课题组：《组织机构代码与我国的法人及法人制度》，载《电子政务》2011 年第 2—3 期。
④ 参见屈茂辉：《机关法人制度解释论》，载《清华法学》2017 年第 9 期。
⑤ 参见李适时：《民法总则是确立并完善民事基本制度的基本法律》，参见 http://www.npc.gov.cn/npc/xinwen/lfgz/lfdt/2017-04/14/content_2019846.htm，最后访问时间：2018 年 3 月 16 日。

正式确认机关法人的法律地位，《民法总则》及《民法典》将机关法人列为"特别法人"，第 97 条进一步做了较为细致的规定。以此观之，机关法人不仅于《民法通则》中实现了"类型法定"，更在范畴上从"非企业法人"转变为"特别法人"，并且延续了《民法通则》的规则且更加完备。深究之，"独立经费"对应财政，"行政职能"对应行政，所以机关法人并非由民法决定，民法无法给出清晰的界定，而是取决于宪法统摄之下的财政法、行政法等公法。与行政主体"谁有权进行管理、谁承担行政活动的责任以及谁作行政诉讼的被告"的判断要件不同，根据《民法通则》规定的法人条件，"应根据该机关经费是否独立、民事责任是否独立予以确定和划分"。[①]从财政法律关系的角度来看，便是看其是否为一个独立的预算主体，能否产生独立的预算权利义务关系，只有实行独立预算的国家机关和承担行政职能的法定机构，方可成为机关。即作为预算单位并享有独立预算经费的国家机关和法定职能机构，才是机关法人。而在《民法总则》实施之后，之于机关法人的认定标准，从解释论着眼，"只有享有独立预算经费的国家机关才能具有法人资格，是人民主权原则的要求，也是预算法治原则和维护平等公平私法秩序的要求"。[②]其中，"独立经费"不是机关实际支配的经费，而应当是独立的预算经费。国家机关的经费，当然为财政经费，因为预算经费来源于以税收为主的公民财产，在进行财政支出时，理当受到人民主权原则的约束。至于法定机构是否一定要具有"独立的预算经费"这一核心要件，从法教义学的角度看，《民法总则》及《民法典》第 97 条并没有将独立预算经费作为法定机构成为机关法人的前置要件，而只需要"承担行政职能的法定机构"为私法行为即可。当然，不论是国家机关抑或法定职能机构，其私法活动都要由预算来决定，要接受预算法、财政法等规范的约束。唯有通过预算机制，才能更好地保障公民权利，增

---

① 江平主编：《法人制度论》，中国政法大学出版社 1994 年版，第 63—67 页。
② 张彪：《国家机关法人独立预算经费要件论——兼评〈中华人民共和国民法典民法总则草案〉(征求意见稿)第八十九条》，载《湖南警察学院学报》2016 年第 6 期。

进公民福祉。

从本源上看，国家机关本不是民事主体，只有特定的国家机关会根据职能要求参与商品交换等一定的民事活动。有学者认为，"机关法人从事的民事活动包括代表国家成为经营性国有资产的出资人、对其直接支配的不动产和动产的依法处分、在合乎财政制度下的购买及修造、代表国家承担赔偿责任及国有不动产的管理者侵权责任等七类"。[①]根据《民法典》第97条"可以从事为履行职能所需要的民事活动"可知，如若一个国家机关的职能不需要其参与民事活动，则即使该国家机关具有独立经费，也无必要成为法人。例如，各级法院和检察院的内设业务机构等，原则上均不属于机关法人中的国家机关。并且，将拥有独立经费的机关认定为法人的定义颇为模糊。由于对于"独立经费"如何界定本身存疑，以"有独立经费"作为界定机关法人的标准，并不十分恰当。[②]

在学界，孙宪忠教授认为，机关法人等是依据宪法和行政法成立的，不属于民法的传统理论体系；[③]张新宝教授认为，并不是所有机关都可以作为独立的法人参与民事活动，机关同样需要满足法人的基本要件，即具备"有自己的名称、组织机构、住所、财产或者经费"等成为独立法人主体的基本条件。[④]从现有行政机关情况来看，只有符合一定级别的机关才能具备并满足以上独立性的要件。例如，根据《地方组织法》的规定，我国的行政级别采用行政五级划分，分别为国家级、省部级、司厅局级、县处级、乡镇科级，各级分为正副职。只有达到乡镇科级以上的行政机关才能作为独立核算主体纳入国家财政预算体系，具备

---

① 屈茂辉：《机关法人制度解释论》，载《清华法学》2017年第5期。
② 参见吴珊：《民法典法人分类模式之选择》，载《研究生法学》2015年第3期。
③ 参见《民法总则草案三审，哪些内容影响你我生活?》，参见 http://www.npc.gov.cn/zgrdw/npc/cwhhy/12jcwh/2016-12/20/content_2003991.htm，最后访问时间：2020年12月19日。
④ 参见中国审判研究会民商事专业委员会编著：《〈民法总则〉条文理解与司法适用》，法律出版社2017年版；龙卫球等主编：《中华人民共和国民法总则释义与适用指导》，中国法制出版社2017年版；王利明主编：《〈中华人民共和国民法总则〉条文释义》，人民法院出版社2017年版；张新宝：《〈中华人民共和国民法总则〉释义》，中国人民大学出版社2017年版；李适时主编：《中华人民共和国民法总则释义》，法律出版社2017年版，等等。

拥有独立经费的基本要件。①王利明教授认为，根据《民法总则》第97条的规定，机关法人不需要登记，成立之日起即具有法人资格，但机关法人从事民事活动仅限于"为履行职能所需要"。②总之，有独立执法权的并不一定是独立的预算主体，承担行政职能的法定机构便不要求具有独立的预算经费。

三、机关法人的主体内涵

国家机关与公法人并非等同的概念，二者的内涵与外延不尽相同。公法人包括但不限于机关法人，还有行使行政职权的事业单位(如证监会)、以特别法形式规定的公法人(如部分事业单位、部分重要的科研机构、公立学校、公立医院等)。同理，机关法人的分类与国家机关本身的分类有联系又有区别。其中，二者的联系表现为：某些情况下，机关的划分与法人的划分是一致的，不同类型的国家机关即为不同的法人，中央和地方的国家机关也组成不同层次的法人单位。二者的区别体现在：某些情况下，某个国家机关并不一定是法人单位，而具有法人地位的也不一定是某个单独的国家机关，而可能是几个国家机关或不同类型的国家机关组成一个法人。如地方政府的委、办、局，有的属于法人单位，有的则不属于法人单位，其中与政府在一个地点办公的，其民事活动一般都与政府为一体，由政府作为一个法人单位出现，此"机关"就不是法人。甚至有的地方的人大常委会机关的民事活动也与同地办公的政府合在一起，这样的机关法人，实际上是由不同种类的国家机关组成的。③

同理，机关法人与行政主体亦不等同。行政主体是权利义务的抽象主体，具备权利能力，在法律上有能够作为权利义务主体的资格。但因其是一个组织而不是单个的人，故行政主体只能是法人。又因其承载的

---

① 参见张新宝：《〈中华人民共和国民法总则〉释义》，中国人民大学出版社2017年版。
② 参见王利明主编：《〈中华人民共和国民法总则〉条文释义》，人民法院出版社2017年版。
③ 参见江平主编：《法人制度论》，中国政法大学出版社1994年版，第63—67页。

是行政职能，指向国家和公共事务，因而只能是公法人。经过考察发现，立法和实务中形成了以国家、地方、其他行政主体为主的行政主体模式。在西方国家，行政主体的范围基本一致，且呈现多样化，不仅仅限于中央的国家机关。例如，以公务分权为依据、以特定的公共事务为特征的法国公务法人，就旨在限制国家行政集权，进而实现行政权的分散化。再如，英国将公法人分为工商企业、行政事务、咨询及和解性质、实施管制等的公法人，各个公法人的组织和权力互不相同，每个公法人的法律地位，应根据各自组织法的规定决定。与中央行政机关不同的是，公法人在诉讼程序、民事责任、法律适用、租税负担方面，在法律没有其他规定时，原则上和地方政府及一般公民一样，适用一般的法律规则。①

《民法总则》《民法典》虽将机关法人列为"特别法人"，但是，机关法人究竟包括哪些？范畴为何？目前尚无定论。根据《民法总则》《民法典》第97条、《宪法》等规定，国家机关(狭义层面)通指《宪法》第三章中规定的六类国家机构，分别是国家权力机关、行政机关、代表机关、军事机关、审判机关和检察机关。②立基于此，我国的机关法人就包括权力机关法人、行政机关法人、司法机关法人、军事机关法人等，其中，权力机关包括全国人大和地方各级人大及其常委会；行政机关包含各级政府及其职能部门；司法机关包括各级人民法院和人民检察院。③即行使党和国家的领导职能、司法职能和保卫国家安全职能的单位，包括国家机关、行政机关、司法机关等。④在《民法总则》实施之后，承担行政职能的法定机构也可构成机关法人，比如承担税务稽查职能的稽查局，在从事行政私法时，同样具有法人资格。当然，也有学者指出，机关法人只包括国家行政机关和司法机关，而不包

---

① 参见王名扬：《英国行政法、比较行政法》，北京大学出版社2016年版，第84页。
② 参见王晓烁：《国家机关权责平衡问题研究》，中国商务出版社2006年版，第9页。
③ 参见徐海燕编著：《民法总论》，对外经济贸易大学出版社2004年版，第125页。
④ 参见车静：《试论将机关法人列为单位犯罪主体的立法缺陷》，载《安徽警官职业学院学报》2007年第1期。

括立法机关。①

具体来看，我国尚有部分具有独立法律人格、承担行政职能但没有纳入机关法人范畴的机构。在性质上，它们是事业单位，而不属于机关法人。例如，一些具有行政级别、分担了相当的政府行政监督职能，却不具有行政机关名分的"事业单位"，如证券监督管理委员会、银行保险业监督管理委员会等"监督部门"。不过，《民法总则》《民法典》中的机关法人，除了《民法通则》意义上的机关法人外，还包括了承担行政职能的法定机构。法定机构是我国在行政和事业单位改革过程中出现的新生事物。我国推进事业单位分类改革，2008年《中共中央关于深化行政管理体制改革的意见》"按照政事分开、事企分开和管办分离的原则"，将事业单位分为承担行政职能、从事生产经营活动、从事公益服务三大类别，并进行了改革。在此基础上，《中共中央　国务院关于分类推进事业单位改革的指导意见》②在"划分现有事业单位类别"中，"对承担行政职能的，逐步将其行政职能划归行政机构或转为行政机构"。实践中，广东率先在广州、深圳、珠海、顺德等地"探索开展法定机构试点"，要求机构法定、运作独立、权责相应等，目的在于满足社会公共需要。在现代社会，各类公共资源都具有稀缺性，而政府职能却在不断扩张，对于此，提高行政效能将成为一种可行的路径选择。其中，在公共事务的分担上，要将政府的决策权与执行权分离，就要依赖法定机构的协助。原因在于，法定机构不占行政编制，无需国家预算经费，却能吸收社会精英参与，能更好的发挥专业技能和服务。鉴于此，法定机构未来如何走向，仍需实践和探索。比如，有学者就认为，即便法律授予法定机构以法人资格，但其究竟属哪种法人，应根据设立基础加以识别和判定。③

---

① 参见刘凯湘：《民法总论》，北京大学出版社2006年版，第180页。
② 中发[2011]5号。
③ 参见张谷：《管制还是自治，的确是个问题！——对〈民法总则〉(草案)"法人"章的评论》，载《交大法学》2016年第4期。

第三节　机关法人的主体构造

举凡成熟的学科，主体都是其中最为重要的一个理论问题。[①]机关法人具有公、私法人的双重属性，之所以主体内涵界定不清，与单向的法律界定和公、私法的混合密不可分。"机关法人实则属于公法人范畴……公法人的功能并不在于营利，而在于履行公法上的职能。"[②]而法人"三分法"掩盖了公法人与私法人的实质差异，但却造成规范的失序。因此，欲实现机关法人主体的规范构造，有必要"以组织作为民事主体的构建基础"，[③]从公法、私法两个角度同时展开，兼顾法人和机关的双重机理。也就是说，机关法人兼有公法主体与私法主体的二元身份，既是一个民事主体，更是一个财政主体，故而其不仅应当遵循私法规则，适用民法中的权利能力、行为能力、责任能力等规定，同时更要受财政法等公法的约束。

一、机关法人与国库理论之源流

在何维度，国家、国家机关以私法身份示人，可以从事私法活动?[④]法人概念出现于公法，实为公法学运用私法学方法对国家行为进行解构的结果。将法人理论引入公法，就是一种典型的私法与公法交错连接的表现。[⑤]国家遁入私法，意味着同一个国家出现了两个不同的法律主体身份：以国库为替代者的私法人，代表着国家作为营业组织体的身份；作为公法人的国家，代表国家组织体。当国家参与经济生活时，国家就

---

① 参见刘剑文等:《财税法总论》，北京大学出版社 2016 年版，第 231 页。
② 张闯祺:《我国民法总则中的法人分类方式探析》，载《中州学刊》2017 年第 2 期。
③ 冯珏:《作为组织的法人》，载《环球法律评论》2020 年第 2 期。
④ 参见袁治杰:《民法典制定中的国家与国库问题研究》，载《中国法学》2017 年第 3 期。
⑤ 参见屈茂辉、张彪:《法人概念的私法性申辩》，载《法律科学(西北政法大学学报)》2015 年第 5 期。

成了国库，一个法人。当然，虽提到两个法人，指称的却是同一个主体。从性质上看，国库就是一个私法人，它对于其财产的管理完全依据私法，也当然受民事司法的管辖。当国家损及人民既得权时，由国库负损害赔偿责任。"以私法形式履行公法职能，应当适用私法，反之则应当适用公法规范。"①换言之，在此种构造下，国家"遁入私法"，通过披上私法人的外衣，开始受到私法的拘束。

国库系由私法视角观察国家的另一面，而不是说公法人国家之外另有私法人国库的存在。②迈耶国库理论的核心点在于，"国库理论的存在意义主要在于警察国家时代国家行为的不受约束性"。追根溯源，国库概念的基础肇始于罗马法。罗马法规定，国家作为法人在财政方面便以国库名义参与一些民事法律关系。③在警察国家体制下，君主的权力不受限制，构成了国库理论存在的起点。中世纪末期，君主反复主张紧急状态法使得君主权力越来越强大，最终形成了警察国家，具"朕即国家"的特征。在这种背景下，臣民的权利毫无保障。由于彼时的法律只有私法，当国家参与经济生活时，臣民的权利保障只可能通过私法救济实现。在坚定奉行公、私法划分体例的德国，《德国民法典》第 46 条规定了"国库"的概念。④国库理论的初衷，就是为了给公民提供公共服务需要。但自 19 世纪以来，随着三权分立思想的扩散和随着法治国原则确立，所有国家行为都要受法律约束，国家与国库双重人格的理论基础逐渐丧失，法律约束观念得以确立，国家之外便无国库存在之必要。换言之，国库"被作为是实际的国家之外的特别法人"，当国家以私法身份(财产主体)参与民事活动并受私法调整之时，其私法主体身份就是国库。⑤到了 20 世纪，尤其自魏玛以降，通说认为公权力主体的国家与

---

① 袁治杰：《民法典制定中的国家与国库问题研究》，载《中国法学》2017 年第 3 期。
② 参见史尚宽：《民法总论》，中国政法大学出版社 2000 年版，第 164 页。
③ 参见陈朝璧：《罗马法原理》，法律出版社 2006 年版，第 66—68 页。
④ 参见《德国民法典》第 46 条(归属于国库)规定："社团的财产归属于国库，准用关于归属于作为法定继承人的国库的遗产的规定。国库必须尽可能以符合社团的目的的方式使用该财产。"
⑤ 参见[德]奥托·迈耶：《德国行政法》，刘飞译，商务印书馆 2002 年版，第 124—128 页。

私法主体的国家，并非两个相互独立的法律人格，而具有同一性。纵使国家以私法主体的姿态出现，其国家本质同样没有变化。①以此论断，国家与国库人格的同一，实为集公法身份与私法角色于一体的国家(国库)的统一。

在法治国时代，国家以更多样的方式参与经济生活，从事私法行为，即国库行政遁入私法。②换言之，现代的国库，主要在三个领域从事私法上的行为：其一，最常见的国家参与经济生活，如国有企业；其二，国库辅助行为，比如为履行公共职能而购买物品和服务；其三，以私法形式履行公法任务的行为。国库虽遁入私法，但它与国家是同一个主体，只不过在从事私法行为时，国库以私法上的主体身份出现。这使得现代国家可以选择以私法身份或者以公法身份行事。实际上，"遁入私法强调的即是行政的私法化。而在社会发展之际，国库行政的私法化带来一些问题"，③如径直以私法组织形式规避了"法律保留"原则的约束。是故，为了回应对国库行政遁入私法的质疑，当国家以国库的面相出现时，国库的私法行为应当受到私法的拘束，适用私法上所有权的所有规范，但是不享有私法自治，仍要受到公法的规制。④并且，国家实质上是一种公法人，虽然其在形式上具有与其他法人不同的特征，如国家是以国库对外承担责任的，但它具备法人的基本特征。⑤概括而言，从国库理论的发展与演变可以看出，国家要受到法律拘束，既要遵循民法等私法规定，也要受公法约束。对于国家财产，原则上只有直接或间接服务于公共利益，才具有正当性。⑥

---

① 参见涂朝兴：《行政私法之研究》，台湾政治大学法律研究所，1990年。
② 参见袁治杰：《民法典制定中的国家与国库问题研究》，载《中国法学》2017年第3期。
③ 袁治杰：《民法典制定中的国家与国库问题研究》，载《中国法学》2017年第3期。
④ 参见郑锡龄：《国家何以遁入私法? ——由国库理论说开去》，参见 http://www.civillaw.com.cn/zt/t/?id= 33123，最后访问时间：2018年1月20日。
⑤ 参见马骏驹：《法人制度的基本理论和立法问题之探讨(中)》，载《法学评论》2004年第5期。
⑥ 参见袁治杰：《民法典制定中的国家与国库问题研究》，载《中国法学》2017年第3期。

在我国，国库行政不仅要遵循宪法平等原则，对当事人一律平等对待，还应遵守一些相关的专门立法。[①]当然，先前的"国库"与今日我国之"国库"并非等同概念，二者之内涵与功能不尽一致。前者主要涉及国家的私法身份及其约束问题，后者主要是一种财政管理制度。具体而言，我国建立了现代国库管理制度，丰富与完善了现代财政国库职能，主要体现为：财政部门受政府委托、代表政府履行职能，重在控制预算执行、对政府资产和负债实施管理等。[②]不过，即使1995年《预算法实施条例》第40条对国库有专门规定，纵使众多学者都聚焦国家所有权的研究，但之中的"国家"指什么，却鲜有触及，法律规定完全阙如，如《宪法》第9条、第10条规定的国家所有。更有甚者，《民法通则》和《民法总则》《民法典》将机关视为一个私法上的法人，使得机关互相之间的关系、机关与国家的关系变得模糊不清。《民法通则》《民法总则》《民法典》要求国家承担民事侵权责任，但《国家赔偿法》又纠正了这一问题，将国家机关及其工作人员行使职权侵权的责任，确认为国家赔偿责任。遗憾的是，我国民事立法虽对国家有诸多保护，但与之相对的公民，在受到国家侵权之际，并没有足够的保护措施。即使《民法典》规定了机关法人，但是并没有对国家从事民事行为的责任问题作出规定。

二、机关法人的主体界定：有限法人化

机关法人主体性体现在意志与责任的整合、自主与独立身份的确立，目前在我国有其存在的必要性。例如，从国家赔偿法的角度看，国家赔偿的义务机关是具体的行政机关，赔偿费用也是各级政府具体负责的，至于赔偿费用的来源也是各级政府的财政支出；虽实行集中统一领导的管理体制，但不意味着各级政府只能是贯彻落实中央政府各项政策

---

① 参见张青波：《行政主体从事私法活动的公法界限——以德国法为参照》，载《环球法律评论》2014年第3期。

② 参见詹静涛：《现代财政国库管理制度理论与实践》，载《财政研究》2006年第4期；翟钢：《现代国库制度的理论分析》，载《财政研究》2003年第5期。

的工具。相反，区域发展不平衡，各地区经济、政治、社会、文化等的差异决定了各地方政府应是一个能动的政府。①那么，何谓机关法人？机关法人与公法人、公务法人、行政法人、行政机关、行政主体、财政主体等紧密关联，但又有差别。例如，行政法人不完全等同于机关法人。基于传统法人理论与中国的实现语境，机关法人一般是指在民事活动中具有民事权利能力和民事行为能力，依法独立享有民事权利和承担民事义务的国家机关和承担法定职责的法定机构。②因此，关于主体资格的认定，原则上只有具有独立经费，为承担行政职能而从事民事活动的国家机关，才可成为机关法人。

那么，作为财政法律关系主体的国家机关都有哪些？具体来看，倘若借鉴德国法上的公法人"三分法"，可以把国家、民族自治区、特别行政区、自治县、基层自治组织(如"村")等定位为"地域性公法社团"，可以把共青团、妇联、工会、残联、职业协会定位为"身份性公法社团"；把承担给付行政职能的各类公法人(或改革后"纯化"的"事业单位")定位为"公营造物"。③在我国现行体制下，在实行"地方自治"的地方，自治区、自治县、自治乡、特别行政区和基层自治组织等应具有机关法人资格。④从横向上看，立法机关、行政机关、司法机关和军事机关都应当属于机关法人范畴。

当然，《民法总则》《民法典》除规定"独立经费"要件之外，还规定"承担行政职能的法定机构"，但将其限定在承担行政职能的范围内。首先需要明确的是，承担行政职能的机构必须法定，须由专门立法规定。⑤至于"承担法定行政职能的法定机构"，究竟哪些属于机关法

---

① 参见吕瑞云：《公法法人财产所有权问题研究》，中国社会科学院研究生院 2011 年博士学位论文。

② 至于机关法人由谁设置？对机关的设置依据表现为不同层级的法律、法规和规章，而不是法律。而《立法法》第 8 条规定，对于民事基本制度的规定只能制定法律，而机关法人的范围作为民事主体制度，只能以法律的形式规定。

③ 参见崔拴林：《论我国私法人分类理念的缺陷与修正——以公法人理论为主要视角》，载《法律科学(西北政法大学学报)》2011 年第 4 期。

④ 参见姜朋：《地方政府驻京办事机构的民事活动之规制》，载《法学》2009 年第 5 期。

⑤ 参见徐强胜：《正确理解机关法人制度》，载《人民法治》2017 年第 10 期。

人？根据设立时或者机构改革时"定职能、定机构、定编制"的"三定方案"，承担公共管理职能的国家设立的事业单位，如中国证监会、银保监会等，便属于承担行政职能的法定机构。这些单位都具有法人资格。不过，"行政机关内部的职能机构不是机关法人，只能在行政机关内部行使分管的职权"。①之于企业，先前尤其是计划经济时代，有不少企业属于行政性公司，如国家电力公司、铁路公司、航空公司等，而它们承担着一定的行政职能。不过，时至今日，这些主体已经或即将成为真正的企业，不再承载行政职能。是故，在《民法典》营利性法人、非营利性法人和特别法人的体系下，企业都是营利性法人，没有企业是机关法人的"例外空间"。因此，在《民法典》等实证法的规则体系下，目前承担行政职能的法定机构，也只有事业单位和社会团体了。就社会团体来说，虽然职责权限不同，但都是属于法定机构。例如，城建规划局虽名为事业单位，但却承载行政管理权限，因而属于法定机构范畴。此外，根据授权行使的行政许可、行政处罚等执法职能机构，如公路管理局，亦属于法定机构。至于"承担行政职能"的社会团体，根据《社会团体登记管理条例》规定，参加政治协商会议的 8 个人民团体，如工会、科协、工商联等，都承载着行使行政职能的职责，在为行政私法时应当属于《民法典》所规定的法定机构，即有法人资格。②

三、机关法人的权义配置

通览我国央地关系史，1978 年改革开放之前，在中央高度集权的计划经济体制下，中央独揽决策权，地方缺乏自治权且盲目地执行中央的计划和政策。改革开放至分税制改革期间，为中央与地方适当分权的区域经济管理模式阶段，中央向地方放权让利以充分发挥地方政府在区域经济发展中的作用，但经济活动的根本主体国有企业尚未参与到放权改革中来。分税制改革至党的十八届三中全会期间，市场经济体制的建立

---

① 王保礼、刘德生：《对行政机关超越职权的认定》，载《法学杂志》1998 年第 4 期。
② 参见屈茂辉：《机关法人制度解释论》，载《清华法学》2017 年第 9 期。

促使政府逐渐将企业经营权还权于市场，同时分税制改革正式开启中央与地方政府间事权划分的序幕。例如，为深度规范中央与地方之间的财政关系，1993 年《中共中央关于建立社会主义市场经济体制若干问题的决定》提出将地方财政包干制改为在合理划分中央与地方事权基础上的分税制，建立中央税收和地方税收体系；《国务院关于实行分税制财政管理体制的决定》①更是提出"根据事权与财权相结合原则"划分央地事权与支出事项，确定中央与地方收入划分；1995 年《预算法》以法律形式确定中央与地方的分税制。21 世纪以来，党的十七大报告要求"健全中央和地方财力与事权相匹配的体制"，党的十八届三中全会论及"建立事权和支出责任相适应的制度"，《深化财税体制改革总体方案》提出"建立事权和支出责任相适应的制度"；党的十八届四中全会强调"推进各级政府事权规范化、法律化，完善不同层级政府特别是中央和地方政府事权法律制度"。2016 年，国务院更是发布《财政事权改革指导意见》，提出事权和支出责任划分改革的路线图，要求五年内基本完成主要领域改革。可以说，事权与财权、财力、支出责任的紧密关联，攸关政府间财政关系的规范化及规则之治的实现。②不难发现，机关法人的财权、事权与支出责任之间的关系与传统法人理论一脉相承，机关法人与财政自主权的运行机理相通，但依然很难实现国家机关的财产和责任独立。

由于我国是单一制国家，纵使实行分税制财政体制改革，但仍属于行政主导下的财政分权。在此情形下，地方政府仅是作为一个被动的客体存在，难以有效参与决策，进行各项利益博弈。③根据我国《宪法》第 3 条之规定，下级机关之于上级机关，并不具有独立的法律地位。因为下级机关不仅要接受上级机关的组织领导与管理，在经费使用上也受制于上级机关，包括下级机关能否从事行政私法活动，都受到上级机关

---

① 国发[1993]85 号。
② 参见张成松：《央地财政关系新论：基于权力清单的考察》，载《理论与改革》2017 年第 4 期。
③ 参见刘剑文等：《财税法总论》，北京大学出版社 2016 年版，第 237 页。

的约束。①倘若根据法人理论，理想的状态是，在政府间财政关系上将上下级政府视为两个相对独立的法律主体，并进行法治规范。

关于国家和国家机关之间的关系命题，如国家机关在法律上是否具有独立的人格？实际上，在组织类型上有分权制、权力下放制和中央集权制三种模式。之于中国，时下采取的是权力下放制，没有实行严格意义上的分权制度。因此，下级机关日常所处理的事务，在本质上仍为上级机关的事务，只不过是经授权而为罢了。换言之，在此顶层制度设计下，下级机关并不是一个独立的机关法人。深言之，除开享有高度自治权的特别行政区，各级行政机关均无完整的权利能力，而仅作为国家的部分而存在。《民法总则》所规定的"有独立经费"的机关，只是国家机构体系中的一部分而已。②为此，在我国建构上下级之间的法律关系，必须根据事权与财权相一致的原则，以法律形式充分授予各级行政机关以独立的法人资格。③即以机关法人为契机，构造独立、平等的机关关系。

深究之，在行政法运作中，上下级行政机关之间的关系存在于法内和法外两个不同的范畴之中。就法外关系而言，其是一个兼具法律属性和政治属性的综合体，既要求将上下级机关之间的行为纳入法律调整范畴，强调主体地位的法律平等性，但之中却又渗透着政治因素，形成"命令—服从"的非平等关系形态。而在学理上，由于隶属关系理论、合作关系理论等没有清晰论证，行政机关之间的职权划分不明，从而难言形成严格意义上的法律主体关系。实质上，不论是何种层级的行政机关，也不管属于何种机关法人，其法律地位都是平等的，比如上级机关的法律义务便是下级机关的权利。因此，在依法治国和法治财政的语境之下，理当以法律的形式确定各机关法人的职责权域，合理配置其事

<hr>

① 参见王春梅：《苏联法对中国民事主体制度之影响》，法律出版社2016年版，第141页。
② 参见周友军：《德国民法上的公法人制度研究》，载《法学家》2007年第4期。
③ 参见关保英：《论上下级行政机关的法律关系》，载《吉林大学社会科学学报》2008年第1期。

权与财权，做到事权与支出责任的相一致。①这与机关法人的独特属性一脉相承，理当根据事权与财权相一致的原则，合理确定各机关法人的权限与责任。

反观实践，倘若各国家机关仅是作为国家的部分而存在，此时理应由国家(国库)负担责任。反之，就可以根据地方自治的理念，充分授权给地方自主行政、自主决定是否实施私法行为。换言之，"将权利和资源下放到地方政府是在发展中国家促进持久分权的根本变革"。②深究之，由于财政支出已越来越广泛地介入社会公共领域，具有明显的公共性和权力性，涉及经济社会基础资源的利益再分配。③例如，依赖于财政支出的政府购买公共服务，呈现动态的拓展趋势，尤其是基层政府购买公共服务的数量和质量长期扩张，因此，将事权划分作为机关法人财政支出的一个依据，是为必要。④

---

① 参见关保英：《论上下级行政机关的法律关系》，载《吉林大学社会科学学报》2008年第1期。

② [美]G.沙布尔·吉玛、丹尼斯·A.荣迪内利编：《分权化治理：新概念与新实践》，唐贤兴等译，格致出版社，上海人民出版社2013年版，第10页。

③ 参见白小平、代校训：《财政支出法定原则及其法律体系之完善》，载《南京航空航天大学学报(社会科学版)》2017年第1期。

④ 参见何代欣：《我国政府购买公共服务的发展方向与路径》，载《经济纵横》2016年第6期。

第三章

机关法人的财产能力考察

　　作为一种团体构造，机关法人欲以自己的名义享有权利与承担义务，前提便要掌握其财产能力。按照通说观点，机关法人理应拥有独立的财产，强调财产独立性。但是，机关法人的财产主要来源于国家拨款，甚难保障其独立性，从而揭示了机关法人的特殊性。机关法人表似一个简单的民事主体，实则是一个典型的财政法问题。机关法人的行为既是一个外部行为，也是一个内部行为，前者指向对外的民事活动，后者是一个典型的财政行为，涉及收入的来源、哪些资产可用以民事活动等。资金、财产形成财政收入，财产是财政的一部分；经费管理就是财政管理，是机关法人的一种内部管理；机关法人从事民事活动的支出为财政支出。为此，必须考虑的是，机关法人是否仅以预算资金作为收入基础，如何诠释机关法人"独立经费"，机关法人财产的性质是什么，范围如何，哪些财产能执行或不能执行，这些与机关法人财产独立性紧密关联的问题，均需要深思。同时，在公共财产权的视角下，如何从财产的取得、使用、收益和处分等视角构造机关法人的财产机制，亦须重点求证。

第一节　机关法人的财产独立性检思

在不同的历史时期与不同的法人类型中,法人财产的独立性程度有所不同。例如,在罗马法上,法人拥有独立财产的过程,就是法人取得所有权的历史过程。[①]就机关法人而言,其开展民事活动必然以相应的财产为前提和基础,但是否拥有独立的财产,是否应该享有独立的财产,则常有争论。因此,考察机关法人的财政能力,诠释财产独立性,之于机关法人的私法活动,具有重要的学术价值与实践意义。

一、机关法人的财产独立性省思

法人为什么要拥有独立财产?这是形成法人独立责任的财产担保。公法人制度突出特质之一也是财产的独立性,而机关法人主要是从行政管理的角度来规定的。例如,《日本独立行政法人通则法》第8条就强调,独立行政法人必须有相应的资金和财产基础。至于机关法人财产独立性的缘由,主要有:基于政府"经济人"角色,利益冲突与利益的相对独立性;公共财政理论下是否具有一级独立财政;履行公共职能的需要;权利、义务和责任的统一;公共资源的排他性所有权;物权法理与机关法人的财产所有权,等等。

机关法人的财产独立性,缘由可从以下阐述之。无论执行或管理何种事务,均要以一定的财产为基础,否则任何公共事务的履行都无法达成。通览财政发展史,国家所有权为苏联公有制理论的直接产物。在此基础上,关于国有财产的主体,体现出唯一性和统一性的特质,而各级地方仅享有支配财产的管理权限。与此同时,考虑到地方积极性的调动和地方利益的保护,俄罗斯和苏联在立法中均赋予地方对其直接支配的

---

① 参见张力:《法人独立财产制研究:从历史考察到功能辨析》,法律出版社2008年版,第44—45页。

国有财产的所有权。但是，此种立法中，地方所有被视为国家所有的一种特殊类型，其性质仍属国家所有权。在借鉴和吸收苏联公有制理论的基础上，我国也设置了国家所有权的法律概念和法治意义。但基于地缘性等因素的考虑，由各地方直接管理国有财产，毕竟中央管理难以兼顾到各地各部门。从地方财产所有权的本质上看，它具备了所有权的实质要件，故而其属于财产性支配权。各级地方对其直接管理的国有财产所享有的支配权已经与所有权无异，地方政府直接可支配的国有财产范围必然为其所有财产范围。因所有权本质属性是其之独立存在，各个所有权并不存在隶属关系，地方所有其实就是一种独立的所有权类型。

　　鉴于利益的独立性与多元化形态，任何国家的立法均无法且也不可能整齐划一地对所有社会成员的利益予以照顾。作为机关法人体系的一部分，除了彰显国家利益之外，中央与地方的关系应以承认地方的独立利益为前提，[1]地方政府积极性和主动性发挥的前提，在于有独立的财产，立法有必要赋予地方对彰显其利益的财产享有所有权。在我国，除直辖市、海南省以外，其他省级地方允许自治州、地级市等地方层级存在，形成了以省、市、县、乡四级为主的地方层级模式。但是，各级地方所处的地理位置、人口规模大小、社会经济发展条件等，均不可能具有同质性，各自利益需求必然具有独立性。且随着部分财权的下放，地方已经享有了对其所直接管理财产的支配权。由此，地方利益已经逐步具有了相对独立性，而我国地方具有独立性主体地位，其前提就是有了相应财产作为物质保障。[2]总体而言，事权的划分，必须以财权的合理划分为前提和基础，[3]要根据"谁承担任务，谁负担支出"的原则，[4]

　　① 参见薛刚凌：《论府际关系的法律调整》，载《中国法学》2005年第5期。
　　② 参见冯乐坤：《国有财产的中央与地方分权研究——以地方所有权为视角》，西南政法大学2015年博士学位论文。
　　③ 参见苗连营、王圭宇：《地方"人格化"、财政分权与央地关系》，载《河南社会科学》2009年第2期。
　　④ 参见陈清秀：《中央对于地方财政调整制度之探讨》，载《现代税法原理与国际税法》，元照出版公司2008年版。

要求政府在履行职能的同时必须赋予其一定的财政权力，追求事权与财力的动态平衡。①

二、机关法人的资金来源考量

财政资金的支出，系为确保公共任务的执行及其业务发展的永续性。而机关法人"经费之来源，以及政府财务支持之持续性，将会是未来法人推动时最受各单位关注，以及维持法人定位与公共任务达成的重要课题"。②机关法人的资金来源于财政拨款，但机关法人是否仅以预算资金(包括部分收入)作为收入基础呢？下作深入探究。

具体而言，公共预算是一个集体选择问题，一个利益博弈与交换的问题。③预算资金使用者，由各政府部门、财政拨款的事业单位等组成。这些资金使用者，在提供公共产品的同时，作为相应的交换，将从财政部门获得资金。这里的资金使用者，与机关法人大有重合之处，有着相似的价值取向与行为模式。例如，在组织结构上，预算资金使用者大多具有"科层制"组织的特点，总体上是一些具有自身利益取向的利益集团。深究之，预算资源在不同目的之间分配以获得最大的回报，④公共预算资金分配现状是各博弈主体博弈结果的外在表现。我国形成了以中央政府为主的集中分配制度，以各地区为主体博弈的纵向垂直利益分配形式。纵向垂直利益博弈的核心是，中央政府和各地方政府在事权确定后，在二者之间对公共预算资金进行分配。分税制改革前，公共预算资金博弈表现为：中央向地方确定财政收入任务、下级政府向上级政府要财政收入指标，完成任务后的机动财力由地方自己控制，这些任务较固定且几年不变，地方财政收入增长幅度大。分税制后，彻底改变了

---

① 参见周琬、杜正艾：《建立健全财权、财力与事权相匹配的机制》，载《行政论坛》2011 年第 5 期。
② 朱宗庆：《行政法人运作的再思考》，载《研考双月刊》2009 年第 6 期。
③ 参见马蔡琛：《公共预算资金使用者的行为特征与竞争博弈分析》，载《甘肃社会科学》2008 年第 6 期。
④ 参见武玉坤：《预算资金分配的内在逻辑：政治还是经济?》，载《中山大学学报(社会科学版)》2010 年第 2 期。

纵向垂直分配的博弈规则，使得中央政府在公共预算资金的分配中掌握主动权，在随后的公共预算资金分配中也就处于有利地位。①

那么，机关法人的预算资金是否足以处理其事权之需？面临财政压力，要遵守政府预算补助保障原则。地方欲实现发展经济和维护社会安定的目标，必然要有足够的资金以作支持。而大多数地方政府都存在财政资金缺口，在此情形下，其往往会寻求筹集资金的渠道，其中预算外收入就为极为奇特的一部分。②根源在于，与财政收入相比，预算外收入之于增加地方收入更为便捷。在单一制的中国，除开各中央级机关法人，其他机关法人基本上不具备制税权，不能设立新税种，也不能随意变更税率。加之预算外收入的自主性，③非对称的财权上收而事权下放，预算外收入成为其最为可能的收入来源，但也面临着诸多限制，如收入基础和交易成本。④例如，基层法院的"财政收入在经费来源上呈现以同级财政负担为主的地方性色彩；在收入性质上，从社会主体直接汲取的诉讼费、罚没收入等预算外收入成为法院经费的组成部分"。⑤作为机关法人的一种，实际上其经费构成仍然呈现出"同级负担为主，上级补助为辅"的特点。从国际上看，国家机关的一切活动，均得以预算拨付的财产为额度，但允许国家机关以民事手段获得财产以补预算之不足。结合我国政府机关的现实运行情况，将预算资金作为机关法人的全部收入来源，确为理想之举，但以往实践中通常难以做到。

三、机关法人"独立经费"的诠释

独立经费是法人承担民事责任的财产保障。同样地，国家机关的功

---

① 参见殷汉植：《和谐社会与我国公共预算资金利益博弈》，载《当代经济科学》2005 年第 3 期。

② 参见马元燕：《分税制改革后省级预算外收入膨胀的原因分析》，载《公共管理学报》2005 年第 1 期。

③ See Bahl R. "A Regression Approach to Tax Effort and Tax Ratio Analysis". International Monetary Fund Staff Papers, 1971, 18(3):570—612；王峥、周全林：《地方政府预算外收入与财政努力研究》，载《当代财经》2014 年第 12 期。

④ 参见武玉坤：《中国地方政府非税收入汲取研究——一个财政社会学分析框架》，载《贵州社会科学》2015 年第 10 期。

⑤ 左卫民：《中国基层法院财政制度实证研究》，载《中国法学》2015 年第 1 期。

能主要定位在承担社会公共管理事务，机关法人亦不例外，理当拥有独立的经费。①机关法人在实现公法职能时，同时有购买办公用品等私法诉求，需与相关民事主体展开交易。而支付给交易相对人的办公费、会议费、水电费、差旅费等各种费用，都必须以独立的经费作为保证。对此，《民法典》第 97 条做了较为详尽的规定，有独立经费即为机关法人成立的必要财产或者经费条件。但是，何谓"独立经费"？尚无规定，亦未有定论。

国家机关的经费主要来自预算拨款。基本流程在于，根据国家的预算安排，机关法人先向财政部门或上级主管部门获取经费，并在年度终了时再向其报销。此外，除开财政拨款，机关法人尚有一定的其他财政收入，如海关、工商等收取的罚没收入、公证费、登记费等规费收入，出租房屋、设备等的租金收入。至于收费权限，则由其承载的社会管理职能所致，因而可以根据国家的规定收取相应费用，以供职权行使的需要。当然，机关法人的预算外收入(收费和罚没收入)，主要存在于 2001 年《关于深化收支两条线改革进一步加强财政管理意见的通知》②之前，之后各种收入全部纳入预算管理抑或财政专户管理。同时，机关法人的独立经费并不限于当年的，还包括往年累计的经费，如建筑物、设备等支出形成的固定资产。③

申言之，以独立的预算作为机关法人的认定标准，并非最为妥当。因为在机关法人与预算经费的关系上，预算经费以机关法人的存在为前提，先有国家机关，后才有财政预算拨款。从实证法的考察来看，未有法律对机关法人的独立经费做出详尽诠释和规定，从而导致机关法人主体资格认定标准的法律缺位，呈现认定的随意性。不止于此，经费划拨属于国家财政管理的内部事务，交易相对人既无从知晓机关法人是否真的具有法人资格，也难获得其有独立经费与否的全部信息，双方之间信

---

① 参见徐强胜：《正确理解机关法人制度》，载《人民法治》2017 年第 10 期。
② 国办发[2001]93 号。
③ 参见江平主编：《法人制度论》，中国政法大学出版社 1994 年版，第 63—67 页。

息呈不对称的态势。当机关法人经费不足以偿还债务时，如果没有经费而又须由其独立承担私法责任，显然于交易相对人不利。反之，如果坚持责任非独立性，由国库或上级机关填补资金缺口，则将动摇机关法人的法律地位。[①]此外，机关法人的财产被界定为经费，这意味着上级机关对下级机关具有财政上的控制权，这种控制被人们理解为，下级机关不具有自己独立的财产。实质上，从货币的本身属性而言，经费一旦进入下级机关的控制范围，其就是下级机关的财产，这是由动产因占有关系而发生所有权的转移所致。

正因如此，机关法人的独立经费应当理解为单位预算经费。目前，我国预算体系框架由四个层次组成，分别为国家预算、一级预算、部门预算和单位预算。据此得知，《民法通则》第 50 条和《民法总则》《民法典》将机关法人列为"特别法人"，且均将机关取得法人资格的要件限定为"有独立经费"，在编制预算时这至少也要属于单位预算，因为单位预算位居预算体系最低层次。但鉴于机关法人的公共目的，国家机关和法定职能机构获得法人的资格应尽量严格一些。因此，可以考虑将机关法人"独立经费"调整为一级预算经费，且不会影响机关机构职能的正常运行和发挥。更何况，单位预算经费的独立性日渐降低，所以一级预算经费更符合机关法人的相对独立性诉求。[②]

第二节　机关法人的财产权限度

按照通识性的判断，作为一种拟制的法律主体，机关法人拥有法人人格，应当有独立财产来进行民事活动的能力，[③]即要有区别于成员、

---

① 参见王春梅：《苏联法对中国民事主体制度之影响》，法律出版社 2016 年版，第141 页。
② 参见路松明：《机关法人制度法律研究》，中国政法大学 2008 年硕士学位论文。
③ 参见佟柔：《佟柔中国民法讲稿》，北京大学出版社 2008 年版，第 154—157 页。

可独立处分，同时也具有对外担保的财产能力。①但是，法人人格由法律赋予，其独立性与财产多少没有牵连。财产只是以团体开展事业目的和营业目的的物质条件，而不是法人人格取得的必要条件。由于机关法人的特殊性，机关法人并非一个独立的财产主体，其只具有部分权利能力。是故，虽然其具有公法上的权利能力，但这并不等同于私法上的权利能力，而结合国家所有权诠释机关法人的财产独立制问题，揭示机关法人财产范围的有限性，乃考证其财政能力的题中之义。

一、财产独立制 VS.国家所有权

坚持"机关法人人格说"，必然涉及责任财产，进而聚焦机关法人财产独立制的问题。而就独立财产而言，按照传统法人通说，独立财产与法人人格的获取紧密关联，但与自然人人格的取得没有关系。在此基础上，学者们推导出"无财产即无人格"的论断。按照独立财产制，各机关法人都应当享有财产权，这不仅与物权法理相吻合，更为重要的是，有助于确定政府责任，规范政府行为，实现政府私法行为的公法约束。②具体至机关法人，财政预算拨款构成了机关法人的独立财产，如果严格遵守财产独立制，则机关法人有权自主支配自己所享有的财产。然则，事实并非如此。作为单一的机关法人，其不仅在组织管理上隶属于上级机关，在财政经费的支配与使用上同样受上级机关管理和监督。基于此，机关法人根本不可能严格遵守财产独立制，在财产的使用与处理上没有独立的制度基础。③

在我国，与机关法人财产类似的概念主要有"公共财产""国有财产""法人财产"，需做区分。在改革开放之前，非经营性国有资产的管

---

① 参见房绍坤、曹相见：《法人人格权的立法论分析》，载《山东社会科学》2016 年第 12 期。

② 参见吕瑞云：《公法法人财产所有权问题研究》，中国社会科学院研究生院 2011 年博士学位论文。

③ 参见王春梅：《潮流与现实悖反：我国机关法人之定位与重构》，载《北京行政学院学报》2016 年第 3 期。

理体制，承续苏联的带有计划经济色彩的行政管理模式。《民法通则》将国家所有权管理模式由公法单一调整的模式，转化为公法与私法二元并举的法律规范模式，从此也将国家所有权确定为一项独立的民事权利而存在。《物权法》作为物权规范的专门法，本应规定机关法人国有资产的所有权和使用权主体，却仅以"权利人"来规定物权主体(第1条)，"国家机关"和"事业单位"来界定非经营性国有资产的物权主体(第53条和第54条)，而对"国家机关"和"事业单位"究竟是国有财产的所有权主体抑或仅作为使用权主体，则语焉不详。时至今日，我国没有专门的"公产法"，而是以"国有财产"和"国家所有权"的概念形式立法。但是，学理上与立法实务中对"国家财产"的概念则异常泛化，比如《物权法》称之为"全民财产"和"国有财产"等、《宪法》谓之为"公共财产"(第12条第2款)，表述五花八门，不一而足。① "国家所有"概念在宪法及其法律法规中也大量存在，例如，《宪法》第9条规定的"全民所有"、第10条中的"属于国家所有"等。而在调整模式上，则基本遵循公法与私法协同并用的二元方式，国有财产归公法调整和约束，国家私产由民法等私法规范。

深究之，从我国的实证法规定来看，机关法人对其支配的财产仅享有使用权，而非完整意义上的所有权。机关法人在没有财产可供履行私法债务之时，一律由国有资产偿还。既要求机关法人财产独立，同时又受制于财产的有限性，存在逻辑和实行的障碍。例如，如果由机关法人独立偿还债务，则可能引发交易安全，因为除开财政部门，其他机关法人所管理和支配的财产都极为有限，实难满足债权人。实践中，地方各级国家机关大量负债，如果都由国家买单，财政将不堪重负。同时，也必须认识到国家机关"自负其责"的危害性，即容易导致各级政府相互之间的"漠不关心"。因此，在自主和集权之间，该如何协调？②

---

① 参见鲍家志：《非经营性国有资产使用权研究》，武汉大学2012年博士学位论文。
② 参见葛云松：《法人与行政主体理论的再探讨——以公法人概念为重点》，载《中国法学》2007年第3期。

在立法和理论研究中，常有意回避"法人财产权"的语义表达，指出国有财产主体(机关法人)仅享有经营管理权。与之相反，域外大多国家主张公法人财产所有权，如德国便强调公法人所有权的独立性，对其自己的财产享有私有权。[1]但是，国家所有权兼具公权和私权的二元性质，承载着公共利益与私人利益。根本而言，这是私法所有权在公法领域的继受与放大，实质是国家所有权的滥用。[2]也正因如此，实践中容易引发公法利益与私法利益的冲突。例如，因《物权法》对国家机关财产界定的缺位，一定程度上导致个别地方政府恣意处分行政资产，国有资产流失严重。再如，鉴于所有者行使部门长期缺位、国有资产考评、监督机制和责任追究机制缺乏等缘由，机关法人国有资产存在的管理混乱，滥用预算内、外资金，非经营性国有资产流失严重。而在学理上，法学界多从公法的角度展开反思，如将国家所有权定性为一种宪法性公权。[3]

具体而言，与传统的所有权相比，国家所有权的主体是国家，具有唯一性、统一性、抽象性和虚位性，国家不是一个具体的法律人格；国家兼具政治人和经济人的双重身份角色，国家所有权表现出公权力特征和私权性质；国家是一个特殊的民事主体，它以国库作为国家在私法上的人格特征。在此语境下，国家所有权的特殊性，易滋生行政权力和民事权利、公法主体与私法主体人格的混同。机关法人财产虽名为国家所有，但作为一个抽象主体，国家实难兼顾到社会的方方面面，而需要委托具体的主体进行管理。[4]例如，作为地方事务的管理主体，地方政府既是执行国家政策的行政机关，又是占有、使用行政资产的主体。在处理机关法人资产的归属和利用关系上，如果国家集所有权行使主体与使

---

① 参见鲍家志：《非经营性国有资产使用权研究》，武汉大学 2012 年博士学位论文。
② 参见张力：《国家所有权遁入私法：路径与实质》，载《法学研究》2016 年第 4 期。
③ 参见税兵：《自然资源国家所有权双阶构造说》，载《法学研究》2013 年第 4 期；巩固：《自然资源国家所有权公权说再论》，载《法学研究》2015 年第 2 期。
④ 例如，大学使用之财产，对行政法人成立前之校舍、土地及其他供教学用之物，行政法人仅有使用、管理权限，所有权属国家，但行政法人成立后所增加之财产，才属行政法人所有。参见刘文丰：《两岸公立大学法人化之研究》，中国政法大学 2008 年博士学位论文。

用主体于一身，如何将其行政权力的主体与民事主体相分离，又如何区分其行使公权和私权的内容？总之，财产独立制与国家所有权确有相互矛盾之处，集中体现在所有权与行政管理权、行政权与国家所有权、财产所有权与使用权、管理权等几对财产法律关系之间的分歧。

二、机关法人的财产权解析

机关法人公产用于公共目的，但目前学界对其法律地位的认识还局限于私法领域，相反，应当将机关法人财产权作为公法上的一项专门制度。[1]法人保护体系应以财产权为模型，"法人'人格权'本质上为财产权"。[2]因此，探究机关法人财产权的本质属性，揭示其财产限度，解构其财产范围，实为必要。

（一）机关法人的财产权属性

公共财产的所有权到底归谁所有？这种所有权的属性究竟是"公法权力"还是"私法权利"？在全球化的进程中，财产权不断变化，尤其是公共财产理论的发展势必要求国际财产权法的出现。与行政私产不同，行政公产是公众使用或者公务使用的财产权。行政机关是否对公产享有所有权，是一个存有较大争议的问题。19世纪，理论界认为公产不能成为所有权的对象。依照《罗马法》和《法国民法典》的规定，公产是公众使用的财产，而所有权是一种独占的排他性权利，公产与所有权具有不同的理念。同时，行政主体不能对公产进行使用、收益和处分。故而，行政主体对公产不具有所有权，而只有保管的权利。20世纪，实证主义社会法学家狄骥等学者也否认行政主体对公产享有所有权。他们认为，不能将民法中的所有权理论搬到行政公产中来。然而，20世纪主流的思想理论认为，应当承认行政主体对公产的所有权，M.奥里乌首倡公产所有权理论。实际上，行政主体对公产具有相当的使用权、收益权

---

[1] 参见[德]汉斯·J.沃尔夫、奥托·巴霍夫、罗尔夫·施托贝尔：《行政法》（第二卷），高家伟译，商务印书馆2002年版，第456页。

[2] 房绍坤、曹相见：《法人人格权的立法论分析》，载《山东社会科学》2016年第12期。

和处分权。在法国学术界，对行政公产所有权的法律性质有两种观点：其一，建立在民法所有权理论之下，认为公产所有权就是民法上的所有权，公产所有权具有公共使用和所有权的双重性质。其二，为行政法上的所有权：行政主体对公产的公共使用是行使所有权的重要表现形式。公产所有权来自民法中的所有权观念，但是行政法已经对其进行了修改。行政法上取得所有权主要是通过公用征收。公产所有权归属于行政主体，而行政主体由国家、大区、省、市镇的行政机构组成。①

法人财产权是一种"源权利"，它的存在基础不仅是现有的权利，还是权利和法益的结合物。在传统大陆法系国家，财产权仅是一种财产的梳理与归类，而非法定之权利类型。民法中，财产权以"物"为基础，因"物"的占有、流通而分别形成物权、债权。②但是，不论是民法财产权抑或商法财产权，均为私法财产。而时至今日，现代财产权理论日益呈现为一种复合的财产权理论。也就是说，私法财产具有公共性，其权能行使(支配权、使用权等)日益受到公共利益及公共权力机构或公共目的的限制，体现为一种公共财产权。③

深言之，财产权具有个人性和公共性的双重属性，分别意味着要高度重视个人财产权以及注重财产权社会义务之面向，由各机关法人对这一部分重新进行合理分配。④换言之，财产权作为一个较为广义的概念，它可以包括传统的私人财产权，也可以包括日益引起关注的公共财产权。从本质上看，在权利属性和权力来源层面，可将财产权理解为私人财产权和公共财产权两个范畴，即私权利与公权力的一体两面。诚然，公共财产权和私人财产权的并存，是矫正财产分配不公与推动社会发展的必要前提。但公共财产权的存在目的，在于实现社会公平，其实

① 参见童彬：《法国财产权体系之源与流》，法律出版社2014年版，第189—191页。
② 参见马骏驹：《法人制度的基本理论和立法问题之探讨(下)》，载《法学评论》2004年第6期。
③ 参见蒋大兴：《论私法的公共性维度——"公共性私法行为"的四维体系》，载《政法论坛》2016年第6期。
④ 参见朱振：《财产权的两重性与住宅建设用地使用权续期的制度安排》，载《法制与社会发展》2017年第6期。

现形式主要是国家财产权和集体财产权。为了防止财产的浪费和权力的滥用，对于国家财产权和集体财产权应予以保护，但重在限制和监督。①与私法人制度相比较，归根到底，"非营利法人制度与营利法人制度都是一种法技术工具"，②区别在于其内部有无自然人及其股权的存在，是单向性还是双向性的财产权构造。作为特别法人的一种，机关法人与非营利法人相近，亦有着独特的法人财产权构造。③

机关法人的财产，主要包括以公务为目的的非经营性资产和自身拥有的为公共提供的具有财产价值的公权利，包括非经营性的动产、不动产、无形财产等。④因此，机关法人的财产权是一种公共财产权，"其功能是利用责、权、利之间互相制约和促进作用"。⑤但是，机关法人并非公共财产的所有权人，而仅是在其财产存续期间，在法律的授权范围内行使相应的支配权。机关法人既要履行管理公共财产的"行政职责"，也要合目的性地履行对财产的利用权与处分权。机关法人虽不宜作为公共财产的所有权人，但依旧可以行使公共财产的"合目的性处分权"，实现公共财产的公共利益追求。为此，"公法所有权"理论不可盲目移植，要坚持所有权的权利本位，使公共财产权真正为权利所为，为权利奉献。⑥

（二）机关法人的财产归属：支配权

所有权是历史的产物。从所有权绝对到所有权的社会化，所有权受到了公法和私法的双重限制，因为所有权可能导致财产支配权的滥用。⑦深言之，国家对财产权的限制，主要表现为对所有权人权利的限制，诸如财产的使用、收益和处分，使得公法与私法相互渗透。各种法律技术被用于财产权的限制，如税法、公共役权、公共利益。所有权受

① 参见马涛：《财产权的公法学解读——基于社会主义法理论的一种思考》，载《求索》2012年第12期。
②③ 税兵：《非营利法人解释》，载《法学研究》2007年第5期。
④ 参见王继远：《我国机关法人财产立法保护初探》，载《特区经济》2009年第4期。
⑤ 吴宣恭：《论法人财产权》，载《中国社会科学》1995年第2期。
⑥ 参见余睿：《公共财产所有权的法律属性》，载《江西社会科学》2015年第1期。
⑦ 参见童彬：《法国财产权体系之源与流》，法律出版社2014年版，第201—202页。

到诸多的限制，甚至有可能被剥夺。为公共利益，私人财产所有权可能被征收，也可能实行国有化。如果财产权自由与公共利益相违背，那么财产权利将会受到公法或宪法的限制。税法等公法也侵害着私人所有权的领域，税款本身就是对所有权的限制。同时，财产权的限制，除应当保护财产权利人的相关利益外，还应当符合宪法及其他公法的规定。因此，民法已不能满足财产法的要求，财产权在民法领域之外，获得了越来越多的空间。财产权使公法和私法相互融合，并且公法有着许多对财产权的规定。[1]根本而言，机关法人财产所有权受到了公法的限制，而非完整意义上的所有权。

在我国，《物权法》第 41 条确认了"专属于国家所有的不动产和动产"，国家机关并不享有独立的财产权。而在理论上，机关法人财产是否可以作为所有权的标的，主要有行政法上的物权说、公共所有权说、公法法人所有权说三种学说。其实，不论哪种学说，都倡导法律主体(含机关法人、行政主体、公法法人等)享有财产的所有权。纵观机关法人的制度演进，我国机关法人的经费主要来源于各级政府的财政拨款，例如，20 世纪 80 年代初，对行政机关试行"预算包干"的办法，机关法人因自有"小金库"，而对其独立经费部分享有所有权。而现如今，机关法人财产预算与资金使用分离，机关无自有"小金库"，机关法人呈现财产不独立的形态，亦就难言财产所有权。当然，"独立财产"不仅应该包括"独立经费"，还包括一些实用财产，如办公大楼、划拨的土地使用权。

就支配性财产关系而言，基于其性质定位，机关法人当无成为知识产权权利人的可能，而主要是对因履行职能需要的动产、不动产予以支配。[2]因此，在学理上，机关法人财产的形成，来自机关法人本身的独立人格和国家、地方财政的拨款，但实际上，国家权力的配置却造成了机关法人人格与财产的分离，机关法人财产权实际上由国家、机关法

---

①　参见童彬：《法国财产权体系之源与流》，法律出版社 2014 年版，第 192 页。
②　参见屈茂辉：《机关法人制度解释论》，载《清华法学》2017 年第 9 期。

人、公务员所享有。其中，国家享有所有权，机关法人代表国家享有财产支配权，如对办公用品、办公大楼等物的占有，而执行职务的公务员享有财产使用权。一言以蔽之，机关法人对其财产仅享有占有、使用的权利，在性质上属于支配权。[①]

不过，基于分权、效率等的考虑，推行机关法人独立财产制，赋予机关法人财产所有权大有裨益。而且国有财产均由国家作为统一主体进行具体管理，也不太现实。为了调动地方的积极性，国有财产一直由中央与地方进行分权管理，共同分享着国有财产的利益，因此，隶属机关法人的各级地方事实上享有了国有财产的支配权。当然，公有制体制并不符合国有财产主体唯一性、统一性的典型特征，故而引发诸多争议。[②]

以国有财产在中央与地方之间的划分为例。作为机关法人的重要范畴，划分国有财产的主要目的，在于协调政府间事权与财权相适应的问题。在理论上，国有财产的中央与地方关系，主要有"统一所有说"和"分别所有说"两种观点。具体来说，我国长期以来实行"统一所有、统一管理"的中央集权体制，即中央和地方的国有财产全部由国务院代表国家行使所有权。但实践证明，这种体制导致国有财产的管理权高度集中于中央，地方缺乏自主权，管理成本加剧，管理低效，国有财产流失严重。为此，很多学者提出了"分别所有"或"分级所有"的观点，并已经成为学界共识。"分别所有"意味着中央与地方之间财权独立，彼此都是完全平等的市场交易主体，不存在随意占用或调用的可能性。即使基于国家利益或社会公共利益的需要而采取行政划拨等方式，也需由宪法等法律对国家利益或社会公益加以严格界定，并依法实施。在国外，蒙古、越南等国家均采纳"分别所有"原则。至于国有财产"分别所有"的层级界定，有二级所有的，如越南实行国家和省分别所有财

---

① 参见王继远：《我国机关法人财产立法保护初探》，载《特区经济》2009 年第 4 期。
② 参见冯乐坤：《国有财产的中央与地方分权研究——以地方所有权为视角》，西南政法大学 2015 年博士学位论文。

产；有三级所有的，如日本分为国家、都道府县、市町村三级所有财
产；有五级所有的，如蒙古实行国家、省、首都、苏木和杜勒格斯五级
所有财产等。整体观之，国际上普遍以"三级所有"原则处理中央与地
方政府财产关系。但时至今日，我国并没有采纳学界关于"分别所有"
的共识及其国际惯例。有学者提出，我国国有财产应当采取三级所有的
分别所有原则，但仍受国家利益保留原则的约束。①概而言之，我国未
来立法有必要规定机关法人财产所有权，如将各级地方的财产支配权定
性为所有权。当然，时下机关法人的财产，仍归属支配权范畴。

三、机关法人的财产范围

鉴于财产权的支配限制，机关法人所拥有的财产并非都能用于"从
事为履行职能所需要的民事活动"，那么，机关法人的财产究竟包括哪
些呢？机关法人的财产有直接财产和间接财产之分，哪些资产能用于民
事活动？对于不能动的资产，如何从事民事活动？

一般而言，国有资产有经营性和非经营性之分，经营性国有资产就
是国有企业资产；非经营性国有资产是机关法人占有、使用的国家所有
资产(财政资金形成的资产)，如办公家具等。从其发展演进来看，国有
资产的渊源为罗马法上的神法物和人法物，但因为人格权和财产权的混
杂不清、公法义务和私法义务的混淆，罗马时期的国家财产与私人财产
处在模糊立法状态。而随着大陆法系公、私法划分理论的勃兴，国有财
产的类型化衍生出国家公产理论。②其中，法国是首创公产法律制度的
国家，其财产权是公法与私法相互交织的权利体系。依照《法国国有财
产法典》的规定，按其性质和用途，法国将国家财产分为行政公产和行

---

① 参见李昌庚：《国有财产的中央与地方关系法治考量》，载《上海财经大学学报》
2011 年第 4 期。
② 公物是以德国、日本为代表的国家和地区的行政法学中广泛使用的概念，公产则
是以法国为代表的其他大陆法系国家行政法学上广泛使用的概念。在理论意义上，"财
产"作为"物"的上位概念，财产权不仅包括客体物，还包括"债"。而"债"实际上根本
无法成为公务用或公众用的客体。在这一意义上，使用"公物"的概念比"公产"更为严
谨，使用"公物"的概念更符合我国的实际；使用"公物"概念符合未来行政法学的发展
趋势。参见姜广俊：《公物与公产概念辩析》，载《求索》2008 年第 4 期。

政私产，行政公产为国家拥有的所有财产，不得转化为私人所有，不能进行商业交易，不得转让、不受抵押、不受时效约束，公法人对公产行使的权利并不是民法意义上的所有权。行政私产指属于公法人的私产，可以进入法律意义上的商业交易，公法人对这些财产享有所有权，可以转让这些财产，可以用其设置利于个人的物权，个人也可以依时效取得这些财产。①

德国和日本的法律在调整国有财产上，基本因循法国公产的立法体例，只不过名称使用"公物"罢了，也只是在内涵上有细微之别。例如，在内涵上，德国广义上的公物包括财政财产、行政财产、共用财产，②而狭义上的公物并不包括财政财产在内，仅包括后两种财产形式。日本的公物包含直接提供行政组织使用的物和直接由公众使用的物。③在"公产"名称术语上，法国视之为一种"财产"，日本将其规定为一种"有体物"，德国视其为一种"物"。但与之不同的是，意大利和瑞士则采取了公法和私法双重调整国家财产的立法体例。一方面，民法典规定了国家财产的范围及其限制，除法律有特殊规定外，国家财产不得转让、不得为第三人利益设定物上负担；另一方面，除民法典的规定外，国家财产由特别法做出规定。④英美法虽没有公、私法的划分，也没有概括性的公产或公物的法律概念，但政府作为受托人有义务为了维护国有财产的公共信托用途而进行管理。

诚然，在行政法上，行政公产是指由执法主体为了提供公用而所有或管领的财产，主要包括海洋公产、河川湖泊、空中公产、地面公产等。而行政私产是作为财政收入目的使用的财产，旨在增加财政收入，如供收益使用的房屋、土地、森林等。关于机关法人的财产范围，应当基于其私法性，并参照行政公产的划分，将其划分为供私法使用的财产

---

① 参见童彬：《法国财产权体系之源与流》，法律出版社 2014 年版，第 196 页。
② 参见陈新民：《行政法学总论》，三民书局 1997 年版，第 335 页。
③ 参见[日]盐野宏：《行政法》，杨建顺译，法律出版社 1999 年版，第 752 页。
④ 参见李志文、耿岩：《论公用物公法与私法层面上的双重法律规制》，载《暨南学报(哲学社会科学版)》2007 年第 6 期。

和不能供私法使用的财产。对于前者，机关法人能够用其进行民事活动，履行民事责任，而之于后者，机关法人在"为履行职能需要进行民事活动"时，实难用以履行民事责任。申言之，供私法使用的财产是作为行政经费或财源的财产，具体包含财政拨款、"规费"收益等国有资产，实为一种财政实用性资产，不能供私法使用的财产包括政府办公大楼、机关车辆、办公物品等，即前者能够用于支出，可以为机关法人从事必要的民事活动进行支出，后者一般不可用于应对民事活动，以及用以履行私法责任。但是，不论是供私法使用的财产抑或不能供私法使用的财产，都应将其纳入预算之中。总体而言，鉴于财产权的支配权属性和机关法人从事民事活动的特殊性，机关法人的财产范围具有有限性。

第三节　机关法人的财产构造：公共财产权的视角

实际上，"所有权是一种法律拟制的制度事实"，[①]国家所有是一种在公共信托下的虚拟所有，旨在公平有效调配财产分配这一社会功能。[②]根据国库理论和"修正的私法所有权"理论，公物既适用私法上所有权的所有规范，同时又因"公物设定"这一行政行为而受到公法限制。[③]其实，每一项财产权利都不是单纯由公法或私法调整，财产权不仅可由私法调整，也可由公法调整，或者实行公、私法二元规范。具体至机关法人占有和使用的国有资产，具有实际管领和直接支配财产的权利，本质上是一种排他性的物权。基于机关法人财产和责任不独立的现实，若发生重大民事交易活动，特别法人(机关法人)该如何处理？机关法人兼具公、私法属性，其财产来源于财政拨款，其财产权应当由公法

---

① 王家国：《所有权的拟制属性与社会功能——兼论"公的所有权"及其实现路径》，载《法制与社会发展》2015 年第 4 期。
② 参见侯宇：《国家所有权之形与名》，载《河南财经政法大学学报》2017 年第 6 期。
③ 参见袁治杰：《民法典制定中的国家与国库问题研究》，载《中国法学》2017 年第 3 期。

和私法综合保护，尤其要财政法加以调整。而在公共财产法语境下，机关法人的财产属性体现在公共财产的取得、用益和处分上，因而需从取得、使用、收益和处分上对机关法人财产权进行规范构造。

一、机关法人财产的取得法定

"法无明文规定不得任意行政"，任何行政必须有法定依据。而从税收法定发展而来的财政法定，其立论基础在于财政权的扩张与控制，[1]财政收入法定是其中的一项法定范式。[2]在公共财产法的架构下，"财政收入是指政府基于公共性原则，依法将私人财产转化为'公众之财'"，[3]因而要注重财产取得的正当性，对私人财产进行公法保护。众所周知，机关法人的财产来源于财政拨款，但如何获取财政资金，这涉及私人财产的取得与转化问题。对于私人财产转化为机关法人财产，公共财政理论、公共利益理论、基本权利理论为其正当性奠定了基础。对于公共财产取得，藉由公共财产权使私人财产转化为公共财产时，应对其严加约束并研判其正当性与必要性。例如，"国有化取得公共财产的行为，亦应具有宪法依据……在政府收费时，应遵循收费理性观念和受益负担原则"。[4]具言之，在公共财产的转化中，财政法定原则尤为重要，应逐步取消"授权立法"，推行完全的"人大立法"。量能课税、财政法定、稽征经济、财政需要、不溯及既往等是财税立法必须考虑和遵守的基本原则，而且还要遵循和贯彻更为具体的原则和规则，如比例原则、信赖保护原则；银行贷款、发行债券是政府负有偿还责任债务的主要来源，[5]收费立法应体现量能负担和平等原则，以保障公共

① 参见刘剑文：《论财政法定原则——一种权力法治化的现代探索》，载《法学家》2014 年第 4 期。
② 参见张成松：《财税权力清单的法治反思与体系构造》，载《上海政法学院学报(法治论丛)》2017 年第 4 期。
③ 刘剑文：《公共财产法：财税法的本质属性及其法治逻辑》，载《财经法学》2015 年第 1 期。
④ 刘剑文、王桦宇：《公共财产权的概念及其法治逻辑》，载《中国社会科学》2014 年第 8 期。
⑤ 参见张三保、田文杰：《地方政府企业化：模式、动因、效应与改革》，载《政治学研究》2014 年第 6 期。

财产权行使的均衡性与正当性；政府发行公债则应明确公债发行的偿付均衡原则，掌握好预算平衡与代际公平的尺度，避免损害全体人民的最终财产利益。总之，不同类型财产适用不同的规则，不论是公共财产的转化抑或支配，都应纳入法定原则的范畴。作为机关法人的部分财产，即根据法律自行取得的财产，同样要恪守取得类型法定、取得程序法定、取得范围法定等要求。

为此，须遵循公法法理的同时不违背民法法理，创新机关法人的治理结构、破产能力等方面的理论与制度。除适用私法上有关财产所有权变动规则外，机关法人因其双重身份，而在财产所有权的变动方面受有很多限制。机关法人并不是财政收入主体，通常需要国家预算拨款，但实践中也会有法定之收费等收入行为，这也必须严格恪守法定主义，不能任意而为。[1]不同于私法，机关法人也不能因时效等法定事由，进而占有机关法人财产。

二、机关法人财产的使用约束

机关法人财产如何使用？由谁使用？如何防止公共财产被挥霍滥用？谁来监督公共财产的公益性目的得以实现？通常而言，使用人对国家公产享有一种使用权利。相对于私法上的使用权利，国家公产的使用权利是一种公法上的权利，既为公法所创制，也可能为公法所变更或废止。机关法人财产根据公法规则确立，由机关法人提供公用，以满足公共利益的需要为宗旨，是一种具有公用价值的独立的财产形态。[2]这意味着财产管理人应当为了使公产实现公共使用的目的，而采取一切必要的行为，包括公共使用目的的变动，财产的维持、改善和保护，以及财产的使用管理。[3]根本而言，机关法人财产所有权的法律属性不是"公

<hr/>

① 参见吕瑞云：《公法法人财产所有权问题研究》，中国社会科学院研究生院 2011 年博士学位论文。
② 参见余睿：《论行政公产的法律界定》，载《湖北社会科学》2009 年第 9 期。
③ 参见张建文：《公产法视角下的宗教财产透视》，载《法律科学(西北政法大学学报)》2012 年第 6 期。

法权力"，而是"私法权利"。它与其他私法所有权一样，均接受私法的一体、平等保护。但是，基于公产的公益性和公共目的性，决定了其与一般私产在法律关系上的差异，包括政府在公物上的管理权和公众在公物上的使用权。①

深究之，在公、私法日益渗透的形势下，机关法人财产的利用关系是一种混合性的法律关系，当它遭受公权力机关或第三人侵害时，其与私人财产都应平等地受到公、私法保护。这表征着，适用于公产的法律规范并不以公法为限，相关的私法规范并没有完全被排除适用。根据修正的私有财产权，公产应当适用私法原则，在可能的范围之内，公共财产也是私法财产权的客体。同时公产处于特殊的公法支配权之下，公法支配权与私法支配权相对应并且交叉重叠。公法支配权在公务目的范围之内排斥私法支配权，但只有在法律有明确规定时，才能严重限制私有财产权。在与公法目的不一致的范围之内，公法支配权和所有权排斥私有财产上的权利。公共财产权产生于"公共支配权"理论，认为国家机关依法都应当拥有必要的财产，且这些财产受财政法、行政法等公法的调整和约束。②

国家对机关法人的经费拨款，都是按预算支出科目进行，机关法人必须遵照专款专用的原则使用，按规定的开支范围和货币额度用款。具体而言，国家对机关法人财产享有国家所有权，机关法人对该财产享有支配权，如何行使支配权应当由规制公共目的的法律来调整。基于机关财产的"非营利性"特质，其"规费"收取仅用于维持其事业，机关法人财产的利润不具有公司法人的分配功能，不能以任何形式转变为私人财产等。③从根本上说，公共财产的利用属于公共事务，④应当根据法律的规定许可使用，⑤机关法人只能是为了公共目的，对其独立财产进

---

① 参见杨解君、赖超超：《公物上的权利(力)构成——公法与私法的双重视点》，载《法律科学(西北政法学院学报)》2007年第4期。
② [德]汉斯·J.沃尔夫、奥托·巴霍夫、罗尔夫·施托贝尔：《行政法》(第二卷)，高家伟译，商务印书馆2002年版，第476页。
③ 参见王继远：《我国机关法人财产立法保护初探》，载《特区经济》2009年第4期。
④ 参见张力：《国家所有权遁入私法：路径与实质》，载《法学研究》2016年第4期。
⑤ 李昌庚：《国家公产使用研究》，载《政法论丛》2014年第2期。

行私法性质上的使用。因此，对机关法人财产的使用有着特殊的保护方式，应有以下限制性规定：其一，禁止将其让与他人，或于其上设定担保物权等私权，原则上不可自由处分，不得作为交易标的；其二，机关法人财产以公用为限，不得为扣押、拍卖等强制执行行为；其三，禁止对机关法人财产实行"征收"，以改变公物设定用途。①而且，机关法人必须履行正当、合理使用、特定使用、效益使用、公开使用资产等义务。例如，法国公产有一般使用和特殊使用之分，前者无需特别批准，除开法律为了其他共同使用人的利益做了例外规定，不得限制使用人的范围；②后者是预防性的使用许可赋予的一种物权。此外，机关法人财产的使用，应遵循"公共利益"的实质要件和"法律保留"的形式要件。③原则上，机关法人财产不得为强制执行标的，不适用取得时效，其融通、公用征收等都严格受到一定目的和条件的限制。④总之，鉴于机关法人财产所有权利益归属的公共性和财产功能的多样性，其使用是有限制的，主要体现为使用主体和使用目的限制。

在行使主体上，由于机关法人财产类型的多样，功能不一，从而导致财产使用主体的多元化。从实证法的规定来看，虽形成了以国务院为中心的国家所有权多元化模式，但这并不意味着其直接行使所有权。只有经全国人大授权，国务院才具有财产所有权。同理，各机关法人之行政机关使用财产，同样要获得同级人大的授权才能享有和行使。但是，机关法人即便获得财产使用权，也必须根据法律所确定的形式和程序展开，不能恣意妄为。进言之，公共财产的类型化、公产与私产的区分与财产归属国家还是私人无关，只与特定类型公共财产利用的法律保障机制主要纳入公法还是私法调整模式有关。对于机关法人财产的使用，应由人大对其行使者进行监督，强化预算的刚性约束。从法理上看，所有

① 参见王成栋、江利红：《行政征用权与公民财产权的界限——公共利益》，载《政法论坛》2003年第3期。
② 参见[德]汉斯·J.沃尔夫、奥托·巴霍夫、罗尔夫·施托贝尔：《行政法》(第二卷)，高家伟译，商务印书馆2002年版，第506页。
③ 参见张翔：《公共利益限制基本权利的逻辑》，载《法学论坛》2005年第1期。
④ 参见赵世奎：《公产法研究》，中国政法大学2005年硕士学位论文。

的国家财政收入都属于国有财产,对财政收入的分配和使用应当纳入预算。总的来说,作为国家所有权的行使主体,机关法人是使用权主体,要严格恪守预算法定原则。

三、机关法人财产的收益限制

在公共财政语境下,机关法人财产的根本目的在于保障和增进公共福利,以实现人的自由与尊严为宗旨。在收益上,必须坚持其服务公益的目的,以损益补偿为原则。遵照我国《物权法》之 53 条规定,机关法人财产不具有收益功能。但是,实践中却有将闲置的行政大楼出租、公路横眉面或一侧设立广告牌、办公大楼外墙刷登广告等能够产生"收益"的行为。在此语境下应有所区分,如果机关法人财产只能用以直接提供公共服务,则禁止用于收益。但如果为了更好服务公益、提升机关法人财产能力考虑,收益行为也并非不可。核心问题是,机关法人财产在收益之时,要格外关注财产行为的公共目的,其适用要接受公法目的的考量。换言之,法律应当对机关法人财产的私法行为作规范限制和约束。

机关法人财产的用益,即财政预算管理及公共财产的保值增值。在现代市场经济中,机关法人的功能具有二重性:私法活动中的营利性功能和公法领域中的非营利社会功能,即增值性和公益性。因此,为了更好地保障和增进公共福利,机关法人财产的使用和处分理应恪守效率原则,在不损及公平、公正之余,尽可能提高机关法人财产的"流通"效率,实现财产的保值乃至增值。机关法人虽依法经财政预算取得财产,但使用和处分必须要受公法约束,要尽到"支配"主体的勤勉义务。秉持量入为出和技术谦抑等基本原则,在公开透明、规范有序的制度环境下展开。不论是横向之维的机关法人抑或纵向层级的机关法人,财力差异不言而喻,但都应强调公共财产用益的社会福祉性,通过财政工具来调整此种不平等性,达到公共财产分配正义的效果。①

---

① 参见刘剑文、王桦宇:《公共财产权的概念及其法治逻辑》,载《中国社会科学》2014 年第 8 期。

不可否认，机关法人具有公法人与私法人的双重身份，集"运动员"和"裁判员"的二元角色于一体，因此在私法活动中要防止对财产收益控制的失范。至于机关法人财产用益的控制，重点还在于预算管理，以预算法促进和监督机关法人资产的保值增值。根本而言，财产增值虽不是机关法人的首要功能，但增值也不失为一种间接增强公共福祉的有效手段。不过，机关法人财产用益行为，均要纳入预算，由《预算法》对其严格规范和约束。①

四、机关法人财产的处分规制

"公产位于私法与公法之间，不能只适用私法规范，否则，公共目的的执行就可能受私法权利人意志的摆布。"②对于机关法人财产，原则上不允许公产进行融通，不可自由处分。因为被设定了公务负担的公产属于禁止流通物，公法人的私法支配权受到了财产公法目的的约束。如果使用机关法人财产有违公产目的，私法行为、强制执行中的处分或者征收行为无效。如果允许自由转让公共财产，将公共所有权转让给他人，势必会影响到公产公共目的的达成。例如，法国行政法采取的是严格的禁止主义原则，公产在公共使用目的范围内，其所有权不能转让。不过，机关法人财产虽属于不融通物，不得成为交易标的，其在于使公产符合公之目的。因此，在不影响公共目的的限度内，公产具有相对可融通性，亦可进行处分。③公产在作为私法制度的客体时，可以参与权利的转让。此时，它处于私法规定的所有人处分权之下，可以成为法律行为的客体，比如可以私法方式出售或者设定义务。④也就是说，对机关法人财产而言，其所有权主体为国家，机关法人仅享有支配权，但在

---

① 参见高桂林、翟业虎：《反思国有资本经营预算法律制度的目标定位》，载《政治与法律》2009 年第 4 期。
② [德]汉斯·J.沃尔夫、奥托·巴霍夫、罗尔夫·施托贝尔：《行政法》(第二卷)，高家伟译，商务印书馆 2002 年版，第 474 页。
③ 参见李砾、王丹：《行政公产理论问题研究》，载《广西政法管理干部学院学报》2002 年第 4 期。
④ 参见[德]汉斯·J.沃尔夫、奥托·巴霍夫、罗尔夫·施托贝尔：《行政法》(第二卷)，高家伟译，商务印书馆 2002 年版，第 479 页。

基于公共使用目的的私法人领域，仍可进行处分。如此的制度设计，既弥补了政府对公产建设投入的不足，又最大限度的开发了公产的效用。

从私法的角度看，处分包括事实处分和法律处分，前者的法律后果在于所有权的绝对消灭，如拆除房屋；后者则是所有权全部或部分权能移转。对于机关法人财产的事实处分，有害于行政公产本身的设立目的。但某些情况下的收益行为应可为之，如公园果树果实的采集。对于法律处分，若与其公共使命相悖则不得为之。对于自有公产，不得让与他人，或在其物上设定地上权或抵押权等限制物权；而对于他有公产，也只是在不妨碍公产使用目的范围内，方得为之。①

在设定上，机关法人财产以公共行政目标的实现为价值目的，以公共使用的目的为其前提，在此基础上，其处分也须以公共利益为核心。因此，在财产处分上，必须明确机关法人的处分权限、处分原则、处分程序等，以公益作为评价基准，以此区别私法上的行为"任性"。②机关法人在预算支出时，更应坚守公法约束性，严格履行公法义务，对机关法人的资产尤其是货币性资产要有行之有效的审计监督机制。除此之外，需要关注的是处分环节机关法人财产转换为私人财产的情况。其转换方式有直接转换和间接转换之别，或者称之为显性转换和隐形转换之分，其中间接财产转换中，机关法人财产通过披上法律之外衣，以"合法"形式将机关法人财产据为私人所有。这种境况与机关法人财产的公共职能目的极不吻合，不仅给国家财政带来损害，同时更是公民公共福祉的牺牲，必须高度关注和重视。③

综上，机关法人财产的保障，不仅在实体环节要求严格遵循法定主义，注重财政行为的正当性，而且在程序上注重协商民主、问责监督与法律救济，强调公共财产权的民生品格与价值归宿。当机关法人财产遭

---

① 参见梁凤云：《行政公产研究》，中国政法大学 2001 年硕士学位论文。
② 参见吕瑞云：《公法法人财产所有权问题研究》，中国社会科学院研究生院 2011年博士学位论文。
③ 参见刘剑文、王桦宇：《公共财产权的概念及其法治逻辑》，载《中国社会科学》2014 年第 8 期。

到加害人的侵害时，机关法人可以对侵权人直接依法采取强制措施，排除对行政公产的妨害，以求公共财产的安全。①公产被损害或者损毁的，所有人可以要求损害赔偿，而且物主还对违反目的约束的行为，享有公法上的补偿请求权。例如，在法国，根据发生争议的关系属私法性质还是公法性质，因公产发生争议的法律救济途径可能是普通法院，也可能是行政法院，但目的均在于保护公共财产。②总之，机关法人财产是财政收入的一部分，资产转换是民事主体之外的、复杂的内部管理活动，均要符合预算法、财政法等的规定。当发生"为履行行政职能所需的民事活动"时，应由机关法人承担责任。对于没有独立经费的法定机构，由上级机关承担。通过民法(私法)和财政法(公法)的双重规范，终将实现规范和约束机关法人行为，进而实现公共福祉的目标。③

---

① 参见黄维：《行政公产的理论问题探析》，载《行政与法》2008 年第 1 期。
② 参见[德]汉斯·J.沃尔夫、奥托·巴霍夫、罗尔夫·施托贝尔：《行政法》(第二卷)，高家伟译，商务印书馆 2002 年版，第 493 页。
③ 参见鲍家志：《非经营性国有资产使用权研究》，武汉大学 2012 年博士学位论文。

第四章

机关法人的行为自主性审思

举凡一门成熟的法律学科，终有自己的行为理论。行为由主体行使所产生，同时也会引发权利和义务的变更，进而产生责任问题。[①]从范围上看，作为各种政府行为的交汇之处，财政行为涵盖财政基本行为、收入行为、支出行为和管理行为，其中财政支出行为构成财政行为的重要部分。机关法人"为履行职能需要进行民事活动"时，便是一个典型的财政支出行为，它涉及机关法人收入的来源、哪些资产可用以必要的民事活动、如何支出等。诚然，机关法人并非由民法决定，而是取决于宪法统摄之下的财政法、行政法等公法，其行为自主性必将受到公法的约束。比如，《民法典》第 683 条第 1 款明示"机关法人不得为保证人"即为例证。皆因于此，机关法人行为既要遵守民法的私法原理，更要受预算法、财政法等公法的特别调整和限制。为此，本章以政府购买公共服务为考察重心，聚焦财政行为的规范与约束，反思并构造机关法人财政支出的行为自主性及其约束机制。

---

① 参见刘剑文、陈立诚：《财税法总论论纲》，载《当代法学》2015 年第 3 期。

第一节 机关法人支出的行为检思

财政支出拨付不仅是财政行为的主体部分，同时亦为评断财政是否为现代财政的切入点。①究其本质，财政行为虽由财政收支、财政管理等形式来展现，但它是国家意志的表达，是以经济形式对政府意志的无偏表达。机关法人表似一个简单的民事主体，实际上其行为体现的是一个典型的财政支出行为，涉及机关法人经费的管理与支出。其从事民事活动的支出便是财政支出，须在财政法内适用。鉴于此，在"公法私法化"与"私法公法化"的大背景下，基于私法效率和公法公共目的的考虑，揭示实践中机关法人支出行为低效率的样态，综合反思机关法人支出中的行为问题，就显得尤为必要和重要。

一、机关法人支出中的非规范问题

"研究表明，多数省份的财政支出处于无效率状态，财政支出效率存在较大的提升空间。"②纵览中国财政史，财政收入分配关于 1993 年由分税制改革所确立，但与此对应的公共支出体系改革在数年之后才全面启动。而时至今日，在支出管理上仍未形成一套吻合市场经济体制要求的运行机制和管理制度，从而导致财政支出的低效率态势。追根溯源，财政供应范围和资金分配的边界界定不清，究竟是交由市场自己解决抑或由财政负担，以及财政无力承担后又该如何作为，这些在理论上论证不够，实践中更是模糊。在此背景下，便呈现出财政支出随意、法律约束力弱、资金适用效率不高等流弊，而在机关法人支出中也正是如此。财政仅能在分权时做到真正管控，资金离开国库之后，便无法有效

---

① 参见王庆：《论现代财政与公共财政——兼述我国现代财政制度的构建》，载《当代财经》2014 年第 10 期。
② 管治华、许坤、许文立：《结构性减税压力下的财政支出效率提升——基于省际间财政支出超效率 DEA 模型分析》，载《财政研究》2016 年第 7 期。

实施监控，以致国有资金被大量挪用，铺张浪费等现象时有发生。机关法人(预算单位)主要依靠自律机制来使用财产，从而导致用款上的诸多问题，财政部门难以有效监督，资产资源配置出现低效益状态。更有甚者，一些地区单位、部门在支出管理中不同程度地存在着有法不依、执法不严现象。深究之，我国没有明确的机关法人财政支出管理机制，对机关法人主体、范围和程序并没有统一的基本规定。从某种程度上说，缺乏一个对预算主体(机关法人)进行全面约束的预算管理体系。

比如政府购买公共服务，其作为一种典型的机关法人行为，必须要有充足的资金保障。同其他机关法人一样，其资金主要来源于财政拨款支持。不过，对于政府购买公共服务如何获得财政支持，并没有立法依据。时下，政府购买支出尚未被纳入财政预算范围之内，也没被纳入统一的预算科目，购买服务所需的资金一般从项目资金或者从业务经费中支出。实践中，资金规模不一，来源多样，各地政府往往是以设立专项资金和预算外资金的方式来购买公共服务，缺少稳定的资金来源与保障。不止于此，在资金的使用过程中，随意性较大。时至今日，我国按照功能分类模式进行财政预算公开，之中并没有"政府购买公共服务"这一科目。"政府购买公共服务"的具体支出，分散在业务经费、人员经费等众多科目之中，难以辨认和识别，纵使政府部门公布了详版账本，也鲜有人能准确地计算出真实数据，支出风险的概率加大。是以，除开纳入预算，具体的预算科目也需要调整。与此同时，"目前政府购买服务的资金管理普遍没有实行绩效管理，更没有真正实行'评估兑现'"。①我国没有将所有项目库内的预算项目纳入绩效考核，预算的约束性有待加强；尚未将政府的所有资源，尤其是公共资产方面的资源完整纳入预算管理，故而无力精准地计算出完成绩效目标的各项成本。因此，我国尚不具备将绩效预算的范围推广到所有项目的条件。特别在我国推行复式预算中，各预算在职责、界定上不清，具体的预算项目对应

---

① 王昆、潘晔：《政府购买服务恐成腐败新灾区》，载《经济参考报》2014年7月3日，第007版。

何种服务项目，并没有明确的规定。与之相反，域外发达国家将绩效预算的编制，作为政府购买服务的一项重要内容，相比较为规范。此外，我国也未将政府购买公共服务纳入政府采购来规制，影响了政府监管，有碍于财政资金使用效率的最大化。①

　　"越是公共财政支出多的地方，越容易发生寻租与腐败行为。"②除了机关法人支出效率低下的事由外，财政支出结构也严重不合理，财政供给"越位"和"缺位"并存，从而导致预算执行的可控性差，公共支出性腐败难以遏制，特别是政府出资或援助的公共投资、政府采购合同等项目。进言之，鉴于公开招标投标机制缺乏、监督管理机制不足、财政预算管理约束机制弱等缘由，财政资金被挪用、截留、侵占等现象较为突出，设租、寻租等贪腐行为日渐暴露，违规、垄断、暗箱操作、逆向选择等现象更是层出不穷，政府购买公共服务恐将成为寻租与腐败的新灾区。之于根源，还在于财政资金使用过程的不透明、不公开和缺乏监督，资金浪费和腐败现象便难以避免。

　　当然，就机关法人的私法活动而言，从中央到地方也没有构筑起完善的配套监管机制，比如监管主体不明确、监管责任不清晰，侧重于事后监管，事前、事中等全过程、全方位的监管还处在一个薄弱水平。从实践得知，各级政府及采购监督管理部门过于强调实质公正，如过低的公开招标数额，而忽略了资金使用效率和之下的政府行政效能，没有最大程度地展现"物有所值"。在公平与效率的制度失衡之下，财政支出随意追加和追减的概率加大，进而容易丧失预算的权威性和严肃性，同时又滋生腐败，危及经济秩序和政治稳定。根本而言，财政支出之神秘和财政资金管理之缺陷，是造成资金使用效率不高、寻租与腐败经常发生的重要原因。因此，机关法人在从事民事活动时，尤其需要提高财政资金的使用效率，强化支出管理。而要解决此问题，取决于政府职能的

---

　　① 参见正泽：《政府购买公共服务应纳入政府采购》，载《人民日报》2014年8月13日，第018版。
　　② 王昆、潘晔：《政府购买服务恐成腐败新灾区》，载《经济参考报》2014年7月3日，第007版。

明确界定和经济体制的彻底变革。其中，建立财政支出行为约束机制，规范机关法人行为，加强对公共支出的管理，是强化我国财政支出管理的应有之义。

二、机关法人支出约束性过强的问题

与支出行为规范性弱不同的是，财政支出约束性过强也有碍于机关法人行为的最优化发展。机关法人"为履行职能需要进行民事活动"时，其资金来自财政拨款，依赖于公共财政资金中的支出性资金，受到统一的财政支配，因而必然受到财政法的约束。例如，机关法人需要采购什么，以什么样的方式采购，何时完成采购任务等，都受到严格的财政法约束。更有甚者，当机关法人从事大的采购项目时，一般都要严格遵守项目资金执行进度的安排，倘若资金于年底前没有用完，则会面临财政收回的危险，而不能延续到下年。深究之，这是一种为预算服务的财政预算任务，而不是真正为采购主体的发展服务，揭示了机关法人从事私法活动与财政安排的脱节。

完整意义的财政支出管理，不仅包括提起资金需求，还包含预算审查、资金获取、预算的支出、财务报告、绩效评估、财政问责等，覆盖资金使用的全过程。作为公共支出体系的一部分，机关法人的支出管理是预算管理制度的基本要义，同预算编制、执行、监督等各环节紧密关联，如部门预算编制、国库集中支付、绩效评价、非经营性国有资产管理等。时下，机关法人进行必要民事活动的资金都包含在部门年度预算内，要按照财政支出的管理体制进行。在年度预算执行中，由财政部门按照各部门的用款计划和进度层层下拨，各部门在预算内自行支配，财政拨款后一般不再干涉。不难看出，纵使财政资金的分配与使用相脱节，在财政拨款后不再干涉，但对于机关法人的支出而言，获取资金的过程就显得尤为烦琐。机关法人绩效管理的行政化色彩依然浓重，难以有效应对今后大规模的行政私法活动。换言之，当前财政管理环节的重点，还依然居于中前端的管理(包括预算申请、预算审查)，而中后端的部分管理还比较弱势，即资金支出的管理责任和使用效果方面的管理还没有一套较为成熟可行的方案。例如，机关法人进行民事活动后，由谁来评价、怎么评价、评价结果如何与后续的预算安排挂钩等，尚无完备的管理体制。

例如，政府采购就是财政资金购买性支出运行的一种形式，其基本流程在于：机关法人编制本部门预算、本单位预算后报送同级财政部门，财政部门把汇总起来的财政总预算按法定程序，报经同级人大审查通过。当前，政府采购实行"财政部门—主管部门—采购单位"的三级管理模式，由各级财政部门发布政策、政府采购目录及标准，由主管部门和财政部门对采购项目进行联合评审，经财政部门批复预算后，再由主管部门下达经财政部门批复后的单位预算，采购单位根据获批的预算金额进行政府采购，采购结果在公开发布的同时要报同级财政部门备案。显而易见，政府采购资金的支出较为规范，需经多重程序，但也正因程序的"烦琐"，从而束缚了财政资金的使用效率。在此管理体制下，财政部门代表政府审核单位预算，它处于主导地位；主管部门的绩效管理权限从属于财政部门，配合财政部门评审政府采购项目；采购单位只是被动地等待审批和批复结果。

机关法人的行为既是一个外部行为，也是一个内部行为，前者指向对外的民事活动，后者是一个典型的财政行为，涉及机关法人财政收入的来源、哪些资产可用以必要的民事活动等。其中，资金、财产形成财政收入，财产是财政的一部分；经费管理就是财政管理，属于机关法人的内部管理问题；机关法人从事民事活动的支出便是财政支出，须在财政法内适用。就政府购买公共服务而言，购买服务涉及资产的购买、使用、管理、报废，其是完整的封闭环节，其资产管理就是政府绩效管理的一种延伸。但财政部门的资金管理和采购单位的资产管理这两个系统是相脱节的，既不相同，而且也不挂钩。同样地，在划拨资金购买公共服务时，也要受到预算拨付等诸多程序的限制。根本而言，受制于那些刻板沉闷的条条框框，财政支出绩效不佳，因而要建立对结果负责的考核与激励机制。此外，各级政府部门预算编制当中，尽管政府采购资金预算已经单列，但并不是向社会完全公开的，即使是公开，也要等到全国人大批准以后。可见，政府购买公共服务的流程有待规范。根本而言，机关法人"为履行职能需要进行民事活动"后，财政支出程序比较烦琐，行为自主性受到很多约束，机关法人如同民事主体一般自由地从事民事活动并非易事。

第二节　机关法人行为的法律评价

行为是法律的直接调整对象，所有的社会关系最终都要落实到主体之间的行为，权利(力)义务和责任则为行为的抽象表达。作为兼具私法自治与公法管制的载体和实现方式，机关法人行为在财政法中同样具有重要地位。[①]机关法人行为并不仅仅是一个决定，更是一个过程，双方主体的行为，需要受到预算法、财政法等公法的评价。因此，考察机关法人的行为自主性，尤为重要。为了识别机关法人支出行为中的种种问题，财政法对其需要格外评判，平衡公法目的与私法目标、效率和公共福利之间的关系，以使机关法人行为更有效地展开。

一、机关法人的序位评价:基于双阶理论的反思

行政机关一般通过行使公法权力的方式行使权力，但也可以利用私法和私法手段执行公共职能，比如采购商品或者建立租赁关系。[②]行政私法具有行政法、私法的双重性质，[③]与机关法人相一致。作为机关法人构成的行政机关和具有法定职权的行政机构，可以在其目的范围内和

---

① 参见殷秋实:《论法律行为的效力评价体系》，载《比较法研究》2017 年第 6 期。
② 参见[印]M.P.塞夫:《德国行政法:普通法的分析》，周伟译，山东人民出版社 2006 年版，第 103 页。
③ 参见邹焕聪:《论行政私法行为的法律性质——兼及金融危机背景下政府救市行为的分析》，载《行政法学研究》2010 年第 1 期。

相应的法律关系范围内，与民事主体开展民事活动。但是，机关法人根据私法执行行政职能，是否处于与其他个人相同的地位？肯定和否定的观点均有之。其实，这涉及如何评价以私法形式进行的公权力行政(机关法人)行为，其是否受公法约束的问题。在德国，产生了"双阶理论"，将私经济行政分为两个阶段：第一阶段"是否"进行私经济行政属于公法问题，受公法调整；第二阶段"如何"进行私经济行政，属于私法问题，受私法调整。①即根据"双阶理论"，对机关法人的评价应分为两个阶段展开：首先是公法评价，由公法决定是否准许机关法人为民事行为，其次是进行私法评议，由私法决定机关法人如何为民事行为。即按照"先公法，后私法"的逻辑进行。

追根溯源，"双阶理论"诞生于公私法的相互影响与融合之下，其目的主要是为确保行政私法活动仍受公法的约束。随着行政私法理论的提出，"双阶理论"遭受了种种批评，并认为它会造成法律内部逻辑的混乱。但随着新行政法学的兴起，公法与私法的关系日渐由"对抗"走向"合作"，以灵活性为主要特征的"双阶理论"优势明显，仍然占据主流地位。②因此，基于机关法人的基本定位，国家机关以私法形式达成公法任务的行为，应首先受到公法调整。例如，《物权法》第53条明确了国家机关的占有、使用和处分权能。这里的"占有""使用"首先要受到公法规范的约束，"处分"则更是直接受到规定了机关的权限的规定及约束。所以，与一般私法主体相比，不管国家机关是作为公法机构还是私法人而实施私法行为，它都要更多地受到公法上的约束。根本而言，机关法人在其目的范围内，从事私法行为时直接受有关公法约束，但也要遵循私法规则，如机关法人不得处分用于公益目的的财产。③再如，《政府采购法》将采购行为分为"购买、租赁、委托、雇用等"，并

①　参见陈敏：《行政法总论》，台湾新学林出版有限公司2011年版，第662页；王锴：《政府采购中双阶理论的运用》，载《云南行政学院学报》2010年第5期。
②　参见严益州：《德国行政法上的双阶理论》，载《环球法律评论》2015年第1期。
③　参见崔拴林：《论我国私法人分类理念的缺陷与修正——以公法人理论为主要视角》，载《法律科学(西北政法大学学报)》2011年第4期。

涉及货物、工程、服务等领域。显然，无论是"购买""租赁"还是"委托""雇用"，其均属于市场化的私法运行方式，但政府采购权仍为公共权力。以"双阶理论"论断，由于机关法人实施的私法行为，其通常先由公法进行规范，故此政府采购行为并非仅由《民法典》合同编予以调整，而是首先直接受到《政府采购法》特殊规定的规范与约束。皆因于此，我国的政府采购被划作公法与私法两个阶段：对于"采购文件、采购过程和中标、成交结果"所产生的争议，适用公法救济途径；对于民事合同性质的政府采购合同所产生的争议，适用私法救济途径。这即为"双阶理论"运用的典范。[①]亦如此，机关法人在从事必要的民事行为之际，一般要遵循"先公法，后私法"的逻辑脉络对其展开评价，进而达到方便机关法人以及规范和约束机关法人的多元目的。

二、机关法人支出的约束性解析

财政支出是一种致力于满足公共需要的财政资金支付活动。[②]就性质而言，它可划分为购买性支出和转移性支出两大类，识别基准在于，财政支出是否在经济上直接获得相等的代价。其中，前者就体现在政府购买物品或劳务的活动，如购买公共职能活动所需的日常物品，能直接获得相等代价；后者不能直接获得相等代价者为转移支出，表现为资金的无偿、单方面转移。而在政府购买性支出中，除开公务人员经费外，原则上其余都是政府购买企业的产品。机关法人"为履行职能需要进行民事活动"，便是一种典型的购买性支出，政府在获得相应物品和劳务的同时需要支付对应的资金。关于其所需要的财政预算资金，则是层层下拨，因而机关法人私法支出由各单位自己进行。这种方法固然有利于各支出单位根据实际情况分别进行，但使数额巨大的财政支出化整为零，规模不经济，且脱离了财政监督，因而是粗放型的，由

---

① 参见陈又新：《政府采购行为的法律性质——基于对"两阶段理论"的借鉴》，载《行政法学研究》2015 年第 3 期。

② 参见丛树海：《财政支出学》，中国人民大学出版社 2002 年版，第 3 页。

此产生了诸多流弊。

深究之，机关法人兼具"公"与"私"的双重性格，国家机关遁入私法时必然携权力而入，在行政私法时便集"裁判员"和"运动员"角色于一体，因而有可能导致国家机关为谋取本机关私利而从事民事活动，从而使机关法人沦为藏私之利器。因此，鉴于机关法人"公"的一面，其虽有一定的自由裁量权，但行为自主性受到法律约束。那么，机关法人的财政行为自主性有多大呢？从约束方式上看，不仅财政法约束机关法人行为，大众媒体、社会公众和其他行政部门也一同予以监督和约束。至于行为作出者公共管理人员，同样需要约束。对于约束行为的有效性，则要依据法律制裁、行为责任人员能否及时作出反映。统观我国现行的行为约束方式，2005 年《财政违法行为处罚处分条例》以列举方式规定了行为主体的财政违法行为，且有相应的处罚处分措施。违反该条例不止可能受到处罚，还可能触及刑事犯罪，进而要受到刑事追究。除开此条例，其余财政"法"均有规定违法责任。换言之，机关法人中的财政行为，将受到预算法、财政法等财政法律的规范约束，但还要不断完善财政法律体系，以便更好地实现行为规范与行为约束。①

以政府购买公共服务为例。在计划经济时期，由政府直接统揽各种社会事务，但随着市场经济的深入发展，行政私法化、机关法人的运行成为常态，国家社会管理职能的实现机制正在不断优化，而政府购买公共服务便是其中的一大创举。之于政府购买公共服务，其最重要的价值就在于节约财政资金，提高支出绩效。在理论上，它实现了由政府"费用论"向"报酬论"的转化。因为前者认为财政负责筹措和管理公共资金，财政拨款的目的只是"养机构、养人"，只注重投入而忽视了效果；后者指出政府则应该向社会组织支付费用来"购买"公共产品和公共服务，财政支出取决于其所产生的效果的大小，可谓一种更

①　参见杨志勇：《论法治化财政》，载《财贸经济》2006 年第 11 期。

为重视公共资源配置功能的有效形式。实质上，政府购买公共服务就是将市场竞争机制和财政支出管理有机结合在一起。作为政府参与市场的一种活动方式，政府购买公共服务属于市场规则、市场运作兼容的间接调控，必须履行市场准则，以市场方式进行采购，给企业以平等竞争的机会。

深言之，政府购买公共服务的假设前提是政府提供，私人生产，政府提供意味着由政府通过预算收入支付生产费用。①政府购买公共服务是一种建立契约式服务提供的模式，是一种"政府承担、定向委托、合同管理、评估兑现"的新型政府公共服务提供方式。它是政府为了履行服务公众的职责，以财政向各类社会服务机构支付费用，用来购买其通常以契约方式确定提供、由政府鉴定种类和品质的全部或部分公共服务。但需要注意的是，政府购买公共服务不能简单等同于公共福利和公共事业财政拨款，因为其通常会采取公共服务的契约化提供模式，以财政性资金用于对外采购服务，进而实现特定的公共服务目标。而公共福利体现为政府针对公民或某些弱势群体的财政支出(拨款)，与购买之间并没有必然联系。由于政府自身的成本、效率、专业化程度等方面的条件约束，政府购买服务有助于增强公共服务的供给能力，提升公共资源的使用绩效，增进社会公共福祉。

目前，我国政府购买公共服务的基本流程为：用户向其主管部门提出采购申请，尔后用户主管部门向财政部门(政府采购管理办公室)提交审批报告，后者再向政府采购中心下达采购计划，同时监督、管理、拨付采购资金，等等。不难看出，这是一个相对烦琐的过程，机关法人要获得财政资金以进行民事活动实属不易。更何况，关于政府购买公共服务，年度预算编制时就要确定商品的采购金额，执行时不能随意增减。纵使这种购买公共服务的行为能够确保预算编制的准确性，同时作为一种集中性采购行为，减少了中间环节，降低了采购成本，但对机关法人

① 参见财政部科研所课题组：《政府购买公共服务的理论与边界分析》，载《财政研究》2014 年第 3 期。

而言，欲获得从事私法活动的资金，便显得较为困难，预算一旦获批，财政部门便按照预算和用款进度，层层下拨经费，年度终了后，又层层上报经费使用情况，汇编决算，而政府采购制度要求拨付供应商的资金，由国库直达供应商账户，支出的决算自然不应再层层上报，财政总会计应该根据支出数直接办理决算，二者相互矛盾。进言之，政府购买公共服务的资金来源，都坚持财政性资金的使用原则，且都建立了比较完整的购买资金监督管理体系。例如，在天津市，政府采购计划采用的是一种自下而上、分类汇总的编制方式，预算单位先编制采购预算，按程序逐级上报，先经主管部门审核，后报财政部门审核，尔后，财政部门将审核汇总的采购预算报经同级人大和政府审批、批复。①

　　概言之，依照法定程序和法定方式，以市场公开的形式，虽为细化预算创造了条件，强化了财政部门对各种采购资金的监督，但也正是基于政府购买公共服务的严格程序，机关法人在为民事活动时不能如同自然人一般自由，须受到以预算法为中心的公法约束。但是，建立政府采购制度是加强财政支出管理的中心环节，因而其不失为一种有效的支出控制办法，可以细化预算，便于进行支出控制，节约财政资金。从财政支出管理实践来看，正是由于缺乏统一的政府采购制度，无法对支出的具体使用进行有效管理，才导致了财政资金的分配与使用相脱节、支出单位自主使用财政资金使支出控制困难重重等问题。②不止于此，政府购买公共服务制度还设有严格的监督机制，比如采购项目预算、采购标准、采购方式等的监督，机关法人要为民事活动，同样要受其监督和约束。严格的财政资金支出程序，虽消除了一定的腐败现象，但其较强的约束性也规范和制约着机关法人的民事活动。

---

　　① 参见张翠昕：《天津市政府购买公共服务的预算管理问题研究》，天津大学2015年硕士学位论文。
　　② 参见刘尚希、杨铁山：《政府采购制度：市场经济条件下加强财政支出管理的中心环节》，载《财政研究》1998年第4期。

第三节　机关法人的行为约束

"当政府以市场的一个主体身份参与市场活动时，则要以微观主体的效率原则，作为界定财政行为范围的主要标准。"[①]但亦不难看出，机关法人具有二重性，机关法人兼具民事主体和财政主体的双重资格，因此既要注重效率，同时也要讲究公共福祉和公法目的，考虑社会公平与发展等公共目标。机关法人涵盖财政收入、支出和管理的全过程，之中不可避免地涉及财政资金的使用效率和约束等要义。为此，基于机关法人支出行为低效率的现实，以及机关法人公法职能的考虑，需调适机关法人支出不规范和约束性较强之间的张力关系，综合规范和约束机关法人支出行为。

一、机关法人的民法遵从与私法限度

机关法人不同于传统大陆法系关于法人的分类，但在本质上仍是一种法人，名称上的不同并不影响其法人的本质。机关法人虽然依据公法设立，但在日常运行及履行职能中必然需要经常参与民事活动，以私法手段实现公法任务，[②]与各类主体建立各种民事法律关系。因此，在民法中规定机关法人制度，构建与私法人相对的一般机关法人制度，明确机关法人在什么条件下应该遵守或可以参照适用私法人规则，极其必要。[③]根由在于，作为一种典型的公法人，其携权力于私法活动之中，蕴含的公权力有可能被滥用，从而损害交易相对人的利益。有鉴于此，有关机关法人之法律必须对其私法行为予以规范限制和行为约束。[④]但

[①]　陈龙：《财政行为范围的界定：政府比较优势领域》，载《学习时报》2010 年 3 月 1 日，第 011 版。

[②]　参见杨寅：《公私法的汇合与行政法演进》，载《中国法学》2004 年第 2 期。

[③]　参见谭启平、应建均：《"特别法人"问题追问——以〈民法总则(草案)〉(三次审议稿)为研究对象》，载《社会科学》2017 年第 3 期。

[④]　参见吴珊：《民法典法人分类模式之选择》，载《研究生法学》2015 年第 3 期。

是，并非所有的民法典都大量规定了公法人制度，①我国《民法典》也无需详尽规定机关法人制度，仅需揭示机关法人参与私法活动时，适用私法规范即可。非营利目的不是由民法典而是由公法或者民事特别法规定。在此，尚需要说明的是，即便机关法人是我国法人类型中的重要类别，但国家机关的主要活动范围不是民事领域，其目的主要在于实现国家管理社会的职能。因此，机关法人不应成为私法人的主要类型，但仍须遵守民法规则。

在学理上，机关法人的设定方式、设立依据、权利范围、活动形式等，都应当严格遵守预算法、财政法、私法等公法与私法双重规范与规定。②坚持机关法人肯定说，机关从事民事活动的范围为何？是否意味着能够从事法律所不予禁止的各项民事活动？实际上，机关法人在设立的依据和原则、组织结构、解散清算等问题上与私法人均存在重大差异。进言之，鉴于机关法人设立的公法目的、公益追求，其在为私法行为之余，同样应以公共目的为终极诉求。与此同时，应严格禁止机关法人从事"为履行行政职能"以外的民事营利性活动。但时至今日，《民法典》并未对机关法人的私法行为边界做出规定，以致只能依赖理论通说解决目的范围外民事行为的效力问题。具体来看，机关法人的权利能力受法人自然属性的限制，与自然人的权利机理相同。更为重要的是，机关法人承载的是公法目的，其从事民事活动的目的同样是为公益目的服务。于是，机关法人的私法行为，要受到一些迥别于一般法人的特殊规定。例如，机关法人不以营利为目的、不得进行经营，③不能为私法利益经商等。④因为这与机关法人的业务活动无关，且这种活动容易造成不平等的市场竞争。另外，机关法人不得乱摊派、乱集资、乱收费。

---

① 参见罗昆：《我国民法典法人基本类型模式选择》，载《法学研究》2016年第4期。
② 参见马骏驹：《法人制度的基本理论和立法问题之探讨(中)》，载《法学评论》2004年第5期。
③ 参见范健：《对〈民法总则〉法人制度立法的思考与建议》，载《扬州大学学报(人文社会科学版)》2016年第2期。
④ 参见《国务院关于投资体制改革的决定》等。

再如，行政机关的契约虽适用一般的契约法规则，但毕竟行政机关代表公共利益，不能不对一般原则做出例外规定，所以，实际上行政机关在签订契约时，受到很多特别规则的支配，契约自由原则受到很大限制。①国家机关向企业、农村社队和公民个人摊派、集资、收费等，如果是依照法律或国家计划进行的，则属于一种行政活动，否则，就是一种民事活动。②此外，机关法人原则上不具有作为保证人的权利能力、③不享有名誉权，等等。

从权利能力与行为能力的关系角度看，行为能力的基础在于权利能力，后者强调主体资格问题，前者决定主体能否自己作为。权利能力的限制，必然体现在行为能力之中。作为法人的一种类别，机关法人在财政主体之外，也是一种民事主体，同样受行为能力的限制。也就是说，机关法人虽有民事行为能力，但同时也要受制于民事权利能力。例如，不得提供担保行为、不应向生产经营领域投资，等等。除此之外，机关法人还受到机关机构级别、职责权限与任务等的约束，不具有完整意义上的意思能力。例如，根据《物权法》的规定，机关法人大多不能直接支配其财产，以此防止国有财产的流失。

二、机关法人的预算约束机制

在理论上，财政分配的强制性和无偿性，决定了财政支出必须以法律为重要依托，以强制力为保障。欲约束和规范机关法人的财政行为，便要求依法理财，使财政工作实现有法可依、有法必依、执法必严、违法必究。而最为重要的是，从预算层面对机关法人行为进行规范"约束"与"松绑"，实现机关法人财政支出的预算约束机制。④经由法定程序审核批准，财政预算具有法律效力。"如同政府购买办公用品、专

---

① 参见王名扬：《英国行政法、比较行政法》，北京大学出版社2016年版，第184页。
② 参见江平主编：《法人制度论》，中国政法大学出版社1994年版，第63—67页。
③ 参见《民法典》第683条第1款规定。
④ 参见李民吉：《政府财政绩效约束机制探讨》，载《中央财经大学学报》2007年第1期。

业设备一样，凡是政府财政支出，都应有严格的预算计划，并在执行中受到监督。"①进言之，预算即政府收支计划，是按一定标准将政府的收入与支出分门别类到指定表格，使人们能清楚了解政府的财政活动。机关法人支出作为财政行为的一个部分，是以财政资金的流动为核心的民事活动，必须纳入政府预算，才能付诸执行。必须编制预算，继而按照财政资金的管理要求，进行资金申报、请款拨付等。②

财政支出的预算编制是预算管理的起点。针对财政资金使用效益不高、预算不够规范、预算软约束等问题，我国实施了部门预算编制改革。不论是政府采购制度的执行，还是国库集中支付的实施，都要以编制好的部门预算为基础。之于部门预算，其在编制时，各部门支出分为基本支出和项目支出两类，相应地部门支出预算由基本支出预算和项目支出预算构成。其中，前者主要是人员工资、水电费等部门基本运转的支出，后者主要是人员的支出，属购买性支出或消耗性支出，机关法人进行民事活动的支出便属此类。在程序上，部门预算采取自下而上的编制方式，编制程序实行"二上二下"的基本流程，采购预算的编制与此同步进行。因此，要全口径编制机关法人进行活动的预算，便要将其作为部门预算的重要组成部分，一并推进。不管是全部还是部分使用财政性资金，都要将采购项目和其他民事支出项目纳入部门预算，从而增强部门预算的硬约束，严格控制机关法人私法活动的边界。

不过，我国的部门预算编制尚有诸多问题，比如部分采购预算与部门预算脱节、预算编制不全不细，项目资金用途随意改变、超标准采购等现象时有发生。就国库集中支付而言，其以国库单一账户体系为基础，将所有财政性资金都纳入国库单一账户体系管理，支出通过国库单一账户体系支付到商品和劳务供应者或用款单位。实施"直通车"式的国库集中收付制度，形成了管钱、拨钱、花钱三个环节的相互监督制约

① 正泽：《政府购买公共服务应纳入政府采购》，载《人民日报》2014年8月13日，第018版。
② 参见贺巧知：《政府购买公共服务研究》，财政部财政科学研究所2014年博士学位论文。

机制，以提高财政资金的使用效益。机关法人资金从国库直达民事主体，而不经过各级预算单位的层层转拨，不仅提高了政府采购资金的使用效率，而且能有效减少腐败问题的发生。但是，目前的国库制度与预算会计体系相一致，国库根据预算会计制度，通过银行结算系统把预算资金层层下拨给用款单位。国家的一切预算支出一律凭各级财政机关的拨款凭证，由国库统一办理拨付，因而现行国库制度的有关规定，与政府采购资金的直接支付相矛盾。相较于传统的分散式的国库收付制度，国库资金的流经程序多，只要有资金管理权的单位都要经过，导致资金的在途时间长，使用效率不高，而国库集中支付制度则大幅度提高了财政资金的使用效率。为此，要改革总预算会计制度，在预算资金支付制度改革的基础上，应设计新的支付凭证，增加"拨付所属资金"会计科目，进行拨作支核算，对招标采购过程中发生的标书制作费、代理费等，以"政府采购成本"科目进行核算反映。①建立国库集中支付制度是强化公共支出管理的最终环节，是对财政资金支出的最终把关。②

从总体上看，就是将全部财政资金纳入预算体系，堵塞财政资金管理漏洞，硬化预算约束。为此，机关法人从事私法活动时支出，便要做到：其一，恪守预算编制的完整性，将机关法人的财政收支整体纳入预算管理。必须依照《预算法》的规定，机关法人不能使机关法人收支游离于部门预算之外，通过政府预算法治化来促进财政行为法治化。其二，坚持预算执行的规范性。程序是以多数人和多元利益并存为基础的社会调整机制，机关必须在程序上符合规范，在实体上符合权限，遵守预算法定原则，不能肆意发挥。预算的编制、执行、调整、监督等每个环节，都必须依法而行。其三，坚持预算执行管理的严肃性。要求重大财政支出须于法有据。体现为：在财政预算管理、资金分配等核心流程上，必须建立决策、执行、监督的相互制约和相互协调的财政

---

① 参见裴赓：《公共财政框架下的政府采购问题研究》，财政部财政科学研究所2011年博士学位论文。

② 参见刘尚希、杨铁山：《政府采购制度：市场经济条件下加强财政支出管理的中心环节》，载《财政研究》1998年第4期。

支出约束机制。①财政支出要恪守法律保留原则，支出预算的决策权、审批权、执行权等政府权力，要符合预算法、财政法等的规定。当然，还要建立财政资金使用管理的约束与激励机制，比如按照商业会计的核算方法，建立支出规模、支出结构、支出产出效益等一系列指标体系。

此外，关于机关法人的预算管理约束，尚需注意的是，预算是财政支出活动的基础，应从预算角度，细化政府购买公共服务的部门预算，使政府从部分公共服务任务中抽身。在政府购买公共服务的预算编制、预算审议、预算执行的整个过程中，既要强调财政支出的遵从绩效，关注过程的合法性、民主性，也要更多地关注和考虑政府购买公共服务财政支出的配置效果和产出效率。深究之，预算是财政活动的核心，在财政支出预算编制中，是一个众多公共权力机构合作、交换、妥协等权力博弈的过程。政府采购权力是一种公权力，它的行使必须以公共利益为目标。因此，要强化监督机制，为政府采购提供有效的权力制约，防止政府采购权力异化。②因此，要在不同预算编制机构之间，合理配置预算编制权力，实现权力的协调与制衡。实行财政问责制，强调未依法律规定从事的财政行为不具有合法性，相关主体都应当承担相应的法律责任。基于政府购买公共服务预算决策的重要性，以及行政机关的优势，行政机关在预算编制过程中应居于主导地位。但财政部门在掌控购买公共服务预算编制的同时，也要注重与支出部门在预算编制过程中的互动。当然，政府购买公共服务财政支出的顺序，也受到法律、经济、社会等多种因素的影响，而基于财政法治的目的，不能放任权力机构纯粹凭借主观意愿安排支出顺序，有必要科学确定支出顺序的规则，合理安排财政支出，以充分保障市场经济条件下财政职能的实现。③

---

① 参见卞彬：《地方财政支出的偏向与制度约束》，载《现代经济探讨》2016年第6期。
② 参见肖艾林：《基于公共价值的我国政府采购绩效管理创新研究》，吉林大学2014年博士学位论文。
③ 参见蔡欣欣、盖彦芳：《政府购买公共服务财政支出预算编制的法律保障》，载《改革与战略》2014年第9期。

概言之，财政资金支出的分配和使用过程，同时也是利益格局调整的过程。为了保证预算的严格执行以及所有相关财政财务信息的透明度和真实性，确保政府依法履行财政受托责任，加强对支出全程的监督，应尽快建立健全财政部门内部审计与独立审计机构外部审计相结合的支出监管体系。①进言之，要优化政府采购绩效管理业务流程管理模式，减少重复审批，重复采购，比如建立健全政府采购绩效管理的各方面制度，合理选择采购运行方式，提高政府采购绩效管理的能力和水平。

三、机关法人的财政绩效评价机制

在民主法治社会，财政收支的制度构造包括以下几点：其一，实现财政收支的完整，使政府收支等同于财政收支，让政府的各项事务都能在一个公开统一的财政框架下展开；其二，不应再以财政收入为重心来"以收定支"，而要更加关注"财政支出"；②其三，提高财政收支的效率，强化对各类财政支出项目的绩效考核。③在公共财产法的视域下，财政的支出功能就是要把有限的财政资金以最高效的方式配置到公共领域，以满足公共需要，实现基本公共服务均等化。④提高财政资金的使用效益，就是绩效评价的题中之义。

从机关法人的设置初衷来看，其设立的根本目的，就在于以法人化方式实现部分公共行政职能。从资源的最优化配置角度考虑，法律将部分权利能力赋予国家机关和职能机构，不仅是绩效目标所致，更为重要的是，机关法人化最终将满足社会公共需要，进而实现公共福祉的最佳供给。⑤概而言之，机关法人作为间接行政的组织载体，"机关法人化"

---

① 参见马骁、范凤山：《我国财政支出制度的缺陷及修正》，载《财经科学》2004年第4期。
② 参见熊伟、王宗涛：《收入还是支出：预算法的规制重心解析》，载《安徽大学法律评论》2010年第2期。
③ 参见王庆：《论现代财政与公共财政——兼述我国现代财政制度的构建》，载《当代财经》2014年第10期。
④ 参见陈思霞：《政府信任的来源：来自财政支出干预外生冲击的证据》，载《财贸研究》2016年第4期。
⑤ 参见朱俊：《再论族格——从民族的公法人地位展开》，载《广西民族研究》2017年第1期。

之于提升政府施政效率，同时确保公共任务的妥善实施，大有裨益。具体就财政绩效评价而言，它"包含支出和收入绩效评价，旨在追求公共财政的公信力，体现评价的价值理性与工具理性"。[①]财政绩效评价也属于财政监督的范畴，是对预算编制、执行环节的监督。可以说，没有财政绩效评价及其结果的正确适用，提高财政资金使用效益的目标就会沦为空谈。具体就机关法人的财政绩效评价而言，机关法人支出行为作为财政支出的重要部分，亦是绩效评价的重点对象。从理论上看，"经济理性论"倡导经济效率，而作为一种制度安排，机关法人行为主要是对公共资金的使用，力求实现资金效用的最大化。因此，在对机关法人支出时，要考虑如何提高财政资金的使用效率，而财政支出绩效评价就不失为其中的一项重要选择。更何况，机关法人"为履行职能需要进行民事活动"的资金来源于财政资金，而财政性资金的主要来源是税收收入，因而纳税人也要求提高财政绩效。深究之，机关法人在进行民事活动之时，连接着公法主体与私法主体，具有公、私法的双重属性，其绩效管理是"公"与"私"的利益联结。

在学理上，财政支出绩效评价具有主体的多元性，包括权力机关评价主体、财政部门内部评价主体、社会评价主体等，客观上要求建立机关法人财政支出绩效评价机制，协调各绩效评价子系统的功能和作用的发挥，减少和避免各评价主体的摩擦与冲突，使各评价主体相互配合、相互制约，形成结构合理、功能互补与和谐统一的政府采购绩效评价主体体系。从实践来看，开展财政支出绩效评价已成为我国政府支出管理改革的必然要求，各级财政部门成立财政支出绩效评价专门机构，建章立制，不断扩大绩效评价范围。但是，受制于"官本位"思想的历史影响，目前绩效评价工作尚处于试点推广阶段，范围不广，绩效评价指标体系并不完备，难以对财政支出的绩效做出全面的评价。

之于财政支出绩效评价的核心，是通过制定财政支出的绩效目标，建立财政支出绩效评价体系，逐步实现对财政资金从目前注重资金投入

[①]　郑方辉、廖逸儿、卢扬帆：《财政绩效评价：理念、体系与实践》，载《中国社会科学》2017 年第 4 期。

的管理转向对支出效果的管理。在现代政府公共活动的管理中，以结果为导向的支出绩效管理，在整个政府支出管理中占有重要地位。[①]因此，要建立系统化和规范化的绩效评价机制，把外部市场和公众引入绩效管理的评价系统，使其成为评价主体，并采用先进的评价技术。例如，美国的财政支出评价包括部门绩效评价和项目绩效评价、澳大利亚联邦政府实施公共支出绩效评价制度。

要提高机关法人财政支出效率，就应充分考虑到服务项目的规模收益、尽量扩大服务购买范围、增加享受服务人员数量、充分考虑服务的满意度。[②]因此，在原则上，要坚持服务政府职能、规模适度、社会效益、合法性等原则。[③]在路径上，应实施以"过程＋结果"为导向的财政公共支出绩效管理模式，其中过程导向管理指向预算实施的全过程，结果导向管理主要针对绩效目标的设定、审核和评价。[④]预算单位的法人作为受托人，必须接受财政部门通过绩效评价来评估其绩效目标是否达成，进而通过问责实现预算管理效率的回归。进言之，基于现实的考虑，可采用以人大作为评价主体、第三方作为实施主体的评价组织模式，以及包括前期准备、过程监管、目标实现、社会满意等四项一级指标的相对统一的评价模型，即由人大主导、政府部门协同、第三方实施的财政绩效评价新模式。同时，需要构建"政府—人大—公众"相互制衡的财政预算外部专业化制衡机制。此外，需以绩效预算管理为重点，让公众参与预算过程，建立公众参与财政监督的长效机制，提高财政透明度。[⑤]无论是预算编制，还是预算执行、决算及审计全过程，都需要公众的广泛参与。唯有如此，机关法人行为支出才有科学合理的绩效评价体系，亦能更好地维系机关法人正常的私法活动。

---

① 参见谢国财：《财政支出绩效管理：内涵、问题及对策》，载《中共福建省委党校学报》2012年第12期。
② 参见钱海燕、沈飞：《地方政府购买服务的财政支出效率评价——以合肥市政府购买居家养老服务为例》，载《财政研究》2014年第3期。
③ 参见李欣：《财政绩效评价的原则和指标体系》，载《岭南学刊》2007年第4期。
④ 参见梁素萍：《财政公共支出绩效管理模式研究》，载《湖南社会科学》2014年第3期。
⑤ 参见许正中、刘尧、赖先进：《财政预算专业化制衡、绩效预算与防治腐败》，载《财政研究》2011年第3期。

第五章

机关法人的责任(能力)反思

　　法人概念究竟应如何构造，包括独立责任是否应是法人的本质特征，一直处于争论之中。①机关法人在"为履行职能需要进行民事活动"而需要承担民事责任之际，是否要严格遵守法人独立性，政府是否需要为其部门的责任兜底，上级政府是否要为下级政府的责任承担补充责任或无限责任，若发生重大民事交易活动，机关法人该如何处理? 凡此种种，皆需深入研讨。从财政法的角度看，机关法人责任内含财政责任和民事责任，既是一种民事责任，同时也是一种财政责任。承担民事责任的过程，便是财政支出的过程。机关法人原则上要独立承担责任，但由于机关法人受到预算法、财政法等公法的约束，财产和责任均不独立，故而在财力不足时，可由上级政府和国家承担补充责任。鉴于此，本章从理论上对责任进行解构，旨在回答"为什么要承担责任""如何实现责任"等问题，从而实现机关法人责任的规范构造。

---

　　① 　学理上，关于法人是否应当以独立承担责任为条件，一直存在"肯定说"和"否定说"的争议。参见梁上上:《中国的法人概念无需重构》，载《现代法学》2016 年第 1 期；柳经纬:《民法典编纂中的法人制度重构——以法人责任为核心》，载《法学》2015 年第 5 期。

第一节　机关法人责任的独立性审视

按照传统法人理论，机关法人作为一种团体构造，必然要遵循责任独立性的基本要求。但是，在单一制政体之下的中国，机关法人责任是否必然独立？公法学界与私法学界的观点未必完全一致。按照常理，机关法人实施了损害民事主体的侵权行为，或拖欠债务，理当承担民事责任。实质而言，民事责任就是一种财产责任。从财政法的角度观测，机关法人责任是民事责任和财政责任的统一，在此语境下，就更有必要澄清和说明机关法人是否为独立的责任主体了，因为公法理论与私法法人理论的立论基础和法理依据有所不同。

一、机关法人并非一个独立的责任主体

作为一种财产，无论财产属于国家所有还是私人所有，损害财产的行为均应承担法律责任，这是一条公理性原则，但承担何种法律责任不是凭空捏造，而是取决于其法律依据，要考量国家的立法政策。从责任的归属角度看，国外公法人实施民事法律行为给其他主体所造成的损害等由自己承担责任。但在我国，由于上下级政府之间的隶属关系，公法人因贯彻或执行上级政府的命令、指示等而造成的损害由上级政府承担责任。在国家机关内部关系上，存在权力机关的责任缺位、对行政机关的责任追究不到位、对司法机关的责任追究力度不够等问题。对于权力机关而言，权责不平衡主要表现在权力机关忽于行使权力，却并不需要承担责任。权力机关最重要的两项权力是立法权和监督权，但其实际运行并不理想。这表现在全国人大常委会没有真正行使立法权，解释宪法和法律的权力在实践中极少行使。[1]

---

[1]　参见王晓烁：《国家机关权责平衡问题研究》，中国商务出版社 2006 年版，第 84 页。

　　国家机关要保护人民的权利，就须拥有足够的权力，承担相应的责任。统观我国实证法的规定，许多政府机关和法定机构都是机关法人，在其为私法行为时，实践中部分机关法人会出现债务不能清偿的民事问题，如拖欠修建办公大楼的债务。按照传统法人理论，法人的责任独立性意味着法人成员的有限责任。依此推论，机关法人应当独立地承担私法债务，而作为机关法人设立者的国家，只在财政预算范围内承担民事责任。尽管此种观点不论是在学理上还是现行立法中，均可找到直接的法律依据，但与我们实证法相悖。

　　第一，从学理上看，机关法人的财产来源于国家财政拨款，收入上归国库，支出由国家财政预算负担。在此种情况下，以实有财产和财政经费来承担私法责任，实际上就意味着其利尽归国库，而"害"却由机关法人承担。此种权义配置，于债权人而言，相当不公。更何况，机关法人的司法裁判行为、行政管理行为、社会文化行为等均以国家或政府的名义作出，法律后果也尽由国库负担。这与公司法人从事私法行为完全不同。于是，将机关法人之私法责任限定在国家财政拨款和实有财产之内，确实有悖法理。第二，《民法典》只是规定了法人责任独立性，但却没有规定用何财产承担私法责任。根据《国家赔偿法》第 29 条、《行政诉讼法》第 69 条等的规定，国家赔偿的赔偿义务人为国家机关，但赔偿费用却由国库支付。这充分说明，机关法人承担财产责任并不以自身实际支配的财产为限，其设立者的责任并非有限责任。机关法人对自己行政行为所负的责任，是一种行政责任。从实质上讲，行政赔偿责任是一种财产责任，而且从根本上其还是一种民事责任。其三，从域外公法人制度的角度看，并没有严格限制法人的责任承担者，责任承担形式多样，因此，如果公法人的设立者只承担有限责任，则有悖法律和法理。作为公法人的一种，机关法人与其原理大致相同，均不要求责任独立性。[1]

---

　　① 参见任尔昕：《我国法人制度之批判——从法人人格与有限责任制度的关系角度考察》，载《法学评论》2004 年第 1 期。

深究之，机关法人责任的规定不够具体，或流于形式。例如，在财政法领域，往往重于规定相对人的责任，而疏于规定国家机关的责任。国家机关的一些违法行为，没有相应的责任作为惩戒，或是只有宽泛的原则性规定。例如，在《税收征收管理法》中，对于纳税人的责任规定得较为详尽，比较有可操作性，但对于税务机关及其工作人员的责任绝大多数只有模糊的"给予行政处分"等。这种规定的责任是较为抽象的，操作的空间过大。同时，对于纳税人的责任有过重之嫌。比如，《税收征收管理法》对于纳税主体的税收违法行为基本上都规定了经济责任，但其存在的问题是罚款太严厉，一般为 0.5 到 5 倍的罚款，罚款幅度的裁量性也过大。此外，对于纳税人的责任追究，有《行政处罚法》等作为依据，但对于国家机关的追责，法律通常没有规定具体的查处程序，可操作性不足。比如，对于违背预算法规定、改变预算收入上缴方式的国家机关，法律规定应"责令改正"，但由谁责令、如何责令、责令无效如何处理等问题，都付诸阙如。从现实情况来看，无论是人大常委会、财政部门还是审计机关，也都罕见有针对国家机关追究责任的实例。如在预算监督中，人大及其常委会很难启动特别调查程序，人大代表或组成人员的询问、质询权也没有起到应有的作用。[①]

二、机关法人责任非独立的审思

按照通说，法人是一个强调人格独立、财产独立和责任独立的法律主体，[②]我国民事立法的规定便是基此主张。法人的人格独立，意味着法人与其组成人员人格的法律分离。不过，"在权利主体与独立责任的关系上，权利主体并不一定独立承担责任"。[③]统观各国法人责任形态，责任独立并非法人人格独立的必然，没有国家将责任形态限定为独立责任。同样地，历史发展亦表明，法人人格独立并不等同于法人责任

[①] 参见刘剑文等：《财税法总论》，北京大学出版社 2016 年版，第 296—298 页。
[②] 参见王利明等：《民法学》，法律出版社 2006 年版，第 70—71 页。
[③] 梁上上：《中国的法人概念无需重构》，载《现代法学》2016 年第 1 期。

的独立。就责任形式而言，虽涵盖民事责任、刑事责任、行政责任等，但机关法人责任主要指向民事责任。整体观之，机关法人有两种意义上的民事责任：其一，外部责任，强调对外独立承担民事责任；其二，内部责任，法人责任在内部的配置与分担。深言之，独立责任体现为：法人组织之间财产责任的独立、法人与其成员责任的独立、法人与其管理人员、工作人员责任的独立。

在法人的责任承担上，其民事责任是一种独立责任，但独立责任必然意味着法人成员的有限责任。①严格意义上讲，独立责任是独立人格的逻辑产物，但它并不否认法人成员的有限责任。其实，关于法人本质理解的不同，造就了法人独立责任观点的各异。"实在说"和"拟制说"都不必然要求法人独立承担责任，根源在于，"实在说"判断法人人格的唯一标准是团体性，独立责任并非团体性必不可少的要素。同时，立法者可能也倾向于法人承担有限责任。②不过，"拟制说"与"实在说"是针对私法人而言的，不能适用于公法人。此外，法人承担独立责任并不是法人独立责任制度内容的全部，法人独立责任制度不否定在特定情况下，股东还应当对法人行为承担无限连带责任。③即法人人格否认制度(有限责任型法人人格否定)。但是，法人在人格构成上是否以独立责任为必要，以及独立责任是否一定与有限责任相连则是破解机关法人现实困境的关键，须加以厘清。

通览法人的历史演进，独立责任与有限责任之间并非对应的关系，只不过占据主导地位的是责任独立型法人罢了。也就是说，法人责任既可以独立，也可以不独立抑或半独立，以及补充责任。④根本而言，责任独立型法人只是意味着，独立主体应以其全部财产对外承担私法责任，法人成员与此无关紧要，与法人格资格的取得和责任独立性均无联

---

①　参见任尔昕、王肃元：《我国法人民事责任制度之检讨》，载《政法论坛》2002年第2期。
②　参见黄忠：《法人本质理论及其制度构建的关联分析》，载《甘肃政法学院学报》2009年第3期。
③　参见赵艳芳：《法人民事责任若干问题研究》，吉林大学2004年硕士学位论文。
④　参见虞政平：《法人独立责任质疑》，载《中国法学》2001年第1期。

系。①而有限责任的存在目的，仅在于减少投资风险，促进发展。统观法人的制度演进史，人格独立与有限责任之间也没有必然关系。从各国立法实践可知，实行公私法划分理论的大陆法系国家，大多未将独立责任抑或成员的有限责任作为法人的设定标准或者法律特征，如法国、日本等。在苏联，1922 年《苏联民法典》和 1964 年《苏联民法典》虽将国有企业等法人的独立责任限定在其所拥有的财产，以此切断国家可能承担的无限责任。但是，从计划经济转向市场经济之后，《俄罗斯联邦民法典》转变立场，强调法人责任形式的多元化，比如法人成员要承担补充责任。综上，世界大部分国家的立法或司法判例承认，法人独立责任并非法人承担责任的唯一形式，法人成员的有限责任也非法人的共同特征。例如，"行政机关法人不应对资产负债增减变化负责"。②

民事责任主要是一种财产责任。法人责任的承担，以是否拥有财产和有多少财产作为认定前提和基础。在我国的各类法人中，有的法人没有自己独立财产，也无法由其独立承担责任。就机关法人而言，我国民事立法虽承认"机关法人肯定说"，但正如前文所证，其只是人格的独立，财产和责任均不独立。毕竟在国家机关和承担行政职能的法定机构中，并不是所有的单位都如后者拥有充足的财政资金。在学理上，倘若机关法人的设定者和成员的责任仅限于有限私法责任，只是在预算资金的范围内承担责任，这将与我国的国家理念与法理不相吻合。同理，国有财产的唯一性，也决定了国家(国库)承担补充有限责任的必要。③因此，作为公法人的国家机关应对自己的债务承担无限责任。④法人独立责任不同于法人责任形态，二者之间没有必然联系。一言以蔽之，机关法人制度不仅具有经济功能，还有实施监控社会团体的政治功能，为了

① 参见王春梅：《潮流与现实悖反：我国机关法人之定位与重构》，载《北京行政学院学报》2016 年第 3 期。
② 朱健侨：《行政机关法人不应对资产负债增减变化负责》，载《中国审计报》2010年 6 月 23 日，第 007 版。
③ 参见余志勤：《略论我国国家的法人资格及其特征》，载《法律科学(西北政法学院学报)》1995 年第 1 期。
④ 参见任尔昕、王肃元：《我国法人民事责任制度之检讨》，载《政法论坛》2002 年第 2 期。

实现机关法人主体法定主义与私法自治的充分协调，应该根据其公、私法人的不同品质确认其多元的责任形式。换言之，机关法人责任形态也是多元的，不仅包含作为其本质属性的机关法人独立责任，机关法人有限责任、无限责任、补充责任等责任形式同时也有足够的适用空间。

第二节　机关法人责任问题的具体展开

　　纵使机关法人的权利能力由公法所决定，但其兼顾公、私法的二元品格，在从事民事活动过程中是否要遵循民法的基本原理，就值得商榷。例如，机关法人的越权行为，对外是否一定无效？表见代理在机关法人的行为中如何体现出来？国家赔偿是民事责任吗？其实，机关法人责任中的越权行为、表见代理、破产、国家赔偿、强制执行等问题，从根本上就是机关法人的独立性和财政(公法)约束性问题，因此尤其需要展开予以深究。

一、机关法人的越权与责任承担

　　"越权是指法人的行为超出了其章程规定的目的范围。"[①]在机关法人语境之下，越权行为是否影响民事行为的效力？这种审批是一种民事行为抑或一种公法行为？法人必须有其目的事业，此乃法人与自然人区别的根本所在。目的划定法人的活动范围，于公法人构成权利能力的限制。[②]我国法律未见"法人目的"的言辞，只在营利法人的规定中使用"经营范围"的表述，如《民法通则》第42条。因此，学者常将"经营范围"直接对应域外私法中的"法人目的"。

　　按照行政法治原则，公法人不能从事其目的范围之外的活动。但我国法律对此规定似乎并不严格，许多机关单位从事经营活动，甚至出现

---

① 葛延民：《法人越权原则比较研究》，载《当代法学》2002年第5期。
② 参见朱庆育：《民法总论》，北京大学出版社2016年版，第467页。

过法院经营餐饮的奇特现象。对于公法人超出其目的范围的行为，其法律性质如何认定，学界也鲜有论及。①在行政法上，对执法主体的超越职权行为，有横向越权(空间越权)和纵向越权之分，如下级机关行使法律赋予上级机关行使的职权，便是纵向越权的具体体现。整体观之，从内容、程序上，看行政主体是否超越了法律权限，有无超越了法律规定的有效期限，以及看行为人有无权限，如行政机关行使了其他国家机关的职权。②

法人目的指向其行为范围，而行为范围首先受制于法人能力。在逾越法人目的的行为的问题上，早期英美法曾奉行越权规则，《日本民法典》第34条系继受了英国越权规则主张逾越章程目的范围的行为无效，是为法人权利能力限制的规定。③在我国，民国时期亦有学者受日本的影响，认为法人在特定目的事业之内始有其存在，故法人权利能力受目的范围限制。如今，英美的越权规则与日本的权利能力限制说均已被废弃。在英美，随着公司设立走向自由，商事经营的特权色彩亦日趋淡化。在此背景下，若是严格遵循越权规则，或将摧毁公司营业自由，或损害相对人利益与交易安全。于是，原本僵硬的越权规则不断软化。④日本主流学说放弃权利能力限制说后，部分学者以法人实在说为立论前提，转向行为能力限制说。随着《公司法》《合同法》的施行，我国亦有许多学者主张，经营范围限制的是法人行为能力。⑤英美放弃"越权规则"后，以普通法上的代理理论解决越权行为问题。日本亦有许多学者认为，法人目的限制代表人的代理权，代表人若实施目的范围外的行为，应适用无权代理规则。此等转向，实际上回归至德国法立

---

① 参见周友军：《德国民法上的公法人制度研究》，载《法学家》2007年第4期。
② 参见王保礼、刘德生：《对行政机关超越职权的认定》，载《法学杂志》1998年第4期。
③ 参见[日]我妻荣：《新订民法总则》，于敏译，中国法制出版社2008年版，第145—146页。
④ 参见朱庆育：《民法总论》，北京大学出版社2016年版，第468页。
⑤ 权利能力限制与行为能力限制的区别在于：在前者，"法人目的外的行为当然无效，无补正的余地"；后者则"并非当然无效"，"如果事后得到法定代理人的追认或后来取得了行为能力，则该行为因补正而变成完全有效。因此，法人目的外的行为似应视为一种未确定的无效"。参见梁慧星：《民法总论》，法律出版社2011年版，第128—129页。

场：公法人仅在目的范围内存在，但在私法人领域，法人目的与其权利能力无关。

之于将法人行为限制于目的范围之内的缘由，在于任何归属于法人的行为都必须由其代理人实施，因此，剔除仍需禁止的目的外行为，用意当在防止代理人擅权损害法人成员利益。这意味着，目的事业所限制的，其实是代理人以法人的名义实施的行为。既然如此，其所针对的就不是法人的能力，而是法人代理人对外实施的行为本身。为此，法人目的外行为的效力，应比照代理规则确定。相应地，法人与代理人之间的内部关系，亦比照代理授权的基础关系进行界定，由法人章程解决。①

法人的目的事业范围是典型的私法自治，具有鲜明的意定性和私法性。即便是公法人，在其进入私法领域时，仍然具有此种特点。②法人目的的设定，意在保护法人及其出资人、交易相对人的利益。权利能力与行为能力是两种不同位次的资格，权利能力只有辅以行为能力，才能实现权利设定的最终目的。法人目的的限制系对法人民事行为能力的限制，以法定代表人及代理人的行为为其外在表象。从保护交易安全的角度出发，不宜认定法人目的外行为绝对无效。③对法人目的的限制，理论界有权利能力限制说、行为能力限制说、代表权限制说、内部责任说等主要论断，④以及我国少数学者提倡的具体权利限制说、经营行为限制说等，⑤但相较而言，代表权限制说更具合理性。就法人与其代表人的关系来说，通过法定代表人、表见代理、内部责任等制度的运用，可合理区分法人行为与法定代表人的个人行为。总之，机关法人超过目的范围的私法行为，并非绝对无效，甚至多数时候是有效的。⑥

---

① 参见朱庆育：《民法总论》，北京大学出版社 2016 年版，第 473 页。
② 参见戴红兵、余光辉：《法人目的事业范围之检析》，载《现代法学》2001 年第 6 期。
③ 参见孙玉芝、姜兆林：《浅析法人目的外行为的效力》，载《法学论坛》2001 年第 4 期。
④ 参见梁慧星：《民法总论》，法律出版社 1996 年版，第 127 页。
⑤ 参见温世扬、何平：《法人目的事业范围限制与"表见代表"规则》，载《法学研究》1999 年第 5 期。
⑥ 参见杨代雄：《越权代表中的法人责任》，载《比较法研究》2020 年第 4 期。

二、表见代理中的机关法人责任

一般而言，表见代理是无权代理情形下为善意第三人提供积极信赖保护的一种制度，是对无权代理的矫正，"旨在调和私法自治与交易安全间的利益冲突"。①表见代理的构成要件包括：其一，欠缺代理权；其二，具有代理的法律外观；其三，代理的法律外观归因于被代理人；其四，第三人善意信赖法律外观。②从本质上看，表见代理属于无权代理，但与狭义的无权代理有着本质区别，其判断基准在于：相对人是否相信代理人具有代理权、本人与无权代理人之间是否有一定联系、责任的承担者不同。表见代理成立后，本人承担"授权人责任"，就无权代理人的行为向相对人负责。依照通说，表见代理的行为效果直接归属于本人，本人应当对善意第三人履行表见代理所产生的义务，即"本人对抗权承担授权人的责任"。因此，须考虑的是：其一，表见代理的构成中，是否应考虑被代理人的因素？即是否需要被代理人的可归责性？其二，如果应考虑，判断被代理人可归责性的标准是什么？如何将之具体化？③

"表见代理的构成，本人将受到其意思之外的约束，意味着本人不利益的附加，当然需要本人一侧的归责事由的支持。"④对表见代理要件的确定，是重构表见代理评判标准的前提。在现代民法上，《德国民法典》首次规定了表见代理制度，尔后《瑞士民法典》《日本民法典》等均设有此种规定，其中尤以《日本民法典》第 109 条的规定最为完整。关于表见代理的构成，不同的要件承载着非一般的功能，相对人的信赖合理性与本人的归责性分别肩负着不同的价值诉求。⑤例如，在法国法

---

① 吴京辉、金恩雨：《〈民法总则〉背景下商事表见代理的制度回应》，载《社会科学》2017 年第 9 期。
② 参见朱庆育：《民法总论》，北京大学出版社 2016 年版，第 369—370 页。
③ 参见朱虎：《表见代理中的被代理人可归责性》，载《法学研究》2017 年第 2 期。
④ 叶金强：《表见代理构成中的本人归责性要件——方法论角度的再思考》，载《法律科学(西北政法大学学报)》2010 年第 5 期。
⑤ 参见叶金强：《表见代理中信赖合理性的判断模式》，载《比较法研究》2014 年第 1 期。

中，表见代理的构成要件有二：存在代理权外观和第三人为"合理信赖"，前者表征代理权存在的可能性，后者则说明了第三人信赖代理权外观的真实合理。将"合理信赖"区别于"代理权外观"，作为独立的表见代理构成要件，是表见代理制度的显著特征。在德国法上，权利表见责任的适用须具备三个要件：存在代理权外观、代理权外观具有"可归责性"、第三人为"善意"。①其中，"可归责性"是为独立构成要件，法律效果在于"外观状态取代真实状态的地位"。对比两国法的差异，本质上是"本人利益"和"第三人利益"的平衡问题：德国法强调独立的"可归责性"要件，通过"扩张的民事责任"以切实保障"本人利益"；法国法建立了独立于民事责任的表见理论，以保护"第三人利益"。②可见，上述大陆法系国家均以不同方式确定灵活的"合理信赖"原则，赋予法官更多的自由裁量权，在一定程度上侧重于本人的可归责性要件。

在我国，学界常以《合同法》第49条为解释中心，争论的关键点为《合同法》第49条是否包含本人可归责性要件。在构成要件上，从"相对人有理由相信"中可导出可归责性要件。③从法条文义来看，"相对人有理由相信"并未排除本人可归责性要件，因为其文义范围比"相对人善意无过失"更为宽泛。④因此，表见代理构成要件主要有"单一要件说"和"双重要件说"两种观点，二者的根本区别在于，表见代理是否应该以被代理人过错为构成要件。以《合同法》的制定与颁布为界，之前主张表见代理的成立不以被代理人主观上有过失为必要条件；之后主张用"可归责性"取代"过错"作为"信赖保护"的构成要件，以平衡"动的安全"和"静的安全"。⑤

① 参见[德]卡纳里斯：《德国商法》，杨继译，法律出版社2006年版，第147—151页。
② 参见尹田：《论表见代理》，载《政治与法律》1988年第6期。
③ 参见杨芳：《〈合同法〉第49条(表见代理规则)评注》，载《法学家》2017年第6期。
④ 参见王建文、李磊：《表见代理判断标准重构：民商区分模式及其制度构造》，载《法学评论》2011年第5期。
⑤ 参见王浩：《表见代理中的本人可归责性问题研究》，载《华东政法大学学报》2014年第3期。

从功能上看，表见代理制度之意义在于维护交易之安全，注重本人利益的保护。我国立法并未采用德国法模式，司法实践也不以本人归责性作为表见代理的独立构成要件，"双重要件说"不符合我国立法的现实。然则，我国也并未采纳"单一要件说"的构成要件。事实上，关于表见代理的构成，我国《合同法》采用的是法国法模式下的"双重要件"。①借鉴法国法上的表见理论，将本人与外观事实之间的关联性内置于相对人"合理信赖"的因素，以此形成的"新单一要件说"，或许更符合立法目的以及司法现状。其实，无论是传统的"单一要件说"还是"双重要件说"，都是对我国表见代理构成要件的注解，只是各自所依循和选择的解释路径不同而已。与单一要件说、双重要件说相比较，以表见理论为基础的"新单一要件说"，在构造上令相对人的合理信赖包含了本人的关联性因素。这不仅克服了前者忽略被代理人利益的弊端，也避免了后者以民事责任为基础构造表见代理制度所造成的矛盾。尤为重要的是，"新单一要件说"符合我国《合同法》第49条及其相关司法解释和审判实践的做法，在方法论上仍属于法律解释，也更能填补法律漏洞。②

"表见代理制度中本人的可归责性是其承担责任的正当性依据，其特点是并不以主观过失为必要。"③至于表见代理的法律效果：于被代理人而言，依《合同法》第49条的规定，"该代理行为有效"；于第三人的效力，"该代理行为有效"意味着，第三人有权以代理行为当事人地位，请求被代理人承受代理行为效果、履行代理行为所生义务(同于有权代理)。问题在于，表见代理毕竟属于无权代理，第三人是否亦有权选择适用无权代理规则，在被代理人追认之前撤回自己意思表示，以及在被代理人拒绝追认时选择被代理人或代理人为请求权相对人？于代理

---

① 参见罗瑶：《法国表见代理构成要件研究——兼评我国〈合同法〉第49条》，载《比较法研究》2011年第4期。
② 参见冉克平：《表见代理本人归责性要件的反思与重构》，载《法律科学(西北政法大学学报)》2016年第1期。
③ 吴国喆：《表见代理中本人可归责性的认定及其行为样态》，载《法学杂志》2009年第4期。

人的效力：代理人擅以被代理人名义实施法律行为，致被代理人被迫承受行为效果时所生的损失，被代理人有权要求代理人赔偿。请求权基础或存在于双方的基础关系，或存在于侵权责任法。①

需要考虑的是，对于表现代理中的表见代理或狭义无权代理的选择权，相对人是否有权主张？在本质上讲，表见代理属于无权代理，故发生表见代理后，相对人可以选择成立表见代理或无权代理。不过，无限制的赋予相对人以选择权，虽有助于保护善意相对人的利益，但与有权代理相比较，此时的相对人更为有利，于代理制度的设立初衷、私法正义和交易秩序不相吻合。鉴于此，有学者主张，在保留相对人选择权的基础上对其选择做出严格限制。②对此，本人、行为人、相对人三方关系只要满足上述表见代理的几个构成要件，便可成立表见代理，使之发生与有权代理相同的法律后果，而不应当在法律上赋予相对人以选择权。③这些同样适用于机关法人。

至于机关法人中表见代理的责任，其依据应在于维护交易安全、信赖原则的适用。其适用范围包括：其一，目的外有代表权行为：无论第三人善意还是恶意，其与法人间的行为皆为有效；法人无第三人恶意抗辩权。其二，目的外无代表权行为：就法人与第三人的关系来说，应依表见代理的法理，保护善意第三人的利益。当第三人为善意时，不应赋予法人以追认权，而应赋予第三人选择权。当第三人为恶意时，法人得以恶意抗辩权主张该行为对其无效。④

三、机关法人的破产问题

在单一制的中国，机关法人在支付不能时是否可以破产还债？以地方政府为例，其是否具备破产还债的法律能力？地方政府破产还债有何

---

① 参见朱庆育：《民法总论》，北京大学出版社 2016 年版，第 370—373 页。
② 允许相对人在表见代理和无权代理间作出选择，但相对人仅可选择一次。倘若相对人以表见代理为由向本人主张授权责任后，其选择权的行使即告终结。反之亦然。
③ 参见张海燕：《简论表见代理》，载《政法论丛》2002 年第 2 期。
④ 参见赵艳芳：《法人民事责任若干问题研究》，吉林大学 2004 年硕士学位论文。

法律后果？进言之，地方政府破产还债是否意味着地方是一个完全独立的财政主体，中央对地方债务不负任何法律责任？在司法实践中，我国却坚持机关法人不能破产的原则，《企业破产法》将破产制度适用主体限定为企业法人，[①]而且大部分国家和地区均规定公法人不适用破产程序。毋庸讳言，为了保障行政管理职能的行使和公共行政职能的实现，原则上机关法人不具有破产能力。不过，更为重要的是，机关法人能否破产，取决于法律的明确规定。同样地，对于不具有破产能力的机关法人，其债务的处理问题，也应当由法律做出规定。例如，债台高筑的地方政府，欲解决此一问题，须先从法律上确认作为机关法人部分的县、乡镇、村是否具有破产能力。而在没有破产能力的语境下，国家就需要设置相应的救济机制，比如由国库承担兜底责任。但是，对于层级较高的机关法人，法律可以规定允许其进入破产程序，机关法人的法定代表人也有申请破产的义务，从而充分保障债权人的利益。在国外，地方政府破产确实并不鲜见。例如，美国自1937年以来已有600个城市申请破产，2008年金融危机以来也约有15个城市申请破产。[②]迄今为止，我国没有实行地方政府破产制度，似乎缺乏对地方政府债务风险把控的"杀手锏"。之所以金融危机容易引起"政府破产"，主要在于政府债务规模的庞大、规模结构欠合理，政府外汇储备不足，难以应对债务危机。[③]

政府破产的目的并不是剥夺政府的"法人资格"，而是为了让政府真正摆脱财政危机，不至于因公共财政收支陷入某种恶性循环而不能自拔。因此，政府破产既能提升作为债务人的地方政府的财政可持续性，也能刺激一系列预防破产制度的建立，给予债权人公平的债务索偿权，保护债权人利益。[④]进言之，地方政府破产本身属于地方财政破产，仅

---

① 参见许中缘：《论法人的独立责任与二元民事主体制度》，载《法学评论》2017年第1期。
② 参见刘立峰：《中国的地方政府能否破产》，载《中国经济时报》2013年8月26日。
③ 参见吴金友、秦侃：《金融危机中"政府破产"的风险分析及其对我国的启示》，载《金融与经济》2009年第10期。
④ 参见李晓新：《试论地方政府债务的破产法律解决机制》，载《学海》2012年第6期。

仅是地方政府失去清偿债务的能力，并不等于政府职能破产。这与企业破产有所不同，地方政府破产以后政府照常存在，继续履行自己的职能。破产之后，政府没有多少选择，要大幅度节省办公经费以还债，上级政府不担责。①同样不同于企业破产的是，地方政府不宜适用破产清算程序。破产的范围并不限于终止清算，还包括债务重整。政府破产并不需要进行终止清算，只需要进行债务重整。构造地方政府债务的破产法律机制，就是以地方政府债务偿清、公共服务供给正常为标志的地方政府财政重建过程，它包括破产启动、财政调整与债务重整、破产终结三个阶段。在财政调整和债务重整的基础上，终将恢复地方政府的财政可持续性。

地方政府破产仅是机关法人破产中的一种类型。从各国破产法的立法体例来看，大体包括三种：其一，在商人破产主义体例下，破产法只适用于商人，多数国家并不针对地方政府制定独立的破产法；其二，在一般破产主义体例下，其适用范围不仅包含商人，亦适用于非商人，该立法例多以破产法为独立法典，且涵盖了地方政府这一主体；其三，在折中主义立法模式下，商人与非商人均得适用破产法，但要分别适用不同的破产程序。统观现代法治国，多数国家采用一般破产主义。在此种破产立法中，地方政府位列其中。例如，美国《破产法》第九章就是关于"市政府债务的调整"，指明美国市政机关适用破产法的相应规定；日本的《破产法》同样涵盖了自然人和法人，对于包含地方自治体的公法人，不论其公益性几何，当它陷入债务危机、支付不能时，必须肯定其破产能力。其实，破产是一个经济概念，市场体系内的个人、企业和政府都可以破产。破产不仅是对负债主体的保护，对债权人也是一种保护。之于我国，目前只有企业破产一说，自然人和政府尚无破产一说，但从长远来看，设立政府破产制度均为题中要义。

在破产启动阶段，破产发生条件在不同的国家有着不同的规定抑

---

① 参见薛洪涛：《美国史上规模最大政府破产案解读》，载《法制日报》2011 年 11 月 12 日，第 008 版。

或差异。对于破产申请人，只要是债权人均可起诉申请市政府破产，如南非和匈牙利。另外，有的国家地方政府也可以自行申请破产，如美国。在破产受理方面，大多数国家将地方政府破产的受理设在法院。如匈牙利、美国。①至于破产标准，各国规定不尽相同。从法律意义上讲，地方政府破产并不意味着地方政府就完全不具备偿债能力，也不意味着仅有政府破产路径可选。综合各国的情况来看，一般都会设定一定的衡量指标，比如财政赤字率、偿债率等，以便评判政府财政的危机程度。

机关法人是管理社会的团体，承载着管理社会的职责。是故，机关法人一般都不具有破产能力。反观域外国家，在德国法上，公法人多数都不具有破产能力，具体包括：联邦、州、乡镇、乡镇联合体、公法上的金融机构、公法性质的广播电台和电视台等。德国只有少数公法人具有破产能力，如律师协会、工商业协会等。根据《德国民法典》第89条和第42条的规定，公法人的董事有义务申请该公法人进入破产程序，否则要对债权人因迟延申请所造成的损害承担责任，但适用的前提是公法人具有破产能力。②再如，在南非，当地方政府出现财政危机时，首先利用行政手段干预，一旦恶化为破产，则采取司法手段。在日本，并未确认地方政府财政破产法制。但地方政府在陷入财政破产危机时，《地方财政再建促进特别措置法》设置了财政重建团体制度，地方政府被认定为财政重建团体，可以代表地方政府破产。

在美国，以法律形式确定了政府破产，并将其写入美国《破产法》。其中，第九章专门规定了可以提出破产申请的地方政府的条件，明确指出了哪类地方政府在何种状态下可以申请政府破产。根据规定，地方政府申请破产需要满足以下条件，才有提交破产申请的主体资格：第一，申请主体必须为地方政府，但联邦和州政府不在破产之列。具体

---

① 参见李琦、王亮：《地方政府破产与财政重建的一般过程分析》，载《社会科学战线》2011年第5期。

② 参见周友军：《德国民法上的公法人制度研究》，载《法学家》2007年第4期。

包括"政治性分支"和"州的公共设施当局",前者包含市、县、乡镇等地方政府,后者有桥梁管理局、高速公路管理局等实体,①其定义范围广泛,涵盖了所有的地方政府。第二,地方政府须得到州的特别授权。②在破产期间,美国地方政府较之其他的破产主体,受到很少的限制,享有更多的自治权。③第三,地方政府资不抵债(已到期债务或者将到期债务),无力偿还债务。第四,地方政府有债务重组的计划,并与债权人进行了必要的协商。④同样地,美国地方政府破产区别于公司破产,申请破产的地方政府仍然可以正常运行。此外,美国联邦原则上不救助地方政府债务危机,但州政府可以参与救助。实质上,受美国《破产法》保护,美国地方政府破产是"对政府债务重组"的保护性破产制度,偏重于维护地方政府权利,目的在于保护地方政府及其债权人,稳定经济社会秩序。⑤概而言之,美国地方政府破产制度是一项有效预防和化解地方财政危机的成功制度设计。⑥

在行政国语境下,行政职能大幅度扩张,其诞生意味着限权政府原则在现代社会中的破产。⑦地方政府不能因破产而消亡,地方政府作为一种特殊的组织形式,必须承担起特定的公共服务职能。因此,地方政府破产与财政重建二者不可断裂,破产之后必定是重建。既包括破产清算,也包括和解、重整方式,目的在于有效兼顾债权人(银行、投资者等)和债务人(地方政府)的利益。对于财政重建,主体为机关法人之政府和地方公共团体等公共机构,通过减少支出或者增加收入,实现自主重

① 参见赵全厚、王珊珊:《做好应对地方政府债务危机的预案——美国地方政府破产与债务重组的启示与借鉴》,载《公共财政研究》2015年第6期。
② 参见贺丹:《美国地方政府破产拯救的法律与政治逻辑——以底特律破产为例》,载《上海对外经贸大学学报》2015年第6期。
③ 参见孙海斧:《美国地方政府破产制度研究——兼议我国地方政府融资平台风险防控》,载《金融发展评论》2013年第11期。
④ 参见刘瀚波:《美国地方政府破产制度探析》,载《经济与管理研究》2015年第12期。
⑤ 参见张世君:《美国地方政府债务重整制度及其启示》,载《财政研究》2015年第9期。
⑥ 参见杨开忠、荣秋艳:《美国地方政府破产的经济因素初探》,载《广西社会科学》2015年第4期。
⑦ 参见谭宗泽、张治宇:《限权政府的破产与中国行政法的未来》,载《行政法学研究》2009年第1期。

建和国家协助重建。是以，政府破产是政府的财政破产，并不等于政府职能破产，不允许出现无政府状态。即使破产，也要竭力节省开支，维持一定的公共服务以保障基本的公共职能。①

一般来说，破产要求债务人是一个独立的法律主体，有独立的财产，能够独立承担法律责任。反之，倘若债务人受制于第三人，破产显然不利于保护债权人的利益。不过，我国地方政府并不是一个独立的财政主体，只是中央政府的派出机构。倘若地方政府没有还债能力，破产并非最佳良方，反而容易引发恶果。为了保护债权人的利益，维护政府的信用，中央政府只能承担最后的付款责任。《预算法》虽然规定一级政府一级预算，并要求各级政府预算收支平衡，但是地方政府并没有独立的财政收入权，而是受制于中央政府单方面决策。值得注意的是，在中央与地方的财政关系中，国务院本身是一个利益主体，而不是相对独立的第三人。深究之，国务院单方面决定中央和地方的财政关系，本身就否定了地方政府在财政上的独立性。言下之意，地方政府无需为债务承担责任。倘若无力偿还债务就要实行破产，要求地方政府独立承担责任，而财政收支的决定权又都集于中央，之于债券购买人显然不利，影响债券的信用评级，以至于出现无人认购的尴尬局面。②不过，2014年《国务院关于加强地方政府性债务管理的意见》③明确指出中央政府实行不救助原则，但《预算法》也只授予省级政府在国务院批准额度范围内的举债权。在学理上，地方政府破产牵一发而动全身，是牵涉政治、经济和法律等诸多问题的"大工程"，实践中则可能面临着政府资产清算方法、政府破产标准界定、财政关系定位、政府破产后官员任免规则等诸多难题。

鉴于此，我国是否允许地方政府破产，仍需不断探索。在今后地方政府破产制度的建立和完善中，其一，应修改《破产法》，应将市、

---

① 参见孙悦：《地方政府破产与财政重建研究——以日本北海道夕张市为个案》，载《公共行政评论》2011年第1期。
② 参见熊伟：《财政法基本问题》，北京大学出版社2012年版，第145—146页。
③ 国发[2014]43号。

县、镇等地方政府,以及提供公益设施的公共派出机构纳入申请破产保护范围,因为我国目前的《破产法》并不包括企业之外的债务人。其二,中央政府必须作出可信的不完全救助承诺,防止无条件救助引发的地方政府肆意借贷等道德风险。其三,简化破产程序,兼顾债权人与债务人的利益,破产后果由地方政府与债权人共同承担。其四,要明晰地方政府破产与《企业破产法》之间的关系及各自的适用范围。①其五,根据实际条件,选择适宜的政府破产机制(司法抑或行政手段)。②此外,强化地方政府硬预算约束,宣告破产的地方政府预算规划要被中央监管。概而言之,在我国,设立地方政府破产制度是必然的,但有很长的路要走,需要在相关制度建立的基础上逐步予以发展和完善。

四、国家赔偿的性质认定

法人的独立责任,排除了法人设立人及其成员代为承担责任的可能性,但《民法典》并未规定机关法人用以承担民事责任的财产范围及其来源。当机关法人的独立经费不足以保障债权人利益时,应如何解决?众所周知,我国系公私二元分立的国家,国家赔偿以公权力为构成要件。是故,除非行政私法事件转换为公权力行政后,方才适用国家赔偿法。③因为行政违法不作为造成相对人的损害,只有在相对人具备公法请求权时,才有可能成立国家赔偿责任。④深究之,公权力行政与私经济行政的分类,实属公法与私法之争议。当人民权利遭受政府机关行为侵害时,究应援用国家赔偿法抑或民事法,须先行厘清该事件属公法(公权力行政)或私法(私经济行政)范畴。行政机关对个人造成的任何损失或损害,应承担赔偿责任,如违反合同、侵权行为、剥夺财产等情

---

① 参见谭波:《破解我国地方债务问题的法治思考》,载《中州学刊》2015 年第 8 期。
② 参见吴金友、秦侃:《金融危机中"政府破产"的风险分析及其对我国的启示》,载《金融与经济》2009 年第 10 期。
③ 参见张佑齐:《论国家赔偿法中"公权力"之概念——以给付行政与行政私法为探讨核心》,载《岭东财经法学》2013 年第 6 期。
④ 参见朱新力:《行政不作为违法之国家赔偿责任》,载《浙江大学学报(人文社会科学版)》2001 年第 2 期。

形。但行政上的赔偿责任，主要限于行政机关的侵权行为责任和违反契约的责任。缘于义务主体相同、责任方式类似等原因，机关法人作为侵权主体，其赔偿责任体现出民事赔偿和行政赔偿(财政赔偿)的二重性，那么，国家赔偿是民事责任吗？

根本而言，国家赔偿责任是因国家管理活动引起的公平风险责任，是一种公法上的管理风险责任和公平给付责任。[1]在归责标准上，有违法标准、过错标准、结果标准、无过错标准及风险标准等五种标准形式。[2]关于其归责原则，怠于履行公共职能以未尽合理的注意义务为构成要素，在归责原则上以过错责任为主，辅之于无过错原则。[3]与违法责任原则相比较，采用过错责任原则显然更符合"违反合理的注意义务"标准的适用。[4]在国外，立法行为、怠于履行职责行为属于国家赔偿范围，而法院错判一般不属于国家赔偿范围。通常而言，大陆法系国家将公有公共设施的管理所造成的损害纳入国家赔偿的范畴，对国家机关的民事责任承担问题，适用民法的一般规定，明确在国家赔偿中国家的侵权责任主体和赔偿责任主体地位。具体而言，国家赔偿有狭义和广义之分，其中狭义说又按照过错责任原则和无过错责任原则分别归责。而广义说则认为，国家赔偿就是以国家为赔偿主体，或者以国库收入所进行的赔偿，既包括对公领域损害的赔偿，也包括对私领域损害的赔偿。[5]机关法人应选择广义说处理之。

在学理上，国家赔偿责任究竟属于公法或者私法责任，未有定论：公法责任说、私法责任说和折衷说皆有之。例如，有学者认为，国家赔偿法属于特别私法。[6]进言之，现代法律将法律责任分为民事责任、行

---

① 参见高家伟：《论国家赔偿责任的性质》，载《法学杂志》2009年第5期。
② 参见杨小君：《国家赔偿的归责原则与归责标准》，载《法学研究》2003年第2期。
③ 参见朱新力、余军：《国家赔偿归责原则的实证分析》，载《浙江大学学报(人文社会科学版)》2005年第2期。
④ 参见林卉：《怠于履行公共职能的国家赔偿责任》，载《法学研究》2010年第3期。
⑤ 参见皮纯协、何寿生编著：《比较国家赔偿法》，中国法制出版社1998年版，第1页。
⑥ 参见孙文桢：《私法视野下的〈国家赔偿法〉修改》，载《河北法学》2010年第9期。

政责任和刑事责任，国家赔偿责任脱胎于民事责任中的侵权责任，虽不属于刑事责任，但它究竟是一种民事责任抑或一种行政责任，或者属于其他责任类型？尚有争议。其实，国家赔偿责任于现行法上，虽被定性为私法性质而属民事法院管辖，但不可忽视其强烈的公法品格。[1]国家赔偿责任不同于一般的民事侵权责任，其因公权力的行使而产生，但二者都以权利救济为目的，同属损害赔偿范畴，之间存在不少共性。例如，英国没有法国式的公务过失理论和行政契约理论，不论公法关系或私法关系中的赔偿责任都适用相同的法律原则。但是，国家机关代表公共利益享有私人所不能有的很多权力，同时也负担一些私人所没有的法律义务，因此有时与私人的责任也不完全一致。[2]再如，在德国，行政机关侵权责任的争议与普通法一样由普通法院受理，但在法国则是由行政法院受理。德国与法国一样，也区分公法侵权责任与私法侵权责任，但二者的救济，不是由不同的法院受理，而是由同样的法院管辖。[3]根本而言，折衷说有合理之处，其抛开学说观点之争，主张国家赔偿法介于公法责任与私法责任之间，并非纯系私法抑或公法原理的表现，实为兼容私法原则和公法原则的法律。[4]

　　纵观国家赔偿与民事侵权赔偿的关系脉络，民事侵权赔偿先于国家赔偿制度而存在。民事侵权制度的归责原则、责任构成、赔偿范围等，虽为国家赔偿制度所吸收、借鉴、确认，但受主权豁免等思想的影响，二者又有着明显的区别。在民事赔偿上，侵权损害必然导致赔偿，而国家赔偿却未必如此。即使发生侵权损害，也须属法定的赔偿范围方能获得赔偿。当国家机关及其工作人员发生侵权行为时，根据其所从事活动的性质与目的不同，国家机关承担的法律责任亦有所不同：其一，一般

　　[1]　参见刘宗德：《公私协力所生国家赔偿责任归属之研究》，载《行政法学研究》2015年第1期。
　　[2]　参见王名扬：《英国行政法、比较行政法》，北京大学出版社2016年版，第177页。
　　[3]　参见[印]M.P.塞夫：《德国行政法：普通法的分析》，周伟译，山东人民出版社2006年版，第246页。
　　[4]　参见江必新：《国家赔偿与民事侵权赔偿关系之再认识——兼论国家赔偿中侵权责任法的适用》，载《法制与社会发展》2013年第1期。

民事活动侵权之民事责任；其二，公务活动之国家赔偿责任；其三，公务活动之民事责任。①不可否认，国家赔偿法是一个兼具公、私法属性的部门法律，在国家赔偿中民事侵权责任有其适用空间。将民事责任作为《国家赔偿法》的一种补救措施，不失为扩大国家赔偿范围的一种可能途径。

深究之，国家赔偿以公共负担平等理论为基础，民事侵权赔偿以过错责任理论为基础，前者更为关注客观损害后果的合理分散，后者更为注重对侵权行为人主观过错的评价，但二者都旨在实现矫正正义。②在我国，《宪法》《行政诉讼法》《民法典》等均规定有国家赔偿制度，甚至有专门的《国家赔偿法》。具体而言，在1954年《宪法》第97条的基础上，1982年《宪法》第41条将侵权主体扩展至国家机关。在《宪法》的统领之下，民法将国家权力侵权赔偿和国家民事侵权赔偿纳至民事法律关系的调整范围。申言之，机关法人中的两种赔偿责任容易发生混淆，且我国立法上也有含糊之处。《民法通则》第121条和《民法总则》《民法典》第176条都规定有国家机关的民事责任，而《国家赔偿法》第2条则规定了国家赔偿的权利。在性质上，前者属于私领域，是"违反民事义务"带来的法律后果；后者则存在于公领域，是"违法行使职权"带来的法律后果。③此外，《行政诉讼法》专设行政赔偿责任一章，使得国家赔偿责任的性质争议日渐尖锐。1994年《国家赔偿法》虽"根据宪法"制定，但未规定在该法无明文规定时适用民法，2009年《侵权责任法》在能否适用于国家赔偿上，亦采取了回避态度，两者责任之间的竞合关系依旧模糊不清。④在实施中，《国家赔偿法》同样有许多问题。例如，国家赔偿费用由赔偿义务机关先行赔付，这使国家赔偿很大程度上变成了机关赔偿；严格的赔偿义务机关制度，淡化了国家赔偿责任

① 参见林鸿潮：《论民事责任在国家赔偿中的适用——扩大国家赔偿范围的一种可能途径》，载《南都学坛(人文社会科学学报)》2016年第1期。
② 参见江必新：《国家赔偿与民事侵权赔偿关系之再认识——兼论国家赔偿中侵权责任法的适用》，载《法制与社会发展》2013年第1期。
③ 参见路松明：《机关法人制度法律研究》，中国政法大学2008年硕士学位论文。
④ 参见廖海：《中外国家赔偿制度之比较》，载《法学评论》1996年第1期。

主体：把代国家履行赔偿责任的义务机关主体，完全当成了赔偿责任主体在对待。①整体观之，《行政诉讼法》颁行之前，国家赔偿法在私法体系中居于民法特别法的地位，以无特别规定者为限，得适用民法的规定。尔后，公法责任说在立法、司法和学理上取代了私法责任说的主导地位。

事实上，行政责任中行政赔偿责任是一种财产责任，这种财产责任本质上仍然是民事责任。但是，将国家赔偿责任视为一种公法责任，并不意味着不参照乃至适用某些民事规定。②国家赔偿法的适用应以公权力为核心，机关法人具有公、私法人的双重品格，当因同一行为应当承担法律责任时，应优先承担私法责任。③基于公平负担、债权人利益等角度的考虑，在机关法人存续期间，其私法债务由机关法人自己负责，超出财产能力范围的部分，由国家专门立法予以规定。当机关法人依法被撤销后，民事主体资格丧失，其财产直接收归国有。倘若由继受公共职能的国家机关和法定机构承担私法责任，显然有失公平。概言之，机关法人被撤销后的民法责任，不能不承担，但也不能由继受的机关法人负担，需要国家立法予以特别规定。④

五、机关法人财产的强制执行问题

当机关法人财产不足以偿还私法债务时，司法机关能否强制执行机关法人的财产？倘若能够执行，可供执行的财产又包括哪些呢？在理论上，国家通过强制力实现债权人的债权，⑤其实现的是私权而非公权，实质是用公法程序实现民事权利。在政府债务上，公法学说承认政府债

---

① 参见应松年、杨小君：《国家赔偿若干理论与实践问题》，载《中国法学》2005 年第 1 期。
② 江必新：《国家赔偿与民事侵权赔偿关系之再认识——兼论国家赔偿中侵权责任法的适用》，载《法制与社会发展》2013 年第 1 期。
③ 参见《民法典》第 187 条规定。
④ 参见陈雪娇：《机关法人的独立责任探讨》，载《广西政法管理干部学院学报》2005 年第 3 期。
⑤ 参见范向阳：《公法定位下强制执行法应当确立的四项原则》，载《人民法院报》2011 年 7 月 20 日，第 008 版。

务享有优先权，特别是不受普通法执行手段约束的优先权。因为公共事务的运作不能操纵在债权人手里，机关法人要保证公务运行。①统观域外的理论与实践发现，由于实行竞选制度，各国并不愿意因不履行金钱给付义务而导致政府信用危机，各级政府以国家的财政作担保，以健全的法律制裁机制作保障，故而通常不会发生对机关法人财产强制执行的问题。比如，根据《联邦侵权赔偿法》的规定，美国的私法赔偿费用，与各部的预算没有关系，而是从财政部经常性不确定的拨款中支付。②同理，德国法院判决的行政机关的民事赔偿责任，其行政机关一般会在四周内履行，以支持判决。而在没有履行赔偿义务之时，相对人便有权要求司法机关强制执行。③并且，德国行政机关的财产比较充裕，一般都有足够的财力以应对民事责任，但倘若某行政机关确实无财产，就由它的上级机关负责。④在法国，行政法院不能对公法人财产强制执行，调解专员有权命令行政机关采取执行措施；如果行政机关还不执行，可以在政府公报上发表特别报告，通过舆论迫使行政机关履行义务。⑤不难发现，虽然有严格的限制规定，但域外国家至少认为，是可以强制执行机关法人财产的。

以此论断，机关公产原则上不得作为强制执行的标的，但亦有例外。如果允许强制执行机关法人的财产，那么，哪些财产可供执行呢？例如，行政机关一般仅有行政公产，除此之外便无任何其余的财产。具体就行政公产来说，它有公务公产和财政公产之分，其中前者为作为机关法人的行政机关自己履行行政职能所用，如机关办公楼，办公设备等，后者是用以履行私法责任的物质财产，主要包括资金、物资等。据

---

① 参见[法]莫里斯·奥里乌：《行政法与公法精要》，龚觅等译，辽海出版社、春风文艺出版社1999年版，第1098页。
② 参见王名扬：《美国行政法》，中国法制出版社1995年版，第776页；姜民安：《外国行政法教程》，法律出版社1993年版，第325页。
③ 但强制执行有两个前提条件：一是为公共利益需要的物体不能被强制执行，如市政厅、救护车、消防车等；二是受到州法律规定的限制，哪些财产可以被执行，或不可以被执行。
④ 参见刘松山：《德国行政诉讼和国家赔偿制度》，载《云南大学学报(法学版)》2004年第3期。
⑤ 参见王名扬：《法国行政法》，中国政法大学出版社1988年版，第660—664页。

此而言，行政机关中发生的私法赔偿，在国家强制执行时执行的只能是财政公产。对于财政公产，虽所有权仍属中央，但支配权由各级政府行使，因而一般情况下由私法所规范。①在行政诉讼中，"司法机关可以行政主体的财产作为强制执行的标的，但只能针对行政机关账户所存的资金而已"。②从财产融通度的角度看，土地、矿藏、水流等绝对不融通物，绝对不得强制执行，而如机关法人闲置的固定资产等相对不融通物，则并非完全禁止。③

我国没有专门的强制执行法，对政府债务如何处理的问题，有着不同的做法，但只有部分获得私法救济。例如，人民法院在执行涉及开办单位承担民事责任的生效判决时，只能用开办单位财政资金以外的自有资金清偿债务。换言之，在军队、武警部队、政法机关、党政机关没有自有资金的情况下，其所负担的私法上的债务就要被裁定终结执行。④鉴于此，我国应当把司法救济扩大适用于所有的国家负担的公法金钱给付义务，同时还必须进一步扩大有权机关的强制执行权，以保障相对人的合法权益。从立法上对机关法人财产的执行予以立法规定，包括可供执行的国家财产范围、特别执行程序等，以实现私人权利与公益的平衡。具体包括：其一，当机关法人未能依法履行其所负金钱给付义务时，应当赋予当事人申请司法救济或申请仲裁的权利；⑤其二，明确可予强制执行的适用范围，包括机关法人负担的私法债务，可依法强制执行；其三，明确对国家强制执行的标的范围。目前，由于我国尚无公用财产与非公用财产的区分，因而在立法中宜以罗列的方式，列明不能强制执行的标的范围；其四，鉴于对国家机关支付金钱受预算的限制，可

① 参见涂怀莹：《行政法原理》，五南图书出版公司出版1987年版，第460页。
② 余睿：《行政法视野下的公共财产支配权效力探究》，载《江汉论坛》2015年第9期。
③ 参见梁凤云：《行政公产研究》，中国政法大学2001年硕士学位论文。
④ 参见张建文：《民事程序法视野中的国家公产问题》，载《理论探索》2006年第1期。
⑤ 参见王伟奇：《论行政法上金钱给付义务的强制执行》，载《南京工业大学学报(社会科学版)》2006年第2期。

供强制执行的财产应设定特别程序。①唯有如此，方能兼顾公法与私法之效能，最终实现机关法人的公共目标诉求。

第三节　机关法人的责任构造

"法人人格不等于法人责任的必然独立"，②法人人格是否必然意味着法人责任的独立，则不是法律用来衡量法人存在与否的标准。但是，法人独立责任一直以来都被视为法人独立人格的必然附随产物。因此，有学者主张删去法人须具备"能够独立承担民事责任"的要件，重构法人制度。③当前，基于机关法人责任不独立的现实，如何设置机关法人责任，便成为法律责任的题中之义。按照财政法的思维，机关法人责任既是一种民事责任，同时也是一种财政责任。在责任承担上，机关法人责任可分为能独立承担责任和不能独立承担责任两种情形。之于前者自无问题，对于后者，原则上机关法人也应当独立承担民事责任，但在其财力不足以应对债务时，可由国库承担兜底(补充)责任。

一、机关法人的责任配置：以私法责任为主

责任是违反义务的法律后果。在赋予权力主体以权力的同时，必须附加相应的责任，强调"行为—法律后果"的对应性。④在日常生活中，"责任"通常有道德责任、纪律责任和法律责任之说。其中，根据标准的不同，法律责任又可分为刑事责任、民事责任和行政责任、国家赔偿责任和违宪责任、公法责任和私法责任、财产责任和非财产责任、职

---

① 参见张彪：《国家机关法人地位正当性分析》，湖南大学 2016 年博士学位论文。
② 虞政平：《法人独立责任质疑》，载《中国法学》2001 年第 1 期。
③ 参见柳经纬：《民法典编纂中的法人制度重构——以法人责任为核心》，载《法学》2015 年第 5 期。
④ 参见王晓烁：《国家机关权责平衡问题研究》，中国商务出版社 2006 年版，第82 页。

务责任和个人责任、过错责任、无过错责任和公平责任、单个人责任和多数人责任、不作为责任和不法作为责任，等等。其内容和功能在于惩罚、补救和预防。[①]而机关法人由公法所决定，私法亦有公共性，[②]私法行政涉及公权力和私权利，所以在机关法人的责任配置上，首先便要明确应承担公法责任还是私法责任，规定机关法人的民事责任和其在实施公行为时承担公法责任。

传统公法责任是一种基于层级制的责任架构，[③]强调行政机关、公务员的责任承担与履行，且以行政法律责任为主要内容。机关法人在从事民事活动之时，是否存在公法责任？例如，在公共服务的提供过程中，行政机关是否还需要承担必要的监管责任？这种责任与传统公法责任相比，又发生了何种变化？但是，公法责任谱系极为复杂，不再只是传统意义上的法律责任，更多地被扩展至监管责任、保护性责任以及担保责任等，也会要求私法主体来承担一定的公法责任。可以说，在私法行政之前，法律责任的确定较为简单，私法责任和公法责任可谓泾渭分明。[④]而公法责任确保，并非简单的法律问题，还涉及政治、政策等因素的考量。并且，机关法人的私法性，要受制于行政机关的主导权，实践中对行政机关违约责任约定较少，对服务提供商的违约责任则约定较多，行政机关也会通过处罚、强制等措施的实施来对服务提供对象加以监管，违约责任具有不对等性。[⑤]因此，不宜过大地扩张私主体的公法责任范围，私法主体与公民之间的责任仍以私法责任为主。

就机关法人的公法责任(财政责任)而言，有着不同于传统公法责任

---

① 参见张骐：《论当代中国法律责任的目的、功能与归责的基本原则》，载《中外法学》1999年第6期。
② 参见蒋大兴：《论私法的公共性维度——"公共性私法行为"的四维体系》，载《政法论坛》2016年第6期。
③ 参见[美]珍妮特·V.登哈特、罗伯特·B.登哈特：《新公共服务：服务而不是掌舵》，丁煌译，中国人民大学出版社2004年版，第125页。
④ 参见胡敏洁：《论政府购买公共服务合同中的公法责任》，载《中国法学》2016年第4期。
⑤ 参见[新西兰]迈克尔·塔格特：《行政法的范围》，金自宁译，中国人民大学出版社2006年版，第260页。

体系的基础、主体和内容。其一，在责任基础上，确定准市场下机关法人的公法责任，需要考虑科层制与市场两个维度。传统公法责任将视野集中于行政法律责任，更为关注行政机关及其公务员的违法行为。但是，在机关法人语境下，科层制开始悄然发生变化，由此形成的市场却并非纯粹的市场结构(称为"准市场")，其特征在于这种市场由政府建立。尽管准市场可以集市场与政府优势于一身，但反之，也会出现政府和市场的双重失灵。例如，更容易因为单纯追求市场效率的提高，进而忽略对公民权利的保障。其二，主体上，公法责任主体呈现多元化趋势。国库行为之时，机关法人在行政机关(服务购买商)、服务提供商、公民之间，形成了一个三元法律关系，甚至形成更为复杂的法律关系。换言之，主体的多元性，使得此时的责任不再仅仅是行政机关的责任，作为服务提供商的私法主体也会基于各种缘由成为公法责任的主体，但仍以民事责任为主。其三，在内容上，体现为公法责任内容的多样化。因主体的不同，表现为多层次的责任内容，分别体现为行政机关的公法责任和私主体的公法责任，前者包括行政机关对私主体的公法责任(以"监管责任"为核心的责任)、行政机关对公民的公法责任，是一种"保护性责任"，但仍以民事责任为主。

作为公法人的一类，机关法人理应遵循公法人的基本规则。在传统上，以行政责任和刑事责任作为制裁损害国有资产者的通行做法，但是否以民事责任来制裁却含糊不清。不过，对于机关的不当行为，比如不当或过度控制、权力寻租，若也构成侵权行为，则应承担民事责任。对于机关法人，必须承担其民事活动中产生的民事责任。这种责任，既包括合同责任，也包含机关法人的法定代表人或工作人员在执行公务过程中致他人财产、人身损害时的赔偿责任。在偿还债务时，应将全部预算经费予以支出，不受经费使用限制。

深究之，机关法人兼有公法人与私法人的双重属性，当国家机关和法定职能机构从事私法活动时，其就是一个民事行为，对应民事责任。但是，它同时也是一个财政行为，尤其是一个典型的财政支出行为，因此又要受财政法、预算法等公法的约束。换言之，机关法人的民事活动由私法识别与判断，但在机关法人为资金支出行为时，则受财政法的规范和约束。当然，当机关法人的财产不足以偿还债务时，其责任就是一种民事责任。根本而言，机关法人财政支出的过程，就是民事责任的承担过程。在此过程中，当以私法责任为重。

二、机关法人的责任形态：以独立责任为主、补充责任为辅

任何一种权力的错误行使，都应当配置对应的责任形式。对国家机关来说，行使权力的过程，也是履行职责的过程，权力和责任是统一的，享有多大的权力，就承担多大的责任。[1]不过，是否将法人独立责任作为法人的特征，抑或作为机关法人承担责任的形式？通览各国法人立法模式，"几乎没有一个国家采取凡法人皆应责任独立的立法模式"。[2]并且，是否具有独立人格与其承担责任之间并无必然联系，法人人格不等于法人责任的独立。从责任类型上看，根据性质的不同，可将责任分为民事责任、刑事责任、行政责任等，就机关法人的责任形态而言，更多的属于民事责任范畴。其中，民事责任还有更具体的承担形式，如违约责任和侵权责任、财产责任和非财产责任、有限责任与无限责任，等等。

其实，不论是侵权责任抑或行政责任，法人面临着三种不同的责任形态：法人单独责任、法人与法人内部责任人员分别责任、法人内部责任人员单独责任。[3]当代世界范围内法人责任形态有四种：其一，责任独立性法人，法人成员原则上不对法人之债负责，如公法人；其二，责任半独立性法人，法人部分成员(无限责任者)应担责，如股份两合公司；其三，责任非独立型法人，法人所有成员(而非部分)均应担责，如无限公司(德国除外)；其四，责任补充型法人，法人成员或所有者有义

---

[1]　参见王晓烁：《国家机关权责平衡问题研究》，中国商务出版社2006年版，第84页。
[2]　虞政平：《法人独立责任质疑》，载《中国法学》2001年第1期。
[3]　参见尹田：《论法人的侵权行为》，载《河北法学》2002年第2期。

务承担补充责任，为《俄罗斯联邦民法典》所特设。①换言之，责任独立型法人意味着法人成员的有限责任，而在其他责任类型下，当法人拥有的预算资金不足以偿还债务时，法人的其他人员将承担补充责任。②而《德国民法典》中的法人仅指责任独立型法人，在此基础上，瑞士、日本均未将法人独立责任作为法人的特征和设立的条件。③一言以蔽之，不论是大陆法系或英美法系国家，都在立法中明确了法人的独立责任，并且规定了不同责任形态的法人。对于我国《民法典》中规定的机关法人，当属责任补充型法人。

同样地，作为一种特别法人，机关法人更应坚守以独立责任为主、补充责任为辅的责任配置。机关法人的经费来源于财政拨款，实践中，一方面经费往往难以保障公共行政和行政私法活动的开展，另一方面确又承担着繁重的私法债务或责任，因此在责任承担上，独立承担责任自然不符合事实。为此，基于机关法人的种种问题和特殊性所在，机关法人原则上理当坚持责任独立性，由其独立承担私法责任。但是，在财力不济时，由机关法人的上级机关和国家(国库)承担补充责任(兜底责任)，实属必要。究其根本，鉴于有限责任、无限责任、混合责任等多元的责任形态，④机关法人采用符合其属性的复合责任形式，不仅必要，也为可行。具体理由和根据如下：其一，学理基础。诚如前文所述，人格独立并不必然导致责任独立，责任独立同样并不一定要法人成员承担有限责任。因此，由机关法人的上级机关和国家承担兜底责任，不仅符合法理诉求，还可协调国有财产归属国家但由国家机关具体承担责任的悖论。其二，机关法人具有上下层级管理属性，且国家预算本身就是统一管理的有机整体，明确上级机关承担补充责任，有利于其严格约束下

① 参见虞政平：《法人独立责任质疑》，载《中国法学》2001 年第 1 期。
② 王春梅：《俄罗斯法人形态的立法构造及其对中国的启示》，载《俄罗斯中亚东欧研究》2009 年第 2 期。
③ 参见马骏驹：《法人制度的基本理论和立法问题之探讨(中)》，载《法学评论》2004 年第 5 期。
④ 参见许中缘：《论法人的独立责任与二元民事主体制度》，载《法学评论》2017 年第 1 期。

级机关的行为,督促下级机关及时还债,从而更好地保护与国家机关发生民事关系的相对人的合法权益。这在实践中已得到印证,如《国务院办公厅关于做好清理化解乡村债务工作的意见》[1]就明确要求"地方各级人民政府要采取切实措施,集成现有政策,整合现有资金,有条件的地方还应安排一定的资金,用于偿还农村义务教育负债和其他应优先化解的乡村债务"。

三、机关法人的责任实现

　　责任能力为民事主体承担民事责任的法律资格,又称"侵权行为能力"。在财政法场域,违法行为积极或消极地侵害了公共财产,故而行为人必须承担补偿并受到惩戒。认定原则有:责任法定、因果联系、责任相称、责任自负和平等原则等。在财政法领域,从当前的财政法律责任形式来看,对财政违法行为的法律责任追究以行政责任和刑事责任为主,欠缺民事责任。在构成要件上,客观上要求有违法行为、损害结果、损害结果应当与违法行为存在客观上的因果关系;主观上有过错,但对于国家机关而言,违法即视为过错。不过,对于国家机关工作人员来说,应当采取过错责任。只有其故意或是重大过失时,才应承担责任。而对于相对人来说,原则上实行的是过错责任,而且在大部分情形下,只有故意才能构成,如骗取出口退税行为就暗含要求其主观上必须是故意。在法律另有规定的极个别情况下,也可能是无过错责任。[2]因此,承接前文,除对哪些财产可用于对外承担责任存在问题外,在机关法人的财产不能执行或在没有财产予以执行的情况下,机关法人的设立机关或者上级机关对其是否承担责任? 其实,机关法人责任既是一种民事责任,也是一种财政责任。原则上,该责任由机关法人自身承担;财力不及时,由上级政府和国家负担。至于财政行为责任,同一项财政资金分配行为会产生程序性责任与实质性责任,前者属于工作失误、渎职

---

[1]　国办发[2006]86号。
[2]　参见刘剑文等:《财税法总论》,北京大学出版社2016年版,第288—290页。

范畴的法律责任，后者属于主观故意而触犯刑律的犯罪范畴的法律责任。无论是财政政策制定机关与财政管理部门的工作人员，还是财政收入的征收者，抑或是财政资金的最终使用者，都应该承担相应的财政责任。①

（一）机关法人的对外责任

就法理而言，机关法人责任就是机关以自己名义对外所承担的不利后果，本质上是将机关法人应当承担的不同性质责任进行整合而形成的。无论机关法人对外承担何种责任方式，其承担的责任形式主要为财产责任，多体现为民事责任。②至于"遵循什么样的标准来承担责任"，在公、私法竞合的框架下，应结合责任主体所扮演的角色、能力、获益等标准，综合考虑，使之公共任务、责任能力与获益权重相适应。③

机关法人作为一个整体，以独立财产为基础，相应地，其责任也应具有独立性。机关法人是以其财政收入对外承担责任的，不论支出责任的形成原因为何，均以其财政收入为限承担责任。按照"财政收入权—财政支配权—财政处分权—财政责任独立性"的演绎逻辑，机关法人应当独立承担民事责任。其中，财政支出权以其财政收入权为基础，如果机关法人自己有足够的财权抑或财力，论及机关法人财政支出责任就没有任何意义；财政支出权一般通过财政支出责任予以体现，但财政支出权实际上就是财政自主支配权，就是机关法人对其所支配财产的处分权。因此，机关法人责任也就是财政自主权内涵的直接表现，通常就是以财政自主权为基础而逻辑演绎的结果。例如，各地均将政府采购所使用的财政性资金纳入了预算，各地方采购是以地方预算为基础，地方预算往往决定了地方履行采购合同的能力，各地方均以其收入承担履行采购合同的责任。④

---

① 参见欧阳卫红、朱长科：《浅议财政行为的程序性责任和实质性责任》，载《财政监督》2013年第22期。
② 参见胡敏洁：《论政府购买公共服务合同中的公法责任》，载《中国法学》2016年第4期；张敏：《政府购买公共服务后的行政担保责任》，载《行政论坛》2015年第5期。
③ 参见王瑞雪：《论行政法上的治理责任》，载《现代法学》2017年第4期。
④ 参见冯乐坤：《国有财产的中央与地方分权研究——以地方所有权为视角》，西南政法大学2015年博士学位论文。

"权力—责任"一体化的责任制要求权力配置时遵行责任法定、权责一致、权责平等、权责公开、责任自负、有责必究的原则。①责任的内容，意味着否定性的或不利的后果，要求建立责任问责机制。在垂直关系层面，问责主体与问责对象之间往往具有隶属关系，在这种模式下，强有力的"上级"往往对相对较弱的"下级"享有问责权；在水平关系层面，问责主体与问责对象之间在地位上往往相互独立、平等，主要体现为司法机关和立法机关分别对行政机关展开的监督和制约。②倘若机关法人主体、财产和责任均独立，任何机关均无权干预机关法人享有的财政自主权。例如，在德国法中，在追究行政机关侵权责任时，国家被看作是与任何其他形式的法人相同的组织。③机关法人不仅应独立对外承担责任，还要按照"权责法定"的法治政府要求，推进机构、职能、权限、程序、责任法定化，而责任法定又是以上诸项的保障和依托。在财税责任中，加强预算责任是当务之急，也是关键所在。违反预算授权的财政开支，必须被追究法律责任。为此，要构造完善的机关法人"预算问责"机制，如完善责任主体制度(可能的追责主体相当多元，包括：人大及其常委会、财政部门、行政监察机关、上级机关、审计机关④)、引入人大对政府的政治问责、质询等责任形式。⑤

(二) 机关法人的责任追究：国库担保及其追责

"社会私法生活中的连带社会关系、连带权力及连带义务的存在，导致私法中的责任具有越来越多的连带性。"⑥从自由法治国走向福利国家之后，公共行政任务的大幅扩张，使得国家机关法人化、公私合作成为一种新型的民事活动形式。然而，机关法人履行公共任务，并非意

---

① 参见王晓烁：《国家机关权责平衡问题研究》，中国商务出版社 2006 年版，第84 页。
② 参见曹鎏：《美国问责制的基本构成》，载《华东政法大学学报》2013 年第 3 期。
③ 参见[印]M.P.塞夫：《德国行政法：普通法的分析》，周伟译，山东人民出版社2006 年版，第 245 页。
④ 参见刘剑文等：《财税法总论》，北京大学出版社 2016 年版，第 288—290 页。
⑤ 参见刘剑文等：《财税法总论》，北京大学出版社 2016 年版，第 300—301 页。
⑥ 蒋大兴：《论私法的公共性维度——"公共性私法行为"的四维体系》，载《政法论坛》2016 年第 6 期。

味着国家责任的湮灭，而只是在各机关法人之间重新分配责任。国家固然从直接履行的责任中解脱出来，但国家需要承担起相应担保责任。[1]机关法人可被视为担保国家的展现形式，国家机关法人化乃是以担保国家理论为基础。深言之，在机关法人语境之下，国家虽不再承担提供公共任务的责任，但基于基本权保护义务理论、辅助性理论和合作理论，仍须承担担保责任。依照基本权保护义务理论，国家应担负、保护公民法益和宪法所承认的制度义务；根据辅助性理论，在私人不能很好地完成公共任务时，国家才最终承担担保责任；[2]依据合作理论，机关法人承担了公共任务的履行责任后，国家必须承担一定的责任。公私合作并不意味着放弃国家责任，合作本质上就是在机关法人和国家间作责任分配。国家基于履行基本权利的保护义务与第三人的基本权益免受影响，国家担负最终的担保责任。[3]如果公法上的权力由公权力机关授予私法法人或个人行使时，由此所发生的损害赔偿责任，则应由授予公权力者承担。当然，在法律无其他规定时，发生有过错的义务损害行为时，该公法法人有追偿请求权。[4]机关法人作为一种独特的法律主体制度，必须建构公私协力的"救济担保"模式。[5]

从财产独立性的角度看，机关法人对其财政收入享有支出的自主权，并不是完全自主，而是受到了法律规范的限制。现实中，机关法人财政决定权并不具有独立性，往往由上级决定。例如，《宪法》第99条第2款规定了权力机关对预算及其执行报告的审查和批准权。这说明地方财政并没有独立，地方在财政方面实为中央的派出机构，地方财政自

---

① 参见李霞：《公私合作合同：法律性质与权责配置——以基础设施与公用事业领域为中心》，载《华东政法大学学报》2015年第3期。

② 参见杨彬权：《论国家担保责任——担保内容、理论基础与类型化》，载《行政法学研究》2017年第1期。

③ 参见陈军：《变化与回应：公私合作的行政法研究》，苏州大学2010年博士学位论文。

④ 参见刘兆兴：《德国国家赔偿法研究》，载《外国法译评》1996年第3期。

⑤ 参见邹焕聪：《论公私协力的公法救济模式及体系现代化——以担保国家理论为视角》，载《政治与法律》2014年第10期；卢护锋：《公私合作中政府责任的行政法考察》，载《政治与法律》2016年第8期；陈松：《公私合作的公法调适——以国家担保责任为中心》，载《武汉理工大学学报(社会科学版)》2015年第5期等。

主权既然徒有虚名，地方责任的独立性也就无从体现。同时，按照财权与事权支出责任相适应的原则，财政支出责任往往与管理的事务范围的大小成正比，但机关法人财政收入往往处于动态的变化之中，财政收入的不稳定性势必影响其支出能力。为此，在纵向关系层面，各国不仅允许采取财政转移支付或者专项资金等形式对地方财政予以帮助，而且允许地方以借款形式增加地方财政收入，地方财政支出就得到了保障，地方责任的独立性就得到了认可。此外，法人责任独立性意味着成员(设立者)的有限责任，但这并不意味着机关法人的设立者(国家和政府)对机关法人仅在其预算拨款的范围内承担责任。原因在于，机关法人财产来源于国家财政拨款，支出依赖于国库，收入最终也要上缴给国家。在此种场景下，如仅以预算经费和实有财产承担私法责任，则会造成利尽归国库而其害由机关法人自身承担的不公正局面，这既不吻合立法实践，也有悖法理。《民法典》只强调法人的责任独立性，而忽略了机关法人的责任财产范围。《国家赔偿法》规定"赔偿费用，列入各级财政预算"，国家赔偿的赔偿义务人为国家机关，但赔偿费用却由国库支付。这充分说明，机关法人之民事责任并不以其实际支配的财产为限，上级机关要承担有限责任。①至于机关法人被撤销对撤销前产生的民事责任的承受问题，根据《民法典》第98条的规定，应由作出撤销该机关法人的机关法人承担。能作出撤销该机关法人的机关法人，一般也就是其上级机关。鉴于此，机关法人作为一个整体，在自身财产不足以偿还债务时，国库应当负补充责任。

---

① 参见任尔昕：《我国法人制度之批判——从法人人格与有限责任制度的关系角度考察》，载《法学评论》2004年第1期。

第六章

机关法人的具体运用：以财政法为场域

　　机关法人表似一个简单的民事主体，实则涉及财政法的规则及约束，其本身就是一个典型的财政法问题。皆因于此，立基于一体化的机关法人规则，本章以政府购买公共服务、地方债发行为分析场域，寻求机关法人规则在财政法中的具体运用。就政府购买公共服务而言，通过审视政府购买公共服务的主体范畴、财产能力、行为自主度和责任承担，着力构造体系化的政府购买公共服务机制，助推社会公共需要的法治实现。同样地，对于地方债发行问题，有必要以自主性为切入点，基于地方债发行的"主体—责任"分析框架，反思地方债发行的主体资格、责任承担实况等，寻求地方债发行"主体—责任"规则的规范构造。这些皆为机关法人的运用问题，需要深入探讨。

第一节　政府购买公共服务的自主性反思

一、问题意向

　　20 世纪 80 年代以来，在新公共管理理念和运动的推动下，以新西兰、澳大利亚和英国等为代表的发达国家普遍推行了"购买公共服务"
制度。相比于传统的政府"自给自足"和"垄断供应"模式，政府购买
公共服务模式引入市场竞争机制，比如倾向于向私人部门购买公共服务
的英国模式、以非营利组织为主体地位的德国公共服务提供模式、以政
府为主体地位的日本模式等，[1]让私人企业参与公共服务供应，提高了
财政资金的使用效率，提升了公共服务的绩效，实为公共治理变革之
道。纵观政府购买公共服务的中国实践，计划经济时期实行"国家—单
位制"的社会福利模式，社会福利的具体事务由政府直接包办统揽。而
随着"多元福利"社会福利模式逐渐确立，政府购买服务日渐成为社会
福利服务供给的一种新型进路。其中，2003 年《政府采购法》实施后，
政府购买公共服务在全国主要城市迅速开展试点工作。党的十八届三中
全会专门论及"推广政府购买服务，凡属事务性管理服务，原则上都要
引入竞争机制，通过合同、委托等方式向社会购买"，党的十九大报告
明确要"完善公共服务体系，保障群众基本生活"。不止于此，2012 年
《关于政府购买社会服务工作服务的指导意见》和 2013 年《关于政府向
社会力量购买服务的指导意见》[2]实施后，政府进一步强化了公共服务
职能，在全国组织推行政府购买公共服务。实践中，一些地方积极开展
政府购买公共服务的探索。例如，1994 年深圳市罗湖区将环卫服务外
包、1995 年上海浦东新区将综合性的市民社区活动中心委托给上海市基
督教青年会管理、2019 年金融支农试点政府购买服务、[3]2020 年已经比
较完善的政府购买养老服务等，近年来各地政府购买公共服务的探索不
断增多，形式亦多元，政府购买服务的领域趋于普遍。[4]不过，纵使政
府购买公共服务已成为一种基本的公共服务手段，但"不断涌现的'逆

---

[1]　参见许光建、吴茵：《政府购买公共服务国际经验比较与借鉴》，载《人民论坛》
2013 年第 32 期。

[2]　国办发[2013]96 号。

[3]　《金融支农今年将试点政府购买服务》，参见 http://www.gov.cn/xinwen/2019-07/10/
content_5407795.htm，最后访问时间：2020 年 10 月 10 日。

[4]　参见李军鹏：《政府购买公共服务的学理因由、典型模式与推进策略》，载《改
革》2013 年第 12 期。

合同外包'现象也证明了引入市场机制提供公共服务的复杂性"，①"受依附性合作关系的制约，政府的主导地位使政府购买行为产生异化"。②

从机关法人维度来看，政府购买公共服务集民事属性和行政属性于一体，但本质上是一种行政合同行为。③它兼具公益性与私益性、行政权与民事缔约权等二元特质，因而很难单纯地以公法抑或私法来界定和规范，从而形成了公、私法融合的政府购买公共服务制度体系。④根本而言，政府购买公共服务具有从事民事活动的任意性和从事财政活动的约束性，这不是一个简单的一体两面问题，而是涉及民法与财政法的冲突与对立。例如，对"政府"应如何界定？政府购买公共服务是合同行为吗？用以政府购买公共服务的"财产"是否独立？如何独立地对外承担责任？民事权利能力、民事行为能力、民事责任等是否适用于政府购买公共服务？等等。⑤为此，本节以财政自主性为中心，遵循"主体—财产—行为—责任"的演绎逻辑，聚焦政府购买公共服务的自主性研究，反思并构造政府购买公共服务体系。

二、政府购买公共服务的主体审视

主体制度是政府购买公共服务的重要制度。传统的公共服务由政府生产提供给民众，政府部门是公共服务的唯一供给主体，是典型的"二元主体"，后将公司企业、民间组织与自然人纳入公共服务的供给主体范畴。之于政府购买公共服务的主体，可以简单归纳为从"二元主体"

①　韩清颖、孙涛：《政府购买公共服务有效性及其影响因素研究——基于 153 个政府购买公共服务案例的探索》，载《公共管理学报》2019 年第 3 期。

②　张怡歌：《政府购买公共法律服务的异化与法治化破解》，载《法学杂志》2019 年第 2 期。

③　参见湛中乐、杨君佐：《政府采购基本法律问题研究(上)》，载《法制与社会发展》2001 年第 3 期。

④　参见孙丽岩：《政府购买公共服务的法经济学分析》，载《财政研究》2017 年第 10 期。

⑤　而关于政府购买公共服务的文献，可谓汗牛充栋，尤其是 2010 年以来的研究，但大多侧重于从财政学、经济学、管理学等视角展开。而在公、私法竞合规则下，对比一般法人理论之人格独立、财产独立和责任独立，揭示政府购买公共服务私法遵从和公法约束的研究，则较为鲜见。

发展到"三元主体"的演进历程。至于政府对公共服务的承接主体，也经历了"不承认—工具—合作伙伴"的过程。20世纪80年代，各国法律大多将公司企业、民间组织与自然人定为政府购买公共服务的承接主体。①时至今日，学术界和各国立法实践均接受了政府购买公共服务"三元主体"论(政府、承接主体和受益人)。从法律上看，政府购买公共服务作为一种新型行政方式，"从逻辑架构上看，它引起了法律关系的变化，即由'政府—公民个人'的双方构造变革为'政府—私人主体—公民个人'的三方构造"。②而之所以如此界定，根本上还要看其是否具有相应的权利能力问题，能否独立地完成任务。

在市场机制框架内，政府购买公共服务的主体是多元、平等和独立的。相较于一般法律主体，政府购买公共服务具有主体范围的混合性、利益诉求的复杂性、各类主体权义边界不同等特性。③在主体的范围及其相互关系中，政府和民众的权利义务较为明确，而存在争议的是承接主体内涵及地位问题。为此，政府购买公共服务法律关系中，需要明确各方主体的法律性质，科学界定各主体的范围及其权利义务。

其一，政府的定位是服务"购买者"而非"生产者"。政府购买公共服务购买主体要解决的问题是"谁来买"和"买什么"，核心是通过财政资金分配模式的创新来提高资金使用效率，进而促进经济社会的发展。那么，如何理解"政府"？行政机关是否是购买服务的唯一主体?其是否包括党的机构、社会团体和具有行政职能的事业单位等? 实际上，"政府"并非特指，而是泛指具有公共权力、履行公共职能的所有机构。凡是财政部门和使用财政资金的政府机关、事业单位及社会群团组织都应纳入政府购买公共服务主体中。在政府购买公共服务的微观主体体系中，购买主体处于主导地位，承载着规范预算编审的基本职责。

---

① 参见张汝立、刘帅顺、包蓉：《社会组织参与政府购买公共服务的困境与优化——基于制度场域框架的分析》，载《中国行政管理》2020年第2期。

② 邓謇：《论政府在购买公共服务中的角色定位及其法律责任——以法律关系基本构造为分析框架》，载《行政法学研究》2018年第6期。

③ 参见项显生：《论我国政府购买公共服务主体制度》，载《法律科学(西北政法大学学报)》2014年第5期。

因此，要区分"内部供应者"与"外部供应者"，其中，内部供应商(支出机构)的主要职能是提供不宜由市场提供的服务；外部供应商负责生产和提供适合由市场提供的公共服务，如会计记录、法律咨询等。况且，在政府分权治理的框架下政府又有中央和地方的区分，并且涉及不同主体及部门的相互关系，因此，必须明晰相关主体的职责，建立部门之间的分工协调机制。

其二，使用主体是政府购买公共服务的服务对象。政府购买公共服务的使用主体与政府提供公共服务的对象是一致的，都是社会公众。作为公共服务的需求方，使用主体在政府购买公共服务的活动中并非仅是被动的接受者，更是主动的参与者，其基本职责贯穿于购买公共服务的全过程。

其三，承接主体则是政府购买公共服务的生产者。从政治角度来看，政府购买服务改变了政府包办一切的局面，强调以社会与市场的力量代替政府，故而不应当将任何公共部门纳入政府购买服务的承接主体中。[1]目前，将政府提供公共服务的承接主体定位为社会组织(包括营利组织和非营利组织)并无争议，争论的焦点集中在个人。事实上，只要能达到政府对承接主体资质的要求，个人也可以在承接主体竞争中取得优势，并参与到公共服务生产中来。因此，在理论上，承接主体的范畴应尽可能大，以便创新服务理念，提高专业化服务水平。[2]

综上，政府购买服务的购买主体包括行政机关、立法机关、司法机关，具有行政管理职能的事业单位、党的机关、纳入行政编制管理且经费由财政负担的群团组织等公共部门，其承接主体包括社会组织、私人企业，也包括提供公益服务的事业单位和其他政府部门。但不论是何种性质的主体，均受预算法、财政法、行政法等公法的约束。同时，政府要重视公众需求表达，构建政府、社会组织与公民三方参与、良性互动

---

[1] 参见句华：《政府购买服务的方式与主体相关问题辨析》，载《经济社会体制比较》2017 年第 4 期。

[2] 参见刘明慧、常晋：《政府购买公共服务主体：职责界定、制约因素与政策建议》，载《宏观经济研究》2015 年第 11 期。

的需求表达关系，形成了一个三方主体之间的参与式合作治理模式。①

三、政府购买公共服务的财产独立性考察

政府购买公共服务是一种财政支出，政府在其中并不是一个组织者，而是公共服务的"供给方"，必须使用财政资金来满足政府履行国家职能的需要。况且，随着社会公众需求的日益扩展，单纯的个体或集体行为已很难满足公共需要，政府利用财政资金保障公共服务的供给，实为必然。②在财产能力上，可以是政府承担全部服务费用，也可以是政府仅承担部分服务费用。例如，《政府采购法》第2条规定："本法所称政府采购，是指各级国家机关、事业单位和团体组织，使用财政性资金采购依法制定的集中采购目录以内的或者采购限额标准以上的货物、工程和服务的行为。"

政府购买公共服务作为财政资金分配方式改革的重要举措，其主体层次划分及其职责界定是其有效实施的逻辑起点和前提。但是，政府购买公共服务不简单等同于公共福利和公共事业财政拨款。实践中，作为政府的外部合作对象，非营利组织如果要发挥更大的作用，势必要依赖政府资金投入。西方发达国家便是如此，非营利组织主要依靠地方政府的资金资助，已变成"准公共机构"。但是，政府(特别是当地方政府)购买社会公共服务时，政府收入和支出之间巨大的财政缺口也会造成低效。例如，在美国一些州、县，地方政府的收入在降低，而支付职责却在不断增加。③在资金不足的问题上，政府对承接公共服务的社会组织的财政支持并不能使其避免资源匮乏。在"直接资助制"的购买模式中，政府与社会组织没有相对独立的合作关系，社会组织成为政府职能

---

① 参见蔡礼强：《政府向社会组织购买公共服务的需求表达——基于三方主体的分析框架》，载《政治学研究》2018年第1期。

② 参见孙丽岩：《政府购买公共服务的法经济学分析》，载《财政研究》2017年第10期。

③ 参见张汝立、陈书洁：《西方发达国家政府购买社会公共服务的经验和教训》，载《中国行政管理》2010年第11期。

机构的另一种扩展形式，在购买程序与资金使用规范方面缺乏明确的标准；而在"合同制"的购买模式中，政府与社会组织的关系相对独立，但招标资金数目并非根据现实中的具体服务内容而确定，因此也缺乏针对资金拨付与使用的动态调节和监管。①

财产构造上，政府购买公共服务兼具公、私法属性，其财产来源于财政拨款，其财产权应当由公法和私法综合保护，尤其要财政法加以调整。而在公共财产法语境下，购买服务主体的财产属性体现在公共财产的取得、用益和处分上，因而需从取得、使用、收益和处分上对购买主体财产权进行规范构造。其一，财产的取得法定。购买主体并不是财政收入主体，通常需要国家预算拨款，即使实践中也会有法定收费等收入行为，也必须严格恪守法定主义，不能任意而为。不过，建立完善的政府购买公共服务财政保障机制，核心在于设计科学的财政投入指标体系、综合运用财税政策、金融政策、收费政策等间接给予经济上的支持。②其二，财产的使用约束。购买主体财产所有权的法律属性不是"公法权力"，而是"私法权利"。但是，基于公产的公益性和公共目的性，决定了其与一般私产在法律关系上的差异，包括政府在公物上的管理权和公众在公物上的使用权。③国家对购买主体的经费拨款，都是按预算支出科目进行。购买主体必须遵照专款专用的原则使用，按规定的开支范围和货币额度用款。其三，财产的收益限制。在收益上，必须坚持其服务公益的目的，以损益补偿为原则。在现代市场经济中，购买主体的功能具有二重性：私法活动中的营利性功能和公法领域中的非营利社会功能，即增值性和公益性。因此，为了更好地保障和增进公共福利，购买主体财产的使用和处分理应恪守效率原则，在不损及公平、公正之余，尽可能提高购买主体财产的"流通"效率，实现财产的保值和

① 参见王诗宗、杨帆：《政府治理志愿失灵的局限性分析——基于政府购买公共服务的多案例研究》，载《浙江大学学报(人文社会科学版)》2017年第5期。
② 参见许光建、吴岩：《政府购买公共服务的实践探索及发展导向——以北京市为例》，载《中国行政管理》2015年第9期。
③ 参见杨解君、赖超超：《公物上的权利(力)构成——公法与私法的双重视点》，载《法律科学(西北政法学院学报)》2007年第4期。

增值。购买主体虽依法取得财产，但对其之使用和处分须受公法约束，比如预算管理，要尽到"支配"主体的勤勉义务。其四，财产的处分规制。对于政府购买公共服务的财产，原则上不允许公产进行融通，不可自由处分。其所有权主体为国家，购买主体仅享有支配权，但在基于公共使用目的的私法人领域，购买主体仍可对其进行处分。但在处分上，必须明确购买主体的处分权限、处分原则、处分程序等，以公益作为评价基准，以区别于私法上的行为"任性"。政府在预算支出时，更应坚守公法约束性，严格履行公法义务，对政府的资产尤其是货币性资产要有行之有效的审计监督机制。

四、政府购买公共服务的行为自主性审思

简单地讲，政府购买公共服务就是政府出钱，服务机构出力，二者签订公共服务委托提供合同。作为兼具私法自治与公法管制的载体和实现方式，政府购买公共服务主体的行为同样要接受民法、预算法、财政法等私法与公法的双重评价。[1]但是，政府购买公共服务并非由民法决定，而是取决于宪法统摄之下的财政法、行政法等公法，其行为自主性必将受到公法的约束，既要遵守民法的私法原理，更要受预算法、财政法等公法的特别调整和限制。

（一）性质认定：基于"双阶理论"的反思

晚近，政府采购腐败和高价格所致的政府采购价值落空问题备受理论界的关注，学者们从制度视角对其进行了多方位反思。[2]从公、私法的角度看，公法有严格约束国家权力和确保公民获得国家帮助的"积极自由"的二元目的。不同于传统双边关系中的政府采购，政府购买公共服务属公法性质还是私法性质，答案并不明显。而当今世界公法与私法的区分已经逐渐成为两大法系的共识，尤其在我国行政争议与民事争议

---

①　参见殷秋实：《论法律行为的效力评价体系》，载《比较法研究》2017 年第 6 期。
②　参见肖北庚：《我国政府采购法制之根本症结及其改造》，载《环球法律评论》2010 年第 3 期。

采用截然不同的救济程序并且赔偿标准截然不同的情况下，厘清政府购买公共服务三维关系的公、私法律性质，不仅具有理论价值，而且具有现实意义。然则，政府、服务机构、服务对象之间相互关系的法律性质是什么呢？在政府与服务对象之间，法律关系相对明晰，是给付行政，属于公法关系。而政府与服务机构之间、公共服务机构与服务对象之间的关系，究竟属于公法性质还是私法性质，则比较模糊。对于前者，虽有争议，但政府出资委托服务机构向服务对象提供服务，混合了私法元素与公法元素，这一点是比较确定的；对于后者，究竟是公法关系还是私法关系，不可一概而论。公法关系的双方主体是否必须至少一方是公共主体？但也有例外。其实，"公法私法化"说明它本质上还是公法属性；"私法公法化"说明它本质上还是私法。在公共服务民营化浪潮中，政府购买公共服务作为一种公私协力提供公共服务的方式，属性确实有点不够纯粹。但找准其本质特征，便决定了它的公法或私法属性。①而"双阶理论"，不失为认定政府购买公共服务性质的一种分析工具。

追根溯源，"双阶理论"诞生于公、私法的相互影响与融合中，其目的主要是为确保行政私法活动仍受公法的约束。随着行政私法理论的提出，"双阶理论"受到种种批评。不过，随着新行政法学的兴起，公法与私法的关系日渐由"对抗"走向"合作"，以灵活性为主要特征的"双阶理论"优势明显，仍占据主流地位。②因此，基于购买主体的基本定位，政府以私法形式达成公法任务的行为，应首先受到公法调整。例如，《政府采购法》将采购行为分为"购买、租赁、委托、雇用等"，交易涉及货物、工程和服务。显然，无论是购买、租赁还是委托、雇用，都是市场化的私法方式，但政府采购权仍为公共权力。③《政府采

---

① 参见袁维勤：《公法、私法区分与政府购买公共服务三维关系的法律性质研究》，载《法律科学(西北政法大学学报)》2012年第4期。
② 参见严益州：《德国行政法上的双阶理论》，载《环球法律评论》2015年第1期。
③ 参见胡悦、贾国发、玄鸿娇：《行政行为转变研究——行政私法行为之凸显》，载《法律科学(西北政法大学学报)》2010年第5期。

购法》对政府采购活动进行规制的目的是多元的，既要用公法监督政府采购行为、维护国家利益和社会公共利益，又需要用私法来保障采购合同的安定性，保护当事人合法权益。也就是说，政府采购就是国家机关从事买卖行为，其兼具公权力特征和市场交易特征，而非单纯私法行为。由于购买主体实施的私法行为，往往首先要由公法来把关，所以政府采购行为并非只由《民法典》合同编调整，相反，应首先直接受到《政府采购法》特殊规定的约束。这是运用"双阶理论"的体现。究其根本，政府购买公共服务一般要遵循"先公法，后私法"的逻辑脉络展开评价，进而有效规范和约束购买主体之行为。

（二）私法遵从与公法约束

在政府购买公共服务中，"政府"作为一种典型的公法人，其携权力于私法活动之中，蕴含的公权力有可能被滥用，从而损害交易相对人的利益。有鉴于此，有关购买主体之法律必须对其私法行为予以规范限制。尚需要说明的是，即便政府购买主体有着民事主体的一面，但其主要活动范围不在民事领域，其目的主要在于实现国家管理社会的职能。购买主体承载的是公法目的，其从事民事活动的目的同样是为公益目的服务。于是，与一般民事主体不同，购买主体的私法行为要受到一些特殊规定的约束。例如，行政机关的契约虽适用一般的契约法规则，但毕竟行政机关代表公共利益，不能不对一般原则做出例外规定，因此，行政机关在签订契约时，实际上受到很多特别规则的支配，契约自由原则受到很大限制。①

在法治国家，必须将政府购买公共服务置于法律的框架之内进行审视，才能维护公共利益、保障基本权利和促进合作治理，实现法律对社会行为的有效规制。政府购买公共服务是现今民营化浪潮下最流行的公私合作模式，不仅能减轻政府部门的人事、财政等各行政资源之负担，提高行政效率，同时也能满足私主体的其他方面之收益，促进市场竞争

---

① 参见王名扬：《英国行政法、比较行政法》，北京大学出版社 2016 年版，第 184 页。

和活力，可谓双赢的典型合作模式。随着政府购买公共服务的开展，本应由政府完成的行政任务归属于私主体：一方面，法治国原则、依法行政原则、民主原则等宪法和行政法基本原则受到冲击；另一方面，揭示了公共服务的范围以及购买及履行过程中的公法规制等问题。①正因如此，关于政府购买公共服务行为的法律性质，学界存在分歧。例如，《政府采购法》虽然认定政府采购合同为民事合同，但也认识到民事行为理论无法涵盖全部采购活动，因而采取了分段处理的方式。但是，其对采购人选择供应商这一阶段的行为定性不明，导致设计的争端解决机制链条过长，效率低下。②

政府采购合同中民事合同的占比较大，但这并不意味着政府采购合同中行政合同的可有可无，应持公共利益优先的价值诉求。③从权利能力与行为能力的关系角度看，行为能力的基础在于权利能力，后者强调主体资格问题，前者决定主体能否自己作为。权利能力的限制，必然体现在主体行为能力之中。政府同样受行为能力的限制。除此之外，购买主体还受到机关机构级别、职责权限与任务等的约束，不具有完整意义上的意思能力。

（三）行为约束：以预算机制为中心

政府购买公共服务作为一种连接公共部门与私人部门的市场交易行为，应受到法律约束与法治规范。实践中，各地政府购买公共服务的行为并没有被纳入《政府采购法》的调整范围，甚至出现乱象。作为一项新型公共服务供给方式，政府购买公共服务是公共服务制度在其变迁过程中实现从行政规范式向契约规范式转换的表现，因此，着力于新公共管理范畴，注重规范政府购买公共服务的行为，约束政府滥用购买权和公共财政支出已成为当务之急。也即，政府购买公共服

---

① 参见周佑勇：《公私合作语境下政府购买公共服务现存问题与制度完善》，载《政治与法律》2015年第12期。

② 参见陈又新：《政府采购行为的法律性质——基于对"两阶段理论"的借鉴》，载《行政法学研究》2015年第3期。

③ 参见王文英：《试论政府采购合同的性质》，载《行政法学研究》2003年第3期。

务是以财政资金的流动为核心的民事活动，必须将其纳入政府预算，才能付诸执行。①

从总体上看，就是将全部财政资金纳入预算体系，堵塞财政资金管理漏洞，硬化预算约束。为此，政府购买公共服务时便要恪守预算编制的完整性，坚持预算执行的规范性，坚持预算执行管理的严肃性。②要恪守法律保留原则，支出预算的决策权、审批权、执行权等政府权力，要符合预算法、财政法等的规定。具体而言，作为机关法人的一部分，政府购买公共服务所用资金是财政性资金，其使用应纳入预算编制进行统一管理，并向社会公开，接受人大和公众的监督。换言之，按照财政资金的管理流程，机关法人应该按照以下规范流程进行，完善购买服务的预算管理：

其一，部门在申报预算时，应该制定购买服务的计划，并将所需资金纳入预算，向财政部门申请。作为制度回应，应将政府购买公共服务所需的经费，作为一个项目添加进《预算法》：将购买需求按购买类别、品目分门别类地进行汇编，形成政府购买公共服务计划；政府公共服务事权管理部门应当负责将部门预算中的购买性支出，按照购买资金的性质和政府购买目录及配制标准，审核编制政府购买预算，从而为确保政府购买预算的编制和执行、审批政府购买计划，提供法定依据，助推机关法人民事活动的开展。例如，有学者建议政府在公共财政预算中增加对购买公共服务的专门预算。其二，财政部门审核并编制完整预算方案，经人大批准实施。预算必须经过人大批准之后，才能正式实施。为规范政府购买行为，应将购买、委托、评估、认证、问责等诸环节，纳入相应的法定程序。③其三，职能部门按照购买服务计划，实施购买服务工作，与承购方达成购买协议。对购买资金严格管理，财政部门应

① 参见贺巧知：《政府购买公共服务研究》，财政部财政科学研究所2014年博士学位论文。
② 参见卞彬：《地方财政支出的偏向与制度约束》，载《现代经济探讨》2016年第6期。
③ 参见王昆、潘晔：《政府购买服务恐成腐败新灾区》，载《经济参考报》2014年7月3日，第007版。

根据购买公共服务的职能部门的申请拨付资金；职能部门在制定购买计划、签署购买协议时，应该明确财政资金的用途范围。其四，职能部门、财政部门对服务的提供情况及财政资金使用情况进行监督检查，确保公共服务的有效提供。为保证政府采购的公平性和高效性，可考虑组建监管机构、执行机构、中介机构，建立健全政府采购机构，①国家计委、财政部、外经贸部等政府采购管理部门在分工明确、各司其职的基础上相互协作。②此外，应严格设置财政资金支出标准和范围，同时引入绩效审核，建立科学的评估机制，制定严格的项目评估标准与制度，以规范政府购买服务的资金使用行为。③

总之，为实行统一的政府购买公共服务制度，要使采购资金不再层层下拨给用款单位，而是直接支付给供货商，需要对现行的预算会计制度进行改革，规定直接支付及其核算办法。当然，在政府购买公共服务的预算编制、预算审议、预算执行的整个过程中，既要强调财政支出遵从绩效，关注过程的合法性、民主性，也要更多地关注和考虑政府购买公共服务财政支出的配置效果和产出效率。

五、政府购买公共服务的责任独立性反思

从财政法的角度看，购买主体责任内含财政责任和民事责任，承担民事责任的过程，便是财政支出的过程。按照常理，购买主体实施了损害民事主体的侵权行为或拖欠债务，理应承担民事责任。购买主体原则上要独立承担责任，但由于购买主体受到预算法、财政法等公法的约束，财产和责任均不独立，故而在财力不足时，可由上级政府和国家承担补充责任。鉴于此，需要从理论上对其责任进行解构，从而实现购买主体责任的规范构造。

---

① 参见田晓、卜强：《政府采购制度：强化财政支出效率的关键一环》，载《经济经纬》2000年第5期。
② 参见刘尚希、杨铁山：《政府采购制度：市场经济条件下加强财政支出管理的中心环节》，载《财政研究》1998年第4期。
③ 参见财政部科研所课题组：《政府购买公共服务的理论与边界分析》，载《财政研究》2014年第3期。

（一）责任独立性考察

在政府购买公共服务中，政府责任价值导向问题值得关注。学术界对政府购买责任的研究一度遵从"效率至上"的市场价值基准。但时至今日，被认为具有诸多优势的政府购买公共服务依旧追崇"效率至上"的市场价值，忽视公平、参与、责任、道德等公共价值。在政府购买公共服务与政府责任之间的关系上，经历了一个漫长、不断强化和明确的过程。其中，20世纪以来，西方各国执政党为获取更多的选票，不断推出对公众更具吸引力的公共服务计划，加之新自由主义经济学的推波助澜，各国逐步在"福利国家"的建立中首开了政府责任的先河，构建健全的公共服务体系逐渐成为政府的职责所在。20世纪70年代后，在新公共管理运动的启迪下，西方各国以效率和效益之企业价值目标重塑了政府部门的管理机制。然而，由于对公共服务核心价值的忽视，这种"企业家"政府广受诟病。鉴此，以登哈特为代表的公共行政学家认为，公共服务中的责任问题并不简单，公共行政官员应该承担为公众服务和向公众放权的职责，公共管理者应成为负责任的行动主体。据此，政府责任的界定，也由"经济、效率与效益"等注重实现市场价值的经济指标转变为"实现公众应有权利"的公共价值取向。一言以蔽之，公共价值已成为政府提供公共服务的主导价值取向。[1]

进言之，政府购买公共服务不是一种简单的购买行为，而应视为蕴含着许多价值倾向的复合制度。其作为政府管理市场化的创新手段，不仅承载着市场化竞争的价值取向，更重要的是要承载着公共财政支出的价值要求。各国在对公共服务市场化作用进行反思的同时，开始回归公民权利和重新强调政府责任。导致政府回购服务的直接动因是民营化失败所造成的民营化危机，根本原因在于私人资本的逐利性与公共服务公益性之间矛盾的难以调和性。[2]从实践来看，受制于环境因素、制度因

---

[1]　参见彭婧：《从市场价值优先到公共价值优先——政府购买责任研究的进展、不足与展望》，载《财政研究》2018年第1期。

[2]　参见杨安华：《政府购买服务还是回购服务？——基于2000年以来欧美国家政府回购公共服务的考察》，载《公共管理学报》2014年第3期。

素和人力因素等，购买行为不规范是难以避免的。政府对提高效率和效益的期望仍占据主导地位，在公共价值未能得到持续有效重视的情况下，政府购买的责任状况难免令人担忧。目前，我国尚未完全将政府购买公共服务纳入立法范畴，不规范的购买行为，以及不公正、不合理的购买现象时有发生。排除竞争、歧视、串通、围标、违约等违法行为，不仅会使政府采购丧失社会公信力，也会使政府采购目标落空。是以，强化行政法律责任，乃至刑事法律责任是规制政府购买公共服务的必然选择，也是确保购买公共服务的重要保障。[①]

深究之，新公共管理理论将市场机制引入政府治理领域，通过政府购买来提高公共服务供给的效率。实际上，"政府购买服务"意味着政府角色和职能的转变，但是"政府职能转变不能简单地等同于政府退出"，其并不意味着政府可以减轻对社会福利的投入责任，而是要承担起更大的责任，只不过这种责任更多是监管责任罢了。传统政府责任体系由于政府购买公共服务而面临挑战：一方面是公共服务供给者由政府变为第三方机构；另一方面是效率因素被纳入政府责任体系中。[②]总之，在法律责任中，应嵌入公共价值取向要素以解决代理人角色冲突的问题。唯有规制政府购买公共服务的责任，方能助推政府购买公共服务的健康持续发展，提升政府的公信力，实现政府购买公共服务的目的。

（二）责任配置与责任实现

责任能力为民事主体承担民事责任的法律资格，当违法行为积极或消极地侵害了公共财产，行为人必须承担补偿责任并受到惩戒。就政府购买公共服务而言，当某政府财产不足以购买公共服务时，政府机关的设立机关或者上级机关对此是否承担责任？在"政府—私人主体—公民个人"的三方构造法律关系中，"政府扮演着合同主体、监管者、担保者三重法律身份，并据此承担合同责任、监管责任、担保责任

[①] 参见王丛虎：《政府购买公共服务与行政法规制》，载《中国行政管理》2013年第9期。

[②] 参见彭婧：《从市场价值优先到公共价值优先——政府购买责任研究的进展、不足与展望》，载《财政研究》2018年第1期。

三种法律责任"。①其实，购买主体责任既是一种民事责任，也是一种财政责任。原则上，该责任由购买主体自身承担；财力不及时，由上级政府和国家负担。至于财政行为责任，同一项财政资金分配行为会产生程序性责任与实质性责任，前者属于工作失误、渎职范畴的法律责任，后者属于因主观故意而触犯刑律的犯罪范畴的法律责任。无论是财政政策制定机关与财政管理部门的工作人员，还是财政收入的征收者，抑或是财政资金的最终使用者，都应该承担相应的财政责任。②

　　政府购买责任体系的构建，"应以实现公共利益为取向、推动公众参与和公开竞争，以及与社会组织构建合作伙伴关系"。③作为一种合同形式，政府购买公共服务合同尽管存在着需要民事合同原理来调整的内容，但是，基于多方面因素的考虑，仍需要公法责任的补足，比如契约治理方式的选择及公共性目标的确保。购买主体的民事活动由私法识别与判断，但购买主体为资金支出行为时，则受财政法的规范和约束。行政机关的责任承担具有公共性，中国政府确立的以公共价值为优先导向的政府购买责任定位，不但符合公共管理的发展潮流，也有利于政府职能的转变。具体而言，政府机关(服务购买商)与服务提供商之间形成了一种民事合同关系，因此一般不需要承担公法责任。但是，作为服务购买商的政府因其身份的双重性，即它既是合同当事人也是监管主体，进而也要承担必要的公法责任，包括对服务提供商和公民的公法责任。与此同时，基于合同关系，私主体(服务提供商)与公民之间的责任仍以私法责任为主。但由于提供服务的公益性、合同的目的等因素，依旧存在着服务提供商承担公法责任的空间与可能性。为了最大程度促进政府购买公共服务，需要强化政府责任和私人责任的衔接和规制。

---

　　① 邓睿：《论政府在购买公共服务中的角色定位及其法律责任——以法律关系基本构造为分析框架》，载《行政法学研究》2018年第6期。
　　② 参见欧阳卫红、朱长科：《浅议财政行为的程序性责任和实质性责任》，载《财政监督》2013年第15期。
　　③ 彭婧、张汝立：《如何避免政府购买服务成为公众"不称心的礼物"？——基于政府责任视角的分析》，载《中央民族大学学报(哲学社会科学版)》2018年第1期。

其一，购买主体(政府)责任的法律规制。政府购买社会组织公共服务，并不意味着政府的责任向社会组织转移。相反，在公共服务购买过程中，政府只有切实履行其责任，才能保证政府购买行为的有序进行。政府购买公共服务是"由强制行政向给付行政过渡的体现，其实质是公私协力实现公共福利的公法行为"。①基于中国的现实语境，政府应负有"促进市场竞争的责任"和"保障公众参与的责任"，以此提升公共服务的供给效率，满足公众需求。②从责任内容上看，政府责任包括监管责任、保护性责任、担保责任等。为满足公共需要，政府应承担挑选合格的服务提供者、国家赔偿责任、最后履行责任等行政担保责任，切实担负国家的间接给付义务。政府要承担信息公开的责任，及时有效地提供公共信息，并通过管制、规制、协商和评估等方式，关注政府购买公共服务中的法律责任配置，实现理想的政府责任模式。

其二，承接主体(私主体)责任的法律规制。责任是制度的保障，一项完备的法律制度必须具备明确的责任条款。在政府行政管理和监管体系不断完善的同时，亦必须对公共服务承接人(私主体)的责任予以管控，以防止规避审查现象发生。时下，法律在对私主体的责任规制上不甚明晰，未将其纳入公法规范并受公法规范约束。实践中政府购买公共服务往往以私主体与政府部门订定契约的形式进行，其实质在于避免公私合作进程中出现"公法遁入私法"的风险。因此，要将适用于行政机关的监督机制和程序控制延伸至私主体，把它们当作实际上的"公部门"来对待。承接人接受公共服务之后，其承担责任的核心即在于高权行为是否因行政任务私人化之后而发生性质上的转变。在公、私合作的进程中，就承接人接受公共服务部分的行政责任应当被转移给私主体承担。我国亦应将私人需承担的执行责任规范于立法中，以界分政府的担保责任和承接责任，从而有效提高购买服务的绩效。③

① 张敏：《政府购买公共服务后的行政担保责任》，载《行政论坛》2015年第5期。
② 参见彭婧：《公共服务购买中的政府责任研究——一个分析框架》，载《甘肃行政学院学报》2017年第3期。
③ 参见周佑勇：《公私合作语境下政府购买公共服务现存问题与制度完善》，载《政治与法律》2015年第12期。

综上，政府购买公共服务缘起于履行服务公众的职能，勃兴于新公共管理的语境之下，是公、私法竞合规则的必然诉求和历史产物。在本质上，政府购买公共服务是政府公共管理职能与民事主体能力的分离，政府利用私法实现公法职能时，并非单纯地拥有私法自由，而要受到公法的限制与约束。①换言之，政府购买公共服务的权利能力来源于公法，这决定了购买主体之政府既要遵循民法(私法)的规定，又要受财政法、行政法(公法)的约束。在此领域，政府必须服从于各种基本权利，特别是必须服从于自由权利和平等权，以及比例原则，不允许政府通过私法方式设立各种控制关系，以防其过度遁入私法。总而言之，政府购买公共服务是一种财政资金转移方式的变革，之中政府既要遵从私法，也要受公法约束，在主体、财产、行为和责任等方面均受公法限制。唯有如此，国家促进基本公共服务均等化的目标才能有效实现，政府购买公共服务的公法目的方能达成。

第二节　地方债发行的自主性省思

一、问题意向

政府具有从事民事活动的任意性和从事财政活动的约束性，因而其既要遵守私法原理，更要受财政法、行政法等公法的调整与约束。与政府购买公共服务类似，地方债发行也被视为机关法人运用的一个典范，即便地方债发行比政府购买公共服务更为严格。纵观中国地方政府的举债史，新中国成立初期虽施行高度集中、统收统支的财政体制，财政支出由中央政府统一决定，地方政府并无财政治理权，但政府债券的雏形便已出现。后受计划经济体制影响，国家债券和地方债券均被禁止发

---

① 参见[印]M.P.塞夫：《德国行政法：普通法的分析》，周伟译，山东人民出版社2006年版，第105页。

行，直至 20 世纪 80 年代初期部分地方才开始尝试发行地方债券。但鉴于地方债问题的日益凸显，1993 年国务院专门发文制止发行地方债券，①1995 年《预算法》第 28 条明确规定"除法律和国务院另有规定外，地方政府不得发行地方政府债券"。1994 年实施分税制改革之后，政府间收入分配界限虽比较明确，但支出责任划分并不清晰。

进入 21 世纪，日益增长的城市基础设施建设和社会发展需要使得地方政府不堪重负，地方举债渐成惯例。各级地方政府及其部门和机构纷纷突破既有的法律约束，通过财政拨款或注入土地、股权等资产设立各种名目的融资平台公司，并以其作为对外进行负债的经济实体，由此为地方政府承担项目融资的功能。②尔后，2015 年《预算法》第 35 条规定："经国务院批准的省、自治区、直辖市的预算中必需的建设投资的部分资金，可以在国务院确定的限额内，通过发行地方政府债券举借债务的方式筹措……除前款规定外，地方政府及其所属部门不得以任何方式举借债务。""凡属于政府债务的部分，纳入限额管理和预算管理范围，允许地方逐步发行地方政府债券进行置换。"③据此论断，中央政府对地方政府举债不断"松绑"，从"禁止发行"到"适度放任"，先后经历了"国债转贷""财政部代发""自行发行""自发自还""省级政府限额内自主发债"等举债模式，地方政府举债权在"赋予与剥夺""限制与放任"之间反复博弈，展现了"中央主导"地方债务融资制度的变迁过程。反观实践，地方政府违规举债事件频频爆出，问责事例不断涌现。例如，2017 年 12 月，财政部通报了对江苏省、贵州省部分市县违法违规举债担保问题的处理，涉及通过信托或资产管理计划等方式，违法违规举借地方政府债务，违法违规举债担保。④

---

① 《国务院关于坚决制止乱集资和加强债券发行管理的通知》(1993 年 4 月 11 日)。
② 参见黄韬：《央地关系视角下我国地方债的法治化变革》，载《法学》2015 年第 4 期。
③ 《依法厘清政府债务范围坚决堵住违法举债渠道》，参见 http://www.mof.gov.cn/zhengwuxinxi/caizhengxinwen/201611/t20161104_2450669.htm，最后访问时间：2017 年 12 月 21 日。
④ 再如，江西省九江市违规举借政府性债务 4 亿元并长期闲置、陕西省韩城市违规举借政府性债务 3.57 亿元、湖南省长沙市望城区违规出具承诺函，形成政府性债务 1.4 亿元，等等。参见周潇枭：《借信托、资管等违规举地方债! 江苏、贵州 60 多人被处分》，载《21 世纪经济报道》2017 年 12 月 22 日。

从某种程度上说，举债不仅符合地方政府的利益，也是在为完成全国经济指标作贡献，因此，中央对此不仅没有严厉禁止，反而长期予以默许甚至纵容。然而，地方举债是一把"双刃剑"，既有调节收入分配、提供公共产品等社会效应，也有形成地方财政风险、对金融风险产生传导效应、降低地方政府的公信力等消极作用。与1995年《预算法》禁止地方举债的规定相比，2015年《预算法》第35条将举债主体限定为"经国务院批准的省、自治区、直辖市"，举债方式限定为发行地方政府债券等。据此，需要综合反思的是，由于地方政府财力不足就主张发行地方政府债券在理论上是否必然成立？即便《预算法》赋予地方政府发债权，哪些地方政府享有发债权？为何2015年《预算法》将地方发债主体限定为省级政府？现实公共预算中的建设投资很多并非只是省级政府的事权和支出责任，这种规定是否与现实需要相悖？如何塑造地方政府发行债券的主体资格？计划单列市、市、县债务问题如何解决？地方政府对偿债需要承担何种法律责任？中央对地方债券是否及如何承担偿付或担保责任？是否意味着中央兜底？等等。从机关法人的向度看，一般市、县级政府不能发行地方债是典型的对民法法人规则的否认，可以视为调整规则的运用。但如果在中央政府代发地方债的情况下，下级政府便得到一定程度的财政主体地位，但不完全享有民法上机关法人的地位。于此，在宏观经济下行和地方财政压力不断加大的背景下，不仅有必要实证考察地方债发行的主体资格，也需要探讨地方债发行责任的独立性，从而揭示地方债发行主体与责任之间的"脱钩"问题。在此基础上，以财政自主性为中心，应从发行主体的资格认定、范围拓展、权限划分、责任实现等方面建构"主体"与"责任"联动的地方债发行模式，从而确保地方财政的可持续性，推动政府之间财政关系的规则之治。

二、地方债发行的主体资格审视

（一）地方债发行的主体资格解析

纵观中国百年举债史，可以发现地方政府举债权在"赋予与剥夺"

"限制与放任"之间反复博弈，展现了"中央主导"地方债务融资制度的变迁过程。1995 年《预算法》虽禁止地方政府举债，但地方政府"暗度陈仓"进行举债；2009 年起财政部连续 6 年代发地方政府债券，不少省市也获得自发自偿的试点；2015 年起省级地方政府可以在限额内自主发行市政债。2015 年《预算法》第 35 条将地方发债权限定为"经国务院批准的省、自治区、直辖市"，这意味着地方政府可以发行政府债券，但并没有获得完整的举债权。毕竟我国发债主体仅限于省级政府，且要"经国务院批准""在国务院确定的限额内"举债。①值得注意的是，所有的省级政府举债一律列入本级预算调整方案，由地方人大常委会批准。这使得地方人大没有权力和机会对地方举债的合理性、可行性等发表看法以及施加控制，极有可能使地方权力机关对发行地方债的监督流于形式。②

事实上，"地方政府举债主体并不单纯局限于地方政府及其部门和机构"，③还包含财政、教育、交通等各政府职能部门。与此同时，《担保法》第 8 条和《民法典》第 683 条亦原则上禁止国家机关(机关法人)作为担保人。并且，地方政府举债应获得行政主管部门及同级财政部门的审批。④进言之，鉴于省级以下地方政府尚无举债权限的事实，便无权再授权隶属政府的公共机构举债。在学理上，一级政府对应着一级财力和一级事权，其中一级财力意味着政府有其法定的财政收入，一级事权意味着各级地方政府有提供辖区公共产品的责任。举债权是地方政府的权利，也是实现其事权的必然诉求。但是，地方债发行不仅仅是一项经济决策，更关系到中央和地方关系的宪法定位。比如，地方政府究竟是不是一个独立的财政主体？地方债券的最终债务人到底是地方政府还是中央政府甚至是公共机构？地方政府能否允许破产，或者进行债务重整？中央干预地方发行债券以及债务危机，是基于监管人的身份，还是

---

① 参见王旭坤：《中国地方政府举债权研究》，法律出版社 2016 年版，第 256 页。
② 参见朱大旗：《新〈预算法〉的进步》，载《国际税收》2014 年第 10 期。
③ 杨姗：《我国地方政府债务融资的法律规制研究》，中国政法大学出版社 2017 年版，第 26 页。
④ 参见《行政单位国有资产管理暂行办法》《事业单位国有资本管理暂行办法》《企业国有资产监督管理暂行条例》等。

基于最终债务人的身份? 这些问题均需要深究。

从《宪法》的规定来看，行政权力主要集中在上级政府(直至中央政府)，上级政府在下一级政府领导的任免上拥有绝对的支配权。[①]在各级政府之间，由于信息不对称，上级政府对于地方政府提出的预算请求往往没有充分的信息判别能力，这就会导致地方官员因强烈的显示政绩的欲望而迎合上级政府的偏好，从而决定了地方政府发债来扩大支出的必然性。因此，"赋予地方政府举债权的改革是一个系统变革，牵一发而动全身，核心问题是中央政府债务融资权与地方政府债务融资权之间的分配，背后蕴含着中央与地方关系、财税体制改革等深层问题"。[②]一言以蔽之，地方债的发行资格经历了一个从无到有、从禁止到限制的过程，但仍有诸多问题亟待探究。

(二) 地方发债权主体限定的法理缘由

中国现处于转型期，经济分权与政治集权共存，尤其是分税制改革之后确立了行政主导型的权力分立模式，实行"上级主导、层层下放"的事权与支出责任划分方式，[③]即中央主导财政立法权，但事权却呈现下放的趋势。中央与地方各级政府之间职能错位，地方政府尤其是县乡政府事权过重、支出责任与收入能力不匹配，时常出现"上级请客，下级买单"的现象。[④]这不仅导致基本公共服务的不足，还对转变经济增长方式、城乡协调发展以及资源环境等造成不利影响。[⑤]从公共选择理论的角度看，地方债的现实根源也在于地方财政收入和支出规模之间的矛盾，借债成为各地"晋升锦标赛"式横向竞争的必然之举。[⑥]根本而

①　参见周黎安:《中国地方官员的晋升锦标赛模式研究》，载《经济研究》2007年第7期。
②　王旭坤:《中国地方政府举债权研究》，法律出版社2016年版，第22页。
③　参见李春根、舒成:《基于路径优化的我国地方政府间事权和支出责任再划分》，载《财政研究》2015年第6期。
④　参见潘文轩:《城市公共品供给中各级政府事权与财权的划分》，载《城市问题》2006年第9期。
⑤　参见宋立:《各级政府事权及支出责任划分存在的问题与深化改革的思路及措施》，载《经济与管理研究》2007年第4期。
⑥　参见王永莉、梁城城:《基于省级面板数据的政府财政透明度影响因素实证研究》，载《商业研究》2015年第12期。

言，地方政府尤其县、市一级才是地方公共服务的最直接提供者，从而也是最主要的地方举债者。

从主体维度看，在单一制体制的中国，地方财政自主权是否包含地方债发行？2015年《预算法》为何将地方举债权限定为"经国务院批准的省、自治区、直辖市"？在学理上，不论是第一代财政联邦主义、第二代财政联邦主义，抑或公共产品理论、财政分权理论、委托代理理论等，均印证地方政府举债的合理性。例如，根据公共产品理论和财政分权理论，举债权为地方独立财权的应有之义，是满足辖区居民偏好和实现社会福利最大化的应然之举。[1]同样地，按照市民社会与政治国家二元论理论逻辑推演，各级政府职权受"辅助性原则"的限制。根据辅助性原则，上级政府只能处理下级政府无法独立处理且上级政府又能更好完成的事务。

"上下级之关系首当其冲的是一种法律关系而非伦理关系，各次级治理团体是一种法律主体而非'人格'否定性的存在"，[2]应在宪法中明确地方政府的基本权主体地位，充实地方财政能力。我国应按照"一级政府、一级事权、一级财权、一级税基、一级预算、一级产权、一级举债权"的原则，合理构造财权、事权与支出责任，以解决地方财政中的种种问题。[3]但是，2015年《预算法》将发债权限定在省级政府，仅为权宜之计。毕竟目前的分税制主要适用于中央与地方之间，至于地方的省以下财政体制，应当允许各省因地制宜，制定并实行不同的体制。[4]当然，在横向层面，我国不仅省际之间人均财政收入有天壤之别，同一省内的各县之间人均财政收入也相差甚远，更别说全国范围内的县域差距。因此，倘若按照自治和分权原则，恐使落后地区的县级财政雪上加霜。[5]对此，纵使不能实现严格的分权和自治，但可在地方财

---

① 参见付传明：《中国地方公债发展研究》，武汉大学出版社2016年版，第27页。
② 王建学：《论地方团体法人的基本权利能力》，载《政法论坛》2011年第5期。
③ 参见贾康、白景明：《中国地方财政体制安排的基本思路》，载《财政研究》2003年第8期。
④ 参见刘尚希：《财政分权改革——"辖区财政"》，载《中国改革》2009年第6期。
⑤ 参见王绍光：《乡镇财政问题的观察与思考》，载《山东社会科学》2007年第11期。

政自主的基础上，利用财政转移支付制度对事权、财权的不匹配状况予以矫正安排。①

三、地方债发行的责任分配检思

地方债发行并非一个单纯的公法债权与债务问题，其涉及宪制民主、预算、政府间财政关系等重大问题，直接关系国家财政、金融秩序，乃至整个国民经济的安全和社会稳定。据此，中央对地方债券是否承担及如何承担偿付或担保责任？当地方陷入债务危机时，中央如何进行救助？等等，这些关乎财税和金融安全的问题必须得到有效处理。

(一) 地方债发行的责任追究考察

"财政集权的不断深化，加重了地方财政负担和债务水平……在现行体制下，地方政府面临的财政激励背离了地方政府应有的职能目标是造成地方债务膨胀的重要原因。"②在我国，地方债涉及中央与地方、地方政府与投资者、地方政府与同级人大等多重关系，当地方政府无力偿还债务时，要如何承担财政责任？具体如，中央代理发行地方债下债务如何承担？地方政府自主发债下的债务是否就应由地方政府承担？进言之，"地方自治以财政责任为中心。而以人性尊严为中心之民主要求，对人民越接近之公共事务，应尽可能自我决定自我负责"。③原则上，当国家治理的功能过于集中在中央层面的时候，中央的权力很大，同时也意味着中央的责任也很大；相反，地方的权力受到了压制，同时它也不可能承担独立的责任。④

"目前我国政府性公共机构的法律人格存在缺陷，即过分偏重其民法价值，完全忽视其公法人意蕴，特别是忽视了政府性公共机构与政府

---

① 参见刘文华、李妍：《也论事权与财权的统一》，载《首都师范大学学报(社会科学版)》2008 年第 1 期。

② 何杨、王蔚：《土地财政、官员特征与地方债务膨胀——来自中国省级市政投资的经验证据》，载《中央财经大学学报》2015 年第 6 期。

③ 葛克昌：《税法基本问题——财政宪法篇》，元照出版公司 2005 年版，第 229—230 页。

④ 参见黄韬：《央地关系视角下我国地方债务的法治化变革》，载《法学》2015 年第 4 期。

财权、财力、支出责任及公众监督之间的内在必然联系。"①根据《财政部关于坚决制止地方政府违法违规举债遏制隐性债务增量情况的报告》，虽然地方政府债务风险总体可控，但个别地方政府继续通过融资平台公司、PPP、政府投资基金、政府购买服务等方式违法违规或变相举债，风险不容忽视。并且，地方政府债务融资的责任主体不明确，如"相当多的融资平台只负责为地方政府资金筹集，融资成功后将资金和债务均转移给政府授意的项目法人，项目法人负责偿还债务……如果项目不能产生收益，或者收益不足以偿还债务的，由政府采用补贴或承诺还款的方式偿还，由于借、用、还的主体不统一，一旦债务不能偿还将难以追究责任主体的法律责任"。②比如财政部代发地方债，实际上是中央在作担保，当地方政府无力偿还债务时，中央政府仍将为此兜底。③相较而言，地方债"自发自还"更有助于厘清地方债发行权限和责任的归属，同时也是抑制财政风险扩大的有效制度措施。④但是，不论采取哪种发行模式，困境都难以避免。缘由在于，一方面在地方债偿还责任上坚持中央不救助原则，⑤另一方面地方政府尚不具备财政独立性。鉴此，在《预算法》仅赋予省级政府发债权的前提下，如何有效诠释地方债发行责任仍需深究。

（二）地方债审批与偿还的法理解析

宪法法律赋予地方政府举债权，不等于地方政府就可以自行决定公债发行的数量、种类、期限等事项。地方政府是否有权发行，还要由地方人大审议决定。地方人大审议后，再由地方行政机关具体落实。⑥同

---

① 冉富强：《公法人制度重构与公共机构举债的法治化》，载《江西社会科学》2014年第7期。
② 杨姗：《我国地方政府债务融资的法律规制研究》，中国政法大学出版社2017年版，第65页。
③ 参见陈少强：《中央代发地方债研究》，载《中央财经大学学报》2009年第7期。
④ 参见闫屹、张明阳：《对地方政府自行发债的认识和思考》，载《金融理论与实践》2012年第5期。
⑤ 参见《国务院关于加强地方政府性债务管理的意见》(国发[2014]43号)。
⑥ 参见冉富强：《宪法视野下中央与地方举债权限划分研究》，中国政法大学出版社2014年版，第155页。

时，中央政府必须对地方公债的发行予以严格控制，否则，最终受到影响的仍然是国家信用。财政责任有偿还责任、担保责任、救助责任之分，无论是政府直接负有偿还责任的债务，还是政府负有担保责任的或有债务，或是政府承担救助责任的其他债务，对政府来说都是一种财政风险或负担。据此，中央政府是否应当为地方债券承担清偿责任？地方政府支付不能时是否可以破产还债？实际上，地方债本来是一个地方性问题，地方政府的收支形式上与中央政府没有任何关联。特别是2009年以来直接以地方政府名义发行的债券，其法律关系似乎更加清楚，中央并不是直接债务人。但是，鉴于目前政府之间的财政关系不清晰，导致地方政府的法律地位不明确，中央对地方债务到底是否应该负责？如果是，负有何种责任？简单地主张"谁举债谁负责"，或许不切实际。

其实，我国地方债问题之所以如此严重，与分税制改革以来收入向中央倾斜、支出向地方倾斜的政府间财政关系失衡息息相关。当地方政府财政收入有限，却需要承担过宽的支出责任时，举债是自然而然的选择。因此，从长远来看，要解决好地方债问题，必须理顺中央与地方之间的财政关系，明确地方政府的财政权限和职责，塑造相对独立的地方财政主体。不过，2015年《预算法》虽然规定一级政府一级预算，并要求各级预算收支平衡，但地方政府并没有独立的收入权，国务院可以单方面决定中央和地方的财政关系，这相当于否定了地方政府的财政独立性。因此，对于地方政府无力偿还债务的情况，中央政府理所应当承担责任，无论中央是否在法律上直接参与举债。换言之，地方债问题蕴含着政府间财政关系，要求建设相对独立的地方财政主体。如果地方享有充分的财政自主权，便可自主决定举债，独立对外承担责任，中央就无需承担最后付款人的角色。如果发生偿付不能的情形，地方政府可以启动债务重整程序，而债权人则必须自担风险。不过，为防止地方举债可能产生的系统性风险，立法机关应对地方举债做出一些限制，地方债也必须要接受法律的约束，遵循特定的法律程序。①

---

① 参见熊伟：《地方债与国家治理：基于法治财政的分析径路》，载《法学评论》2014年第2期。

四、地方债发行的"主体—责任"规则构造

基于不彻底的分税制改革、举债及担保禁令刚性约束、地方政府硬预算缺乏等制度环境，地方债的产生有其必然性，但地方政府尚无完全的发债权。就结构而言，"我国各层级地方政府债务中，市级政府负债比例最高，县级其次，省级、乡级靠后。县级债务占比出现持续上升趋势，说明越到基层政府，债务风险越突出"。[①]基于此，借助财政自主性的原理，理当赋予省、市、县级政府充分的发债权，在东部发达地区坚持自发自还模式，在中西部地区辅之于中央兜底模式，同时要严格遵循预算法等的约束，以防滥发债券。

（一）地方债发行主体的资格认定与范围拓展

从性质上说，地方债属于公法之债，适用公法原理。"地方债是由公法主体发行的用于提供特定公共服务职能的债……其信用基础是地方政府财政权。"[②]倘若将地方债务看作一种典型的法律关系，根据债的一般原理，地方债务的主体包括债务人和债权人。地方债务的发起人首先是地方政府，各级地方政府均可能成为实际的债务主体。[③]现实中，在举借主体上，融资平台公司、政府部门和机构、经费补助事业单位依次是政府负有偿还责任债务的主要举借主体。事实上，"真正影响地方政府地位的是地方政府是否具有法人资格"。[④]在学理上，地方政府欲成为一个独立的公法人，需同时满足"团体"和"独立性"两项要件，才能具有基本权利能力。基于团体要件的考察，除民族自治地方外，我国《宪法》并没有将各省、市、县、乡镇等行政区域视为法人团体的意图；从独立性要件来看，地方事务与国家事务并未分离，地方机关同时承担着地方事务与国家事务，也要服从上级行政机关和国务院的"领

---

① 张三保、田文杰：《地方政府企业化：模式、动因、效应与改革》，载《政治学研究》2014年第6期。
② 王世涛、汤喆峰：《中国地方债的宪政机理与法律控制》，载《华东政法大学学报》2013年第2期。
③ 参见冉富强：《论公债的法律特征》，载《公民与法(法学)》2011年第1期。
④ 田芳：《地方自治法律制度研究》，法律出版社2008年版，第314页。

导"。因此，从实定法的规定来看，目前我国地方政府一般不具备独立公法人地位，便不构成基本权利主体，也就没有真正的发债权。①

但从域外政府举债经验来看，无论是单一制还是联邦制，凡实行地方自治的国家，发债权均是地方自治权的一部分，"解决地方政府债务问题的重要途径之一就是赋予地方政府发债权"，②美国的地方债发行即为典型例证。按照美国法律规定，州、县、市和其他地方政府大都具有发行市政债券的权利，包括：赋予地方政府与联邦政府平等的发债权、按照代际公平原则规定市政债券的用途、实行债务信息公开以保障债权人的知情权等。在我国，尽管在政治上实行单一制和集权制，但在财政上仍然遵守联邦主义的思路，实行中央与地方分权。不管是过去的财政包干制，还是现在的分税制，实际上都赋予了地方政府相对独立的财政自主权，地方在权限范围内可以自行其是。因此，地方政府举债只是解决地方财力不足的一个重要途径。着眼于长远的制度建设，则有必要用法律形式规范政府间财政关系，赋予地方财政自主权，隔断政府之间的财政责任。同时，要以财政事权划分为先导，构建"以事权定债务发起权"制度。换言之，我国法律应赋予地方政府以发债权，构造一个善的、自主合法、完整的地方政府举债权。③

究诸实际，地方财政自主是地方发债权的前提和基础，倘若地方无财政自主权，发债权便无从谈起。④地方政府只有在其财政能力范围内，才能发行公债。至于地方债发行主体究竟包括哪些？根据《预算法》《国务院关于加强地方政府性债务管理的意见》⑤等的规定，"省、自治区、直辖市人民政府"的举债权自无异议。不过，计划单列市政府虽不属于《预算法》上的地方债发行主体，实际上却是典型的地方债务

---

① 参见王建学：《论地方团体法人的基本权利能力》，载《政法论坛》2011 年第 5 期。
② 张旭昆、李晓红：《财政分权、地方政府竞争与地方债发行》，载《社会科学战线》2016 年第 9 期。
③ 参见王旭坤：《中国地方政府举债权研究》，法律出版社 2016 年版，第 303 页。
④ 参见冉富强：《美国州宪法公债控制的方式、实效及启示》，载《政治与法律》2011 年第 9 期。
⑤ 国发[2014]43 号。

发起者。2009年地方公债的发行主体就包括计划单列市，2015年《财政部有关负责人就发行地方政府债券置换存量债务有关问题答记者问》也明示可以置换存量债务的地方政府债券包括计划单列市发行的债券。因此，计划单列市政府应该享受发债权。而市级以下的地方政府，往往也采用非债券的形式产生地方债务关系，从而成为隐性的地方债务发起者。鉴于中国幅员辽阔，地域性强，应逐步放权于地方，至少是市、县一级，明确地方债务的主体，实现地方债务主体的法定化。[①]至于地方政府融资平台，根据国务院相关文件的界定，它是拥有独立法人资格的经济实体，但由政府绝对主导，举债资金往往需要地方财政直接或间接出具担保、承担偿还责任。融资平台上的大量债务，法律性质上是企业债，但审计时纳入"地方政府性债务"。因此，在赋予地方政府发债权的同时，应废止融资平台。[②]此外，从债权人的角度看，地方债券的购买者应是广泛的市场交易主体，但时下主要为银行，尤其是国有银行在地方的分支机构是地方债务的关键持单人。[③]

（二）地方政府的举债权限划分与规则保障

基于地方政府的公法人地位，中央政府、地方政府、政府性公共机构都应当具有举债权限，但事实并非如此。原则上，政府部门以及省级以下各级政府均无举债资格，如此一来，地方政府的财源必将受到限制，财力无法得到保障，与其事权难言相称。[④]因此，要实现"谁请客，谁埋单"，不仅要理清事权，而且还涉及地方财源的重新构建与制度保障。[⑤]

1. 地方举债的权限划分

关于公债的使用问题，无论是以公共选择学派、新自由主义者等为代表的"严格控制说"，还是以美国学者汉森、瓦格纳等人主张的"合

①③　参见谭波：《破解我国地方债务问题的法治思考》，载《中州学刊》2015年第8期。
②　参见王旭坤：《中国地方政府举债权研究》，法律出版社2016年版，第97页。
④　参见冉富强：《中央与地方举债权限划分的法治原则》，载《学术交流》2015年第12期。
⑤　参见刘剑文：《地方财源制度建设的财税法审思》，载《法学评论》2014年第2期。

理规范说"，①都至少说明地方有发债权限。至于权限多大，则因时因地而异。无论是联邦制，还是单一制国家，中央政府和地方政府都享有一定的举债权，区别在于各国中央与地方举债权限划分的模式不尽相同。例如，日本《地方财政法》第5条虽规定"地方公共团体的岁出必须以地方债以外的岁入为财源"，为保障地方财权，日本《地方财政法》和《地方自治法》等均赋予都道府县和市町村举债权。②现如今，《预算法》和《国务院关于加强地方政府性债务管理的意见》③均赋予地方政府一定的举债权，但尚未清晰界定各级政府的举债权，更为重要的是，《预算法》仅赋予省级政府举债权限尚不足以建立事权、财权与支出责任相匹配的层级配置体系。

至此，基于《预算法》规定的五级政府预算模式，首先要根据实际情况适度调整不同层级政府的举债权限。在省级政府举债权的基础上，可适度授权省级政府对本辖区内的市县两级政府的融资项目进行审批，再报国务院备案后执行。这种制度安排既严格遵守《预算法》的原则性制度规范，也可以对地方不同层级政府的举债权限进行适度的授权和配置。④至于政府性公共机构有无举债权限，则应谨慎待之，不宜贸然授予权限。要有效规范政府公共举债，可借鉴公法人制度理论。在公务分权下的公共机构将具备法人资格，但应对其举债或担保实施法律控制；如无公法人资格，公共机构的举债要获得同级政府的授权或担保。⑤当然，在地方获得独立发债权的同时，还要求地方财政预算权的适当独立，只有相对独立的预算权才能保障地方政府相对自由地举债。此外，为深度理顺中央与地方财政关系，构建法治化的地方政府债券体系，地

①　参见冉富强：《宪法视野下中央与地方举债权限划分研究》，中国政法大学出版社2014年版，第5—6页。
②　参见黄芳娜：《中国地方政府债务管理研究》，财政部财政科学研究所2011年博士学位论文。
③　国发[2014]43号。
④　参见张婉苏：《地方政府举债层级化合理配置研究》，载《政治与法律》2017年第2期。
⑤　参见冉富强：《宪法视野下中央与地方举债权限划分研究》，中国政法大学出版社2014年版，第160—183页。

方举债权限划分应遵循以下基本准则：其一，恪守举债权限法定。无论是哪级政府的举债权限，都应当通过法律形式予以明确规定。①其二，举债权与事务管辖权限要相适应。中央政府和地方各有专属职权，中央政府专有短期国债、赤字国债等权力，地方政府专司建设公债发行权，各司其职，互不侵犯。其三，反强制下放支出责任。要构建真正的地方债务偿还机制，不但要有反举债成本外溢机制，同时也要搭建反强制下放支出责任的制度机制。其四，反举债成本外溢。为防止地方政府举债成本外溢于其他地区或透支中央政府，我国应当构建完善的预防举债成本外溢机制，通过立法强化地方的政府责任。②

2. 地方举债的限度与法律规制

实践证明，中央过度集权会导致地方政府及地方官员在税赋法律制度以外征税敛财，进而动摇中央政府的执政根基；反之，地方财政分权过度也会诱发国家分裂、中央宏观调控失灵等政治、经济危机。民主政治发展，大都初由"债务危机""经济危机"转为"社会危机"，终陷入"宪法危机"的困境。③"根据熊彼特之租税国家危机理论，租税国家由于支出大量扩充，无法由常规之租税收入来支应，终将导致国家之过度举债。国家债务失去控制的事实，即宣告了租税国危机之来临。"④一旦债务规模失控，导致偿债不能，其风险还可能向中央传递，甚至引发连锁反应，出现系统性危机。因此，无论是哪种类型的国家，地方发债权均是有限度的，地方债的监管必不可少。

掌控地方政府债务是中央政府的专属职责，监管目标在于低成本持续满足地方政府的正当资本需求。对于公债的限制，可从不同的方向予以考虑。从主体来划分，地方债监管包括地方人大监管、中央政府监管、上级政府监管、交易所监管、登记托管结算机构监管等。为此，对

---

① 参见熊伟：《财政法基本问题》，北京大学出版社 2012 年版，第 149 页。
② 参见冉富强：《中央与地方举债权限划分的法治原则》，载《学术交流》2015 年第 12 期。
③ 参见葛克昌：《租税国的危机》，厦门大学出版社 2016 年版，第 1 页。
④ 葛克昌：《租税国危机及其宪法课题》，载《台大法学论丛》1991 年第 2 期。

地方债的监管将由多个主体分工完成，并通过立法对各个监管主体的职责予以明确。此外，从中央代借代还地方债以来，一是地方债的额度控制，国务院对全年的发行额度实行总体控制，并将指标分解到各个省份。只有取得相应的额度，地方政府才能发行债券。二是发行核准机制，地方债的发行必须经过地方人大审批。地方人大审批遵循的是财政民主统制原则，这是法治原则的应有之义。但国务院对地方债发行实行额度控制，既包含核准之意，也划定了行为边界，这实际上是一种外在的行政管制思维，其是否有必要继续存在，需要深思。

在性质上，公债不完全是公法之债或者私法之债，其在发行、偿还上有不同于企业债的特殊之处。人们一般容易放松对公债的警惕，因此更应该通过民主手段对公债的规模、发行程序等进行限制。①"公债涉及国家信用和执政合法性，市场经济条件下央地之间财权、财力的合理配置，及经济自由权、平等课税权、生存权等基本权利保障等都决定必须用宪法来规制公债。"②当然，预算法是控制公债风险的直接有效手段。为规范地方债管理，应建立从发行、流通、资金使用到偿债的全程监管机制，③以实现对地方债的合规审查与风险控制。

（三）地方债发行的责任实现

当地方政府陷入债务支付危机时，上级政府乃至中央政府是否应当为地方发债承担最后的清偿责任？如果给以救助，如何把握救助的限度？救助采取何种形式？按照债权债务关系原理，举借债务需按照正当用途使用，并在规定期限内偿还。一旦到期不能偿还，责任也将随之而来。依照债务偿还理论，地方政府性债务与私法之债的本质相同，二者均"基于契约而非强制"发生，同样需要遵循债的相对性特点、以信用为依托按期偿债，奉行"有债必还"原理，公债行为须受责任约束。发

---

① 参见蔡茂寅：《公债的法律问题——兼论从"租税国家"到"债务国家"的巨变》，载《律师通讯》第 207 期。
② 冉富强：《宪法控制公债之必要性探析》，载《河南社会科学》2010 年第 2 期。
③ 参见卞彬：《地方财政支出的偏向与制度约束》，载《现代经济探讨》2016 年第 6 期。

行地方债同样如此。但是，中国既不是联邦制国家，也没有实行韩国、日本意义上的地方自治，只是在行政意义上实行中央和地方分权。在此种体制下，从严格意义上来说，中央应为地方债承担最终的清偿责任。但是，《中共中央关于全面深化改革若干重大问题的决定》要求落实"地方政府性债务风险应急处置预案"，①《财政部关于坚决制止地方政府违法违规举债遏制隐性债务增量情况的报告》要求坚持中央不救助原则，"坚持谁举债、谁负责，严格落实地方政府属地管理责任"。其实，地方完整的举债权源于财政自主，实现地方自主举债，由此地方才能独立承担偿债责任。②为了实现国家金融治理现代化，必须明确中央不予救助原则，将地方债务的金融风险纳入金融法治轨道。③而中央政府对地方债务危机不予救助，至少应当具备如下条件：地方政府有独立的财权；必须有强硬的外部约束；建立起完备的地方政府破产制度，以实现地方政府债务重组。④

不过，目前我国宪法、法律尚未对中央及地方各级政府的事权予以清晰界分，地方政府也不具有实质意义上的财政立法权，各级地方政府在宪法、法律上也不具备独立公法人地位，故尚不具备独立偿债的条件。具体而言，我国虽然奉行"一级政府一级财政"原则，但地方政府却没有独立的财权。享有独立举债权的省一级地方政府并未被赋予一定财政立法权，《预算法》第30条虽有"上级政府不得在预算之外调用下级政府预算的资金。下级政府不得挤占或者截留属于上级政府预算的资金"的简单规定，但并未构建起完善的预防地方公债外溢其他地区或透支中央政府的制度机制，也缺乏对中央政府或上级政府向下级政府强制下放支出责任的禁令警告。⑤如果地方没有独立的财政自主权，就不具

---

① 国办函[2016]88号。

② 参见华国庆、汪永福：《论我国中央与地方财政关系的法治化——以地方债发行为视角》，载《安徽大学学报(哲学社会科学版)》2016年第5期。

③ 参见阳建勋：《论我国地方债务风险的金融法规制》，载《法学评论》2016年第6期。

④ 参见华国庆：《地方债危机：中央政府"救"与"不救"的权衡》，载《武汉大学学报(哲学社会科学版)》2015年第3期。

⑤ 参见冉富强：《中央与地方举债权限划分的法治原则》，载《学术交流》2015年第12期。

有完整意义上的"政府能力"，也就难言独立承担责任。同时，地方债的发行一般都以未来的收入作为担保，如果中央与地方财权存在确定的分配规则，地方债的偿还来源就足以保障；反之，如果中央可以随时调整财权分配规则，可能将属于地方的收入转归中央，这就影响着地方的偿债能力。地方债的自发自还本为地方举债的应有之义，但从中央对地方举债规模、主体等诸多方面的限制，到中央对地方债实行不救助原则来看，目前地方举债主要是"自还"，而"自发"的权力却大大受到中央的控制。总之，"地方债的膨胀源于政府间财政失衡，地方不宜独立对外承担偿债责任"，①各级政府亦很难自主承担偿债责任。

党的十八届三中全会专门论及"建立事权与支出责任相适应的制度"，尤其是地方债自发自还制度的逐步建立以及中央对地方债采取不救助立场的确立，初步形成了地方财政的自我负责机制。"坚持中央不救助原则"意味着地方政府是独立的发债主体，应当独立承担财政责任。但是，从基本公共服务均等化出发，为防止出现"马太效应"，上级政府对下级政府负有财政责任，中央对地方、上级对下级政府可以给予一定的信用增级，包括提供担保，也包含设计不同的举债模式。严格地讲，公共机构无论隶属中央政府或者隶属地方政府，政府公共机构或部门的债务仍然属于国债范畴，其信用基础仍然是中央政府，中央及地方政府仍要对公共机构的债务承担直接、补充或最终偿还责任。②基于此，在短期内将融"代为发行，统一偿还""自主发行，统一偿还"和"自主发行，独立偿还"于一体，在比较和总结中逐步推进，尤具可行性。也可以在一定的期限内，针对特定的地区，尝试地方独立发债，实行中央或上级担保的模式。根本而言，在关于地方债的专门立法中，应当更加明确责任追究制度。③

①　熊伟：《地方债与国家治理：基于法治财政的分析径路》，载《法学评论》2014年第2期。

②　参见冉富强：《公法人制度重构与公共机构举债的法治化》，载《江西社会科学》2014年第7期。

③　参见王世涛、汤喆峰：《中国地方债的宪政机理与法律控制》，载《华东政法大学学报》2013年第2期。

与此同时，地方债发行的责任实现需要注意以下两点：其一，厘清地方债务责任。"公债并不是一个可以把财政义务集中于相对富裕时期的工具。对整个集团来讲，公债可以使财政义务在时间上推迟，但是在最后的会计时期，必须偿还债务。"①因此，我国应制定《地方财政责任法》，内容包括财政预算的透明度、设定量化的财政目标和执法措施等，防止中央政府随意对地方政府进行财政援助，禁止中央政府及上级政府强制下放支出责任。②在法律责任方面，其应当规定地方政府承担偿还责任、担保责任和救助责任的借款，视为地方债务，由地方承担相应的法律责任。其二，尝试构建地方政府破产机制。从理论上讲，"只要存在债务融资，政府绝对可能破产，不仅地方政府可能破产，而且中央政府也可能破产"。③坚持中央不救助地方债务危机原则，便要建立起完备的地方政府破产制度。例如，美国针对州以下各级政府偿债不能情况下的破产重整制度，制定《地方政府破产法》，将政府破产纳入破产清算重整制度的范围。之于我国，地方政府破产不仅没有法律依据，而且理论界对此也存在争议。是故，从目前来看，中央政府对地方政府债务危机应当予以适当救助，具体可以考虑先由中央政府代为偿还，但中央政府有权要求地方政府制定严格的财政支出紧缩计划。④与之相反，若严格"坚持中央不救助原则"，就应尝试建立完备的地方政府破产制度，以促使公共服务职能的更好履行。但是，"在当前我国中央政府对地方政府债务实施不救助原则并没有实现的必要条件"。⑤当前在地方政府债务遇到危机时，中央政府的选择路径是实施有限必要的救助，是为理想之举。

---

① [美]詹姆斯·M.布坎南：《民主财政论》，穆怀朋译，商务印书馆2015年版，第307页。
② 参见杨姗：《我国地方政府债务融资的法律规制研究》，中国政法大学出版社2017年版，第112—116页。
③ 王旭坤：《中国地方政府举债权研究》，法律出版社2016年版，第186页。
④ 参见华国庆：《地方债危机：中央政府"救"与"不救"的权衡》，载《武汉大学学报(哲学社会科学版)》2015年第3期。
⑤ 张婉苏：《中央政府不救助地方政府债务的纠结、困惑与解决之道》，载《苏州大学学报(哲学社会科学版)》2016年第5期。

当然，地方债发行是一个系统工程，除开建立"以发行主体、发行模式、发行核准与发行程序等为基本制度，以地方政府信用评级、地方政府信用增级、持续信息披露为配套制度"的发行机制，还需要构建强有力的配套措施，才能筑牢地方债的防波堤。例如，完善分税制财政管理体制，建立起事权和支出责任相适应的法治机制；尝试引入地方政府债券保险制度、债务重整及救助制度，帮助地方政府走出债务困境，最大限度维护投资者利益；调整地方政府及领导干部的政绩考核标准，将过度举债、违规举债列入减分指标。与此同时，要想为地方债发行与监控扫除障碍，亟需进行配套立法，如制定《政府间财政收支划分法》和《财政转移支付法》，重塑地方政府的财政主体资格等。

综上，地方债发行不仅仅是一个公债权债务关系的问题，也关系地方债背后蕴含的政府间财政关系、事权与财权相匹配等议题，更关涉一国的治国理政方式。在我国，地方债的发行资格经历了一个从无到有、从禁止到限制的过程，但纵使《预算法》第35条赋予省级政府举债权，但省级以下地方政府尚无发债的权力，实践中地方政府违规举债事件也时常出现。不过，地方债虽符合地方政府的利益，但也是一把"双刃剑"，容易诱发财政风险、金融风险等危机。因此，通过地方债发行的"主体—责任"维度考察可得，既要根据地方政府的债务偿还和财政平衡能力，允许地方政府拥有举债权，并适度拓展举债主体范围，合理划分举债权限；也要坚持中央不予救助原则，尽管出于种种条件限制，中央政府仍有必要实施有限的救助。[1]即，立法上理当赋予省、市、县级政府充分的发债权，同时要严格遵循预算法等的约束，以防滥发债券，规范中央与地方政府间财政关系。

---

[1] 参见朱大旗：《迈向公共财政：〈预算法修正案(二次审议稿)〉之评议》，载《中国法学》2013年第5期。

结　论

在本质上，机关法人是机关公共管理职能与民事主体能力的分离，"机关法人化"的实质是"去机关化"。如果国家机关和法定职能机关利用私法实现公法职能，则该机关法人就不是单纯地拥有私法自由，而要受到公法的限制与约束。[1]因此，鉴于机关法人的权利能力来源于公法，决定着机关法人既要遵循民法(私法)的规定，又要受财政法(公法)的约束。在此领域，机关法人必须服从于各种基本权利，特别是必须服从于自由权利和平等权，以及比例原则，不允许行政机关通过私法方式设立各种控制关系，以防过度遁入私法。[2]在公、私法竞合的大背景下，机关法人涉及宪法、民法、行政法、财政法等领域，集公法身份与私法角色于一体。它是一个财政主体，虽然各领域的口径未必完全一致，但都是同一个"人"，只是在不同领域有不同的体现与称谓罢了。更何况其资金来源于财政拨款，因而尤其需要从财政法(公法)的视角予以深究。深究之，机关法人表似一个简单的民事主体，实则涉及财政法的规则及约束，其本身就是一个典型的财政法问题。

本书以公、私法交错与互动为语境，以机关法人的财政法约束为重心，运用财政法、民法、行政法等学科知识对其进行了深入分析，得出的结论如下：

---

[1]　参见[印]M.P.塞夫：《德国行政法：普通法的分析》，周伟译，山东人民出版社2006年版，第105页。

[2]　参见苏永钦：《从动态规范体系的角度看公私法的调和——以民法的转介条款和宪法的整合机制为中心》，载《民事立法与公私法接轨》，北京大学出版社2005年版，第74页。

第一，机关法人化是政府再造的产物。从"法人"到"机关法人"，呈现出私法与公法的交错与融合之势。机关法人是意志与责任的整合、自主与独立身份的确立，其设定以法人格化的方式实现行政自主下的分权、自治和效率。国家机关虽"法人化"，但机关普遍法人化是对非法人化现象的逆反与私法遁入，因此机关法人作为法人独立性的"例外"规则而存在。

第二，机关法人的实质是"去机关化"，但要受财政法的特别调整，是财政法(公法)对民法(私法)的限制。根据《民法典》第97条的规定，"独立经费"对应财政，"行政职能"对应行政，所以机关法人并非由民法决定，而是取决于宪法统摄之下的财政法、行政法等公法。机关法人既要遵守民法的私法原理，同时也要受预算法、财政法等公法的限制，严守法律优越、法律保留原则，防止政府机关过度介入私法。

第三，机关法人的行为既是一个外部行为，也是一个内部行为，前者指向对外的民事活动，后者是一个典型的财政行为，涉及机关法人财政收入的来源、哪些资产可用以必要的民事活动等。其中，资金、财产形成财政收入，财产是财政的一部分；经费管理就是财政管理，是机关法人的一种内部管理；机关法人从事民事活动的支出便是财政支出，须在财政法内适用。

第四，机关法人具有二重性，其既是一个民事主体，同时也是一个财政主体。机关法人是一个财政主体，但财政主体的范围更广，还包括无独立的预算经费但承担行政职能的法定机构，以及既无独立的预算经费也不承担行政职能的法定机构。换言之，机关法人意在解决国家机关的民事主体资格问题，其判断基准(成立标志)在于，独立经费应纳入国家(含地方)预算，只有同时具备独立的预算经费和为履行职能需要进行民事活动者，才能成为机关法人。

第五，机关法人虽主体独立，但财产可不必独立。按照通说观点，机关法人理应拥有独立的财产，强调财产独立性。但是，机关法人的财产主要来源于国家拨款，甚难保障其独立性。基于机关法人财产不独立的现实，若发生重大民事交易活动，则按照事权与支出责任的多少由国库负担。而在性质上，财产独立制与国家所有权相关联，机关法人的属性仅表现为支配权，而非所有权。

第六，机关法人虽主体独立，但责任可不必独立。机关法人责任体现为财政责任和民事责任的统一，它既是一种民事责任，同时也是一种财政责任。其承担责任的过程，也是财政支出的过程。实践中，各机关法人尚没有足够的财权和财力以应对事权，没有严格遵守法人独立性。基于机关法人财产和责任不独立的现实，若发生重大民事交易活动，政府需要为其部门的责任兜底，上级政府要为下级政府的责任承担补充责任或无限责任。在机关法人与其他机关之间，坚持有限责任，构造"财产区隔"制度。

第七，机关法人虽作为一种法人类型，但不同于一般法人，因为其只强调主体独立，而财产和责任并不独立，对传统法人理论形成了强烈的冲击。而在公、私法竞合的语境下，这种现象有其合理性。从整体法尤其是财政法的角度反思法人理论，揭示了机关法人与一般法人理论的差异与冲突，但当财产不独立、责任不独立时，机关法人亦可构成法人。在制度构造上，基于机关法人的特殊性，短期内可坚持主体独立，财产、行为和责任不独立的形态，但从长远来看，"主体—财产—行为—责任"均独立是为终极目标。

总而言之，机关法人兼具财政主体与民事主体的双重资格，其"为履行职能需要进行民事活动"并非易事，而要受到以财政法为中心的诸多公法的约束。根本而言，机关法人具有从事民事活动的任意性和从事财政活动的约束性，这不是一个简单的一体两面问题，而涉及民法(私法)与财政法(公法)的冲突与对立，揭示了财政法规制机关法人的特殊性，机关法人"为履行职能需要进行民事活动"要受到预算法、财政法等公法的约束。

参考文献

一、中文著作

1. 熊伟：《财政法基本问题》，北京大学出版社 2012 年版。

2. 刘剑文等：《财税法总论》，北京大学出版社 2016 年版。

3. 刘剑文、熊伟：《财政税收法》，法律出版社 2017 年版。

4. 葛克昌：《税法基本问题——财政宪法篇》，元照出版公司 2005 年版。

5. 葛克昌：《租税国的危机》，厦门大学出版社 2016 年版。

6. 黄茂荣：《法学方法与现代税法》，北京大学出版社 2011 年版。

7. 张守文：《财税法学》，中国人民大学出版社 2009 年版。

8. 王世涛：《财政宪法学研究：财政的宪政视角》，法律出版社 2012 年版。

9. 叶金育：《税法整体化研究：一个法际整合的视角》，北京大学出版社 2016 年版。

10. 李刚：《税法与私法关系总论》，法律出版社 2014 年版。

11. 钟瑞栋：《民法中的强制性规范——公法与私法"接轨"的规范配置问题》，法律出版社 2009 年版。

12. 李昕：《作为组织手段的公法人制度研究》，中国政法大学出版社 2009 年版。

13. 王春梅：《苏联法对中国民事主体制度之影响》，法律出版社 2016 年版。

14. 江平主编：《法人制度论》，中国政法大学出版社 1997 年版。

15. 蒋学跃：《法人制度法理研究》，法律出版社 2007 年版。

16. 李昕：《作为组织手段的公法人制度研究》，中国政法大学出版社 2009 年版。

17. 陈晓军：《互益性法人法律制度研究——以商会、行业协会为中心》，法律出版社 2007 年版。

18. 张力：《法人独立财产制研究：从历史考察到功能解析》，法律出版社 2008 年版。

19. 张静：《法团主义》，中国社会科学出版社 1998 年版。

20. 金锦萍：《非营利法人治理结构研究》，北京大学出版社 2005 年版。

21. 刘坤亿：《台湾推动行政法人化之经验分析》，晶典文化事业出版社 2005 年版。

22. 王晓烁：《国家机关权责平衡问题研究》，中国商务出版社 2006 年版。

23. 金自宁：《公法/私法二元区分的反思》，北京大学出版社 2007 年版。

24. 何勤华主编：《公法与私法的互动》，法律出版社 2012 年版。

25. 韩大元主编：《公法的制度变迁》，北京大学出版社 2009 年版。

26. 袁曙宏、宋功德：《统一公法学原论》(上、下卷)，中国人民大学出版社 2005 年版。

27. 席恒：《公与私：公共事业运行机制研究》，商务印书馆 2003 年版。

28. 王继军：《公法与私法的现代途释》，法律出版社 2008 年版。

29. 陈新民：《公法学札记》，中国政法大学出版社 2001 年版。

30. 伯阳：《德国公法导论》，北京大学出版社 2008 年版。

31. 彭诚信：《主体性与私权制度研究》，中国人民大学出版社 2005 年版。

32. 苏永钦：《走入新世纪的私法自治》，中国政法大学出版社 2002 年版。

33. 林子仪、叶俊荣、黄昭元、张文贞：《宪法——权力分立》，学林文化事业有限公司 2003 年版。

34. 易继明：《私法精神与制度选择》，中国政法大学出版社 2003 年版。

35. 史尚宽：《民法总论》，中国政法大学出版社 2000 年版。

36. 佟柔：《佟柔中国民法讲稿》，北京大学出版社 2008 年版。

37. 王利明：《民法》，中国人民大学出版社 2006 年版。

38. 王利明：《民法新论》，中国政法大学出版社 1988 年版。

39. 王利明、郭明瑞、方流芳：《民法新论》，中国政法大学出版社 1988 年版。

40. 苏永钦：《寻找新民法》，北京大学出版社 2012 年版。

41. 王全弟：《民法总论》，复旦大学出版社 2005 年版。

42. 龙卫球：《民法总论》，中国法制出版社 2002 年版。

43. 韩松：《民法总论》，法律出版社 2006 年版。

44. 黄立：《民法总则》，中国政法大学出版社 2002 年版。

45. 李开国、张玉敏：《中国民法学》，法律出版社 2002 年版。

46. 胡长清：《中国民法总论》，中国政法大学出版社 1997 版。

47. 梁慧星主编：《民法总论》，法律出版社 2015 年版。

48. 朱庆育：《民法总论》，北京大学出版社 2016 年版。

49. 刘凯湘：《民法总论》，北京大学出版社 2006 年版。

50. 王泽鉴：《民法总则》，中国政法大学出版社 2001 年版。

51. 黄茂荣：《法学方法与现代民法》，中国政法大学出版社 2007 年版。

52. 鄢一美：《俄罗斯当代民法研究》，中国政法大学出版社 2006 年版。

53. 中国社会科学院法学研究所民法研究室编：《苏俄民法典》，中国社会科学出版社 1980 年版。

54. 何勤华：《新中国民法典草案总览》（上卷），法律出版社 2002 年版。

55. 张俊浩：《民法学原理(上册)》，中国政法大学出版社 2000 年版。

56. 葛云松：《过渡时代的民法问题研究》，北京大学出版社 2008 年版。

57. 洪学军：《民法通则精要与依据指引》，人民出版社 2005 年版。

58. 尹田：《民事主体理论与立法研究》，法律出版社 2003 年版。

59. 罗玉珍主编：《民事主体论》，中国政法大学出版社 1992 年版。

60. 韩松、赵俊芳、张翔：《物权法》，法律出版社 2008 年版。

61. 张建文：《转型时期的国家所有权问题研究——面向公共所有权的思考》，法律出版社 2008 年版。

62. 程淑娟：《国家所有权民法保护论》，法律出版社 2013 年版。

63. 虞政平：《股东有限责任：现代公司法律之基石》，法律出版社 2001 年版。

64. 陈敏：《行政法总论》，新学林出版股份有限公司 2007 年版。

65. 陈新民：《行政法学总论》，三民书局 1998 年版。

66. 李震山：《行政法导论》，台湾三民书局 1998 年版。

67. 翁岳生主编：《行政法》，中国法制出版社 2002 年版。

68. 王名扬：《法国行政法》，中国政法大学出版社 1988 年版。

69. 王名扬：《英国行政法、比较行政法》，北京大学出版社 2016 年版。

70. 罗豪才：《行政法论》，光明日报出版社 1988 年版。

71. 应松年：《行政法学新论》，中国方正出版社 1999 年版。

72. 应松年、薛刚凌：《行政组织法研究》，法律出版社 2002 年版。

73. 黄锦堂：《行政组织法论》，翰芦图书出版有限公司 2005 年版。

74. 张尚鷟：《走出低谷的中国行政法学》，中国政法大学出版社

1991 年版。

75. 杨海坤、章志远：《中国行政法基本理论研究》，北京大学出版社 2004 年版。

76. 胡建淼：《行政法学》，法律出版社 2003 年版。

77. 龚祥瑞：《比较宪法与行政法》，法律出版社 1985 年版。

78. 任万兴、崔巍岚、折喜芳：《台湾行政法论》，甘肃人民出版社 2006 年版。

79. 于安：《德国行政法》，清华大学出版社 1999 年版。

80. 周佑勇：《行政法原论》，中国方正出版社 2005 年版。

81. 涂怀莹：《行政法原理》，五南图书出版公司 1987 年版。

82. 沈宗灵：《比较法总论》，北京大学出版社 1998 年版。

83. 何勤华、李秀清：《外国法与中国法——20 世纪中国移植外国法反思》，中国政法大学出版社 2003 年版。

84. 张千帆：《国家主权与地方自治：中央与地方关系的法治化》，中国民主法制出版社 2012 年版。

85. 张千帆：《宪法学讲义》，北京大学出版社 2011 年版。

86. 周枏：《罗马法原论》，商务印书馆 2004 年版。

87. 黄风：《罗马私法导论》，中国政法大学出版社 2003 年版。

88. 陈朝壁：《罗马法原理》，法律出版社 2006 年版。

89. 许章润：《萨维尼与历史法学派》，杜林广西师范大学出版社 2004 年版。

90. 康晓光：《权力的转移》，浙江人民出版社 1999 年版。

91. 童彬：《法国财产权体系之源与流》，法律出版社 2014 年版。

92. 皮纯协、何寿生编著：《比较国家赔偿法》，中国法制出版社 1998 年版。

93. 张传主编：《政府采购法比较研究》，中国方正出版社 2007 年版。

二、中文译著

1. [德]迪特尔·梅迪库斯：《德国民法总论》，邵建东译，法律出版社 2000 年版。

2. [德]卡尔·拉伦茨：《德国民法通论》，王晓晔等译，法律出版社 2002 年版。

3. [德]卡尔·拉伦茨：《法学方法论》，陈爱娥译，商务印书馆 2003 年版。

4. [德]米歇尔·施托莱斯：《德国公法史》，雷勇译，法律出版社 2007 年版。

5. [德]哈贝巴斯：《公共领域的结构转型》，曹卫东等译，学林出版社 1999 年版。

6. [德]哈特穆特·毛雷尔：《行政法学总论》，高家伟译，法律出版社 2000 年版。

7. [德]奥托·迈耶：《德国行政法》，刘飞译，北京：商务印书馆 2013 年版。

8. [德]拉德布鲁赫：《法学导论》，米健、朱林译，中国大百科全书出版社 1997 年版。

9. [德]汉斯·J.沃尔夫、奥托·巴霍夫、罗尔夫·施托贝尔：《行政法》(第二卷)，高家伟译，商务印书馆 2002 年版。

10. [德]卡纳里斯：《德国商法》，杨继译，法律出版社 2006 年版。

11. [德]米歇尔·施托莱斯：《德国公法史》，雷勇译，法律出版社 2007 年版。

12. [法]莱昂·狄骥：《公法的变迁》，郑戈译，春风文艺出版社 1999 年版。

13. [法]莫里斯·奥里乌：《行政法与公法精要》，龚觅等译，辽海出版社、春风文艺出版社 1999 年版。

14. [法]卢梭：《社会契约论》，何兆武译，商务印书馆 1980 年版。

15. [法]古斯塔夫·佩泽尔：《法国行政法》，廖坤明、周洁译，国家行政学院出版社 1998 年版。

16. [日]美浓部达吉：《公法与私法》，黄冯明译，中国政法大学出版社 2003 年版。

17. [日]我妻荣：《我妻荣民法讲义Ⅰ：新订民法总则》，于敏译，中国法制出版社 2008 年版。

18. [日]盐野宏：《行政法总论》，杨建顺译，北京大学出版社 2008 年版。

19. [日]米丸恒治：《私人行政——法的统制的比较研究》，洪英、王丹红、凌维慈译，中国人民大学出版社 2010 年版。

20. [日]神野直彦：《财政学——财政现象的实体化分析》，彭曦等译，南京大学出版社 2012 年版。

21. [日]铃木义男等：《行政法学方法论之变迁》，陈汝德等译，中国政法大学出版社 2004 年版。

22. [日]美浓部达吉：《公法与私法》，黄冯明译，中国政法大学出版社 2003 年版。

23. [日]和田英夫：《现代行政法》，倪健民、潘世圣译，中国广播电视出版社 1993 年版。

24. [日]铃木义男等：《行政法学方法论之变迁》，陈汝德等译，中国政法大学出版社 2004 年版。

25. [日]志田钾太郎口述，熊元襄、熊仕昌编：《商法：会社、商行为》，上海人民出版社 2013 年版。

26. [日]我妻荣：《新订民法总则》，于敏译，中国法制出版社 2008 年版。

27. [苏]坚金主编：《苏维埃民法》(第 1 册)，中国人民大学民法教研室译，法律出版社 1956 年版。

28. [苏]玛·雅·克依里洛娃主编：《苏维埃民法》(上册)，北京政法学院民法教研室译，法律出版社 1957 年版。

29. [苏]C.H.布拉图西等主编：《苏维埃民法》(上册)，中国人民大学民法教研室译，中国人民大学出版社 1955 年版。

30. [俄]E.A.苏哈诺夫主编：《俄罗斯民法(第 1 册)》，黄道秀译，中国政法大学出版社 2011 年版。

31. [俄]E.A.苏哈诺夫主编：《俄罗斯民法》(第 2 册)，王志华、李国强译，中国政法大学出版社 2011 年版。

32. [英]梅因：《古代法》，沈景一译，商务印书馆 1959 年版。

33. [英]马丁·洛克林：《公法与政治理论》，郑戈译，商务印书馆 2013 年版。

34. [英]巴里·尼古拉斯：《罗马法概论》，黄风译，法律出版社 2000 年版。

35. [美]B.盖伊·彼得斯：《政府未来的治理模式》，吴爱明、夏宏图译，中国人民大学出版社 2001 年版。

36. [美]E.S.萨瓦斯：《民营化与公私部门的伙伴关系》，周志忍等译，中国人民大学出版社 2002 年版。

37. [美]尼古拉斯·亨利：《公共行政与公共事务》，张昕等译，中国人民大学出版社 2002 年版。

38. [美]巴里·尼古拉斯：《罗马法概论》，黄风译，法律出版社 2000 年版。

39. [美]哈罗德·J.伯尔曼：《法律与革命：西方法律传统的形成》，贺卫方等译，中国大百科全书出版社 1993 年版。

40. [美]G.沙布尔·吉玛、丹尼斯·A.荣迪内利编：《分权化治理：新概念与新实践》，唐贤兴等译，格致出版社，上海人民出版社 2013 年版。

41. [美]詹姆斯·M.布坎南：《民主财政论》，穆怀朋译，商务印书馆 2015 年版。

42. [美]珍妮特·V.登哈特、罗伯特·B.登哈特：《新公共服务：服务而不是掌舵》，丁煌译，中国人民大学出版社 2004 年版。

43. [美]E.S.萨瓦斯：《民营化与公私部门的伙伴关系》，周志忍等译，中国人民大学出版社 2002 年版。

44. [美]文森特·奥斯特罗姆：《美国公共行政思想危机》，毛寿龙译，上海三联书店 1999 年版。

45. [美]埃莉诺·奥斯特罗姆：《公共事务的治理之道》，余逊达等译，上海三联书店 2000 年版。

46. [印]M.P.赛夫：《德国行政法——普通法的分析》，周伟译，山东人民出版社 2006 年版。

47. [古罗马]查士丁尼：《法学总论》，张企泰译，商务印书馆 1996 年版。

48. [意]彼德罗·彭梵得：《罗马法教科书》，黄风译，中国政法大学出版社 2005 年版。

49. [奥]凯尔森：《国家与法的一般理论》，沈宗灵译，中国大百科全书出版社 1996 年版。

50. [澳]布伦南、[美]布坎南：《宪政经济学》，冯克利等译，中国社会科学出版社 2004 年版。

51. [新西兰]迈克尔·塔格特：《行政法的范围》，金自宁译，中国人民大学出版社 2006 年版。

52. 经济合作与发展组织：《分散化的公共治理》，国家发展和改革委员会事业单位改革研究课题组译，中信出版社 2003 年版。

53. 《德国民法典》，郑冲译，法律出版社 2001 年版。

54. 《瑞士民法典》，殷生根译，中国政法大学出版社 1999 年版。

55. 《日本民法典》，王书江译，中国法制出版社 2002 年版。

56. 《意大利民法典》，费安玲译，中国政法大学出版社 2004 年版。

57. 《俄罗斯联邦民法典》，黄道秀译，北京大学出版社 2007 年版。

三、中文学位论文

1. 张彪：《国家机关法人地位正当性分析》，湖南大学 2016 年博士学位论文。

2. 黄士洲：《税法对私法的承接与调整》，台湾大学法律研究所 2007 年博士学位论文。

3. 蒋学跃：《法人制度法理研究》，中国人民大学 2004 年博士学位论文。

4. 李昕：《功能视角下的公法人制度研究》，中国政法大学 2008 年博士学位论文。

5. 路松明：《机关法人制度法律研究》，中国政法大学 2008 年硕士学位论文。

6. 刘章平：《地方政府性债务视角下的机关法人理论研究》，西南政法大学 2012 年硕士学位论文。

7. 涂朝兴：《行政私法之研究》，台湾政治大学法律研究所 1990 年硕士学位论文。

8. 吕瑞云：《公法法人财产所有权问题研究》，中国社会科学院研究生院 2011 年博士学位论文。

9. 龙卫球：《民法主体的一般理论》，中国政法大学 1998 年博士学位论文。

10. 刘亚坤：《法人分类体系研究》，郑州大学 2004 年硕士学位论文。

11. 姜静娜：《法人分类研究——以〈民法典〉的编纂为背景》，郑州大学 2016 年硕士学位论文。

12. 王海波：《公务法人研究——以我国事业单位改革为例》，内蒙古大学 2008 年硕士学位论文。

13. 王雾霞：《公务法人制度研究》，中国政法大学 2003 年硕士学位论文。

14. 李淑琴：《非法人团体法律地位探析》，山东大学 2007 年硕士学位论文。

15. 吕文秀：《非法人组织民事法律地位研究》，华东政法大学 2015 年硕士学位论文。

16. 刘如巧：《论行政机关选择公法及私法手段之自由——以德国法为中心》，台湾大学法律研究所 1995 年硕士学位论文。

17. 王丛虎：《论行政主体概念的重构》，中国人民大学 2006 年博士学位论文。

18. 王慧：《行政法人制度研究》，西南政法大学 2006 年硕士学位论文。

19. 夏利民：《论财团法人制度》，对外经济贸易大学 2007 年博士学位论文。

20. 李高雅：《法人基本权利问题研究》，武汉大学 2012 年博士学位论文。

21. 胡岩：《财团法人法律机制研究》，中国政法大学 2008 年博士学位论文。

22. 王雪琴：《慈善法人研究》，武汉大学 2010 年博士学位论文。

23. 安洋：《日本特殊法人研究》，吉林大学 2005 年博士学位论文。

24. 郭永庆：《日本特殊法人制度的形成与演》，东北财经大学 2007 年博士学位论文。

25. 陈伟：《日本独立行政法人制度研究》，西南政法大学 2013 年硕士学位论文。

26. 张继恒：《非政府组织的行政主体地位研究》，南昌大学 2016 年博士学位论文。

27. 刘文丰：《两岸公立大学法人化之研究》，中国政法大学 2008 年博士学位论文。

28. 冯乐坤：《国有财产的中央与地方分权研究——以地方所有权为视角》，西南政法大学 2015 年博士学位论文。

29. 周海霞：《论法人行为能力》，山西大学 2008 年硕士学位论文。

30. 张建文：《转型时期的国家所有权问题研究——面向公共所有权的思考》，西南政法大学 2006 年博士学位论文。

31. 鲍家志：《非经营性国有资产使用权研究》，武汉大学 2012 年博士学位论文。

32. 赵艳芳：《法人民事责任若干问题研究》，吉林大学 2004 年硕士学位论文。

33. 陈军：《变化与回应：公私合作的行政法研究》，苏州大学 2010 年博士学位论文。

四、中文期刊论文

1. 屈茂辉：《机关法人制度解释论》，载《清华法学》2017 年第 5 期。

2. 马俊驹、余延满：《民事主体功能论——兼论国家作为民事主体》，载《法学家》2003 年第 6 期。

3. 余志勤：《略论我国国家的法人资格及其特征》，载《法律科学(西北政法学院学报)》1995 年第 1 期。

4. 李志文、耿岩：《论公用物公法与私法层面上双重法律规制》，载《暨南学报》(哲学社会科学版)2007 年第 6 期。

5. 梁慧星：《论企业法人与企业法人所有权》，载《法学研究》1981 年第 1 期。

6. 尹田：《物权主体论纲》，载《现代法学》2006 年第 2 期。

7. 王继远：《我国机关法人财产立法保护初探》，载《特区经济》2009 年第 4 期。

8. 余睿：《论行政公产的法律界定》，载《湖北社会科学》2009 年第 9 期。

9. 陈雪娇：《机关法人的独立责任探讨》，载《广西政法管理干部学院学报》2005 年第 3 期。

10. 张树义：《行政主体研究》，载《中国法学》2000 年第 2 期。

11. 王天华：《国家法人说的兴衰及其法学遗产》，载《法学研究》2012 年第 5 期。

12. 任中秀：《"事业单位法人"概念存废论》，载《法学杂志》2011 年第 7 期。

13. 王冠玺：《我国法人的基本权利探索——法人得否主张精神损害赔偿的宪法上论证》，载《浙江学刊》2010 年第 5 期。

14. 马克勤：《法律赋予政府机关法人资格的特殊意义和作用》，载《法律科学(西北政法学院学报)》1991 年第 2 期。

15. 欧锦雄：《宪政建设的民法基础：机关法人制度》，载《广西政法管理干部学院学报》2006 年第 6 期。

16. 任尔昕、王肃元：《我国法人民事责任制度之检讨》，载《政法论坛》2002 年第 2 期。

17. 沈岿：《重构行政主体范式的尝试》，载《法律科学(西北政法学院学报)》2000 年第 6 期。

18. 赵旭东：《我国企业法人主要法定条件分析》，载《政法论坛》1987 年第 4 期。

19. 钟瑞栋：《民事立法的三种型态与强制性规范的配置——以公法与私法的分立与融合为背景》，载《厦门大学学报(哲学社会科学版)》2008 年第 6 期。

20. 张新宝、张红：《中国民法百年变迁》，载《中国化会科学》2011 年第 6 期。

21. 方流芳：《从法律视角看中国事业单位改革——事业单位"法人化"批判》，载《比较法研究》2007 年第 3 期。

22. 马俊驹：《法人制度的基本理论和立法问题之探讨(上)》，载《法学评论》2004 年第 4 期。

23. 马俊驹：《法人制度的基本理论和立法问题之探讨(中)》，载《法学评论》2004 年第 5 期。

24. 马俊驹：《法人制度的基本理论和立法问题之探讨(下)》，载《法学评论》2004 年第 6 期。

25. 马俊驹、宋刚：《民事主体功能论——兼论国家作为民事主体》，载《法学家》2003 年第 6 期。

26. 程思良：《论法人的民事能力》，载《西南政法大学学报》2005

年第 5 期。

　　27. 马存利：《对法人能力限制的思考》，载《当代法学》2002 年第 1 期。

　　28. 李昕：《公法人概念缘起的法哲学思考》，载《哲学动态》2008 年第 12 期。

　　29. 熊文钊：《行政法人论》，载《法学》1988 年第 4 期。

　　30. 周友军：《德国民法上的公法人制度研究》，载《法学家》2007 年第 4 期。

　　31. 李昕：《论公法人制度建构的意义和治理功能》，载《甘肃行政学院学报》2009 年第 4 期。

　　32. 崔拴林：《论我国私法人分类理念的缺陷与修正——以公法人理论为主要视角》，载《法律科学(西北政法大学学报)》2011 年第 4 期。

　　33. 张建文：《民事程序法视野中的国家公产问题》，载《理论探索》2006 年第 1 期。

　　34. 马克勤：《法律赋予政府机关法人资格的特殊意义和作用》，载《法律科学(西北政法学院学报)》1991 年第 2 期。

　　35. 张建文：《作为法主体之国家：理论、实践与批判——以国家的民事主体地位为中心》，载《经济法论丛》第 19 卷。

　　36. 张继恒：《社会中间层的经济法主体地位析辩——由"三元框架"引发的思考》，载《法制与社会发展》2013 年第 6 期。

　　37. 张继恒：《社会中间层的法律维度——对经济法主体"三元框架"的重新解读》，载《甘肃政法学院学报》2015 年第 1 期。

　　38. 何敏：《机关法人能否成为商标申请人》，载《中华商标》2006 年第 8 期。

　　39. 李文伟：《机关法人经济犯罪的制度原因和对策初探——对大庆国税局受贿案的法律思考》，载《社会科学动态》2000 年第 11 期。

　　40. 车静：《试论将机关法人列为单位犯罪主体的立法缺陷》，载《安徽警官职业学院学报》2007 年第 1 期。

41. 余凌云：《行政主体理论之变革》，载《法学杂志》2010年8期。

42. 郑有为：《论公法人破产——从美国联邦破产法第九章地方自治团体债务调整之角度出发》，载《政大法律评论》2005年第93期。

43. 黄越钦：《公法人与私法人》，载《政大法学评论》1980年第22期。

44. 李建良：《论公法人在行政组织建制上的地位与功能——以德国公法人概念与法制为借镜》，载《月旦法学杂志》2002年第5期。

45. 李昕：《法人概念的公法意义》，载《浙江学刊》2008年第1期。

46. 龙卫球：《法律主体概念的基础性分析(上)——兼论法律主体预定理论》，载《学术界》2000年第3期。

47. 陈淳文：《论法国法上之公法人》，载《月旦法学杂志》第84期。

48. 蔡秀卿：《日本独立行政法人制度》，载《月旦法学杂志》第84期。

49. 李建良：《公立大学公法人化之问题探析》，载《台大法学论丛》第29卷。

50. 林腾鹞：《公法上社团法人》，载《东海大学法学研究》第18期。

51. 邱惠美：《日本独立行政法人制度初探——兼论日本国立大学法人化问题(上)》，载《政大法律评论》第90期。

52. 张骏：《关于法人本质的再思考——从拟制说出发》，载《江南大学学报人文社会科学版》2005年第2期。

53. 薛刚凌：《我国行政主体之理论检讨——兼论全面研究行政组织法的必要性》，载《政法论坛》1998年第6期。

54. 薛刚凌：《行政主体之再思考》，载《中国法学》2001年第2期。

55. 李锡鹤：《论法人的本质》，载《法学》1997年第2期。

56. 石慧荣：《法人代表制度研究》，载《现代法学》1996年第4期。

57. 苏力：《从契约理论到社会契约理论——一种国家学说的知识考古学》，载《中国社会科学》1996年第3期。

58. 尹田：《论法人的侵权行为》，载《河北法学》2002年第2期。

59. 尹田：《论法人的权利能力》，载《法制与社会发展》2003 年第 3 期。

60. 尹田：《论法人人格权》，载《法学研究》2004 年第 4 期。

61. 尹田：《无财产即无人格——法国民法上广义财产理论的现代启示》，载《法学家》2004 年第 2 期。

62. 张慧峰：《论法人的本质》，载《北京理工大学学报(社科版)》2000 年第 1 期。

63. 李建华、许中缘：《法人越权行为原则的再认识》，载《法制与社会发展》2001 年第 2 期。

64. 王春梅：《潮流与现实悖反：我国机关法人之定位与重构》，载《北京行政学院学报》2016 年第 3 期。

65. 姜朋：《从与机关法人的关系视角看事业单位改革》，载《北方法学》2011 年第 5 期。

66. 陈萍：《法国"机关法人"刑事责任述评及其借镜》，载《中国刑事法杂志》2013 年第 11 期。

67. 张彪：《国家机关法人独立预算经费要件论——兼评〈中华人民共和国民法典民法总则草案〉(征求意见稿)第八十九条》，载《湖南警察学院学报》2016 年第 6 期。

68. 杜创国：《日本特殊法人及其改革》，载《中国行政管理》2006 年第 5 期。

69. 朱光明：《日本独立行政法人化改革及其对中国的启示》，载《国家行政学院学报》2005 年第 2 期。

70. 田中景、安洋：《日本特殊法人改革及其前景》，载《国家行政学院学报》2002 年第 2 期。

71. 陈小洪：《日本特殊法人制度的介绍及其启示》，载《管理世界》1997 年第 4 期。

72. 徐洁：《论法人的独立人格及判断标准》，载《现代法学》2003 年第 1 期。

73. 王雪琴：《论慈善法人的法律属性——以公、私法人区分为视角》，载《武汉大学学报(哲学社会科学版)》2010 年第 4 期。

74. 汪习根：《公法法治论——公、私法定位的反思》，载《中国法学》2002 年第 5 期。

75. 江平、赵旭东：《法人分支机构法律地位析》，载《中国法学》1991 年第 5 期。

76. 严益州：《德国行政法上的双阶理论》，载《环球法律评论》2015 年第 1 期。

77. 程明修：《公私协力法律关系之双阶争讼困境》，载《行政法学研究》2015 年第 1 期。

78. 韩宁：《行政诉讼中民诉法规范与民法规范适用之"双阶结构"》，载《时代法学》2016 年第 6 期。

79. 梁凤云：《论行政合同诉讼的基本构造》，载《行政法论丛》2014 年第 1 期。

80. 王贵松：《民法规范在行政法中的适用》，载《法学家》2012 年第 4 期。

81. 郭修江：《行政诉讼中民法规范的适用》，载《法学杂志》1990 年第 3 期。

82. 单华东、江厚良：《民法规范在行政审判中的类推适用》，载《人民司法》2012 年第 23 期。

83. 郑艳：《私法原则在行政合同制度中的适用与超越——一个认识行政合同的新视角》，载《行政法学研究》2001 年第 4 期。

84. 赵宏：《试论行政合同中的诚实信用原则》，载《行政法学研究》2005 年第 2 期。

85. 戚渊：《试论我国行政法援引诚信原则之意义》，载《法学》1993 年第 4 期。

86. 刘丹：《论行政法上的诚实信用原则》，载《中国法学》2004 年第 1 期。

87. 闫尔宝：《行政法诚信原则的内涵分析——以民法诚信原则为参照》，载《行政法学研究》2007 年第 1 期。

88. 陈鹏：《诚实信用原则对于规范行政权行使的意义——对当前学说及司法实践的检讨》，载《行政法学研究》2012 年第 1 期。

89. 李佳：《论民行交叉案件现行处理模式中存在的风险及其预防》，载《法学杂志》2011 年第 5 期。

90. 宁杰：《民行交叉诉讼中基础诉讼的确定》，载《人民司法》2011 年第 1 期。

91. 黄学贤：《行民交叉案件处理之探究》，载《法学》2009 年第 8 期。

92. 周涛裕：《民事与行政交叉案件的"一并审理"》，载《人民司法(应用)》2012 年第 3 期。

93. 张青波：《行政主体从事私法活动的公法界限——以德国法为参照》，载《环球法律评论》2014 年第 3 期。

94. 徐庭祥：《论以私法组织形式和行为方式履行行政任务的行政法规制》，载《甘肃政法学院学报》2013 年第 2 期。

95. 王太高、郎焕聪：《论给付行政中行政私法行为的法律约束》，载《南京大学法律评论》2008 年卷。

96. 黄学贤、陈峰：《试论实现给付行政任务的公私协力行为》，载《南京大学法律评论》2008 年卷。

97. 丁丽红、孙才华：《行政私法合同初论》，载《湖北社会科学》2007 年第 9 期。

98. 刘志刚：《论服务行政条件下的行政私法行为》，载《行政法学研究》2007 年第 1 期。

99. 胡敏洁：《以私法形式完成行政任务——以福利民营化为考察对象》，载《政法论坛》2005 年第 6 期。

100. 高秦伟：《行政私法及其法律控制》，载《上海行政学院学报》2004 年第 4 期。

101. 邹焕聪：《行政私法理论在合同制度中的展开》，载《现代法学》2010 年第 3 期。

102. 程明修：《行政行为行使选择自由——以公私协力行为为例》，载《月旦法学杂志》2005 年第 5 期。

103. 陈爱娥：《国家角色变迁下的行政任务》，载《月旦法学教室》2003 年第 3 期。

104. 黄茂荣：《税捐法与民事法》，载《月旦财经法杂志》2005 年第 2 期。

105. 钟瑞栋：《"私法公法化"的反思与超越——兼论公法与私法接轨的规范配置》，载《法商研究》2013 年第 4 期。

106. 田喜清：《私法公法化问题研究》，载《政治与法律》2011 年第 11 期。

107. 刘剑文：《私人财产权的双重保障——兼论税法与私法的承接与调整》，载《河北法学》2008 年第 12 期。

108. 杨小强：《论税法与私法的联系》，载《法学评论》1999 年第 6 期。

109. 杨小强、彭明：《论税法与民法的交集》，载《江西社会科学》1999 年第 8 期。

110. 罗俊杰、刘霞玲：《税法私法化趋势理论探源》，载《税务研究》2010 年第 4 期。

111. 王锴：《政府采购中双阶理论的运用》，载《云南行政学院学报》2010 年第 5 期。

112. 胡朝阳：《政府购买服务的法律调整体系探析——以代理理论与双阶理论为分析视角》，载《学海》2014 年第 4 期。

113. 袁维勤：《公法、私法区分与政府购买公共服务三维关系的法律性质研究》，载《法律科学(西北政法大学学报)》2012 年第 4 期。

114. 胡乔敏、沈军、张艺耀：《公共服务公私法适用之变迁——法国经验》，载《法治研究》2007 年第 4 期。

115. 朱中一：《论政府采购行政诉讼的原告范围——从出租车司机被劫案说起》，载《行政法学研究》2011年第3期。

116. 陈又新：《政府采购行为的法律性质——基于对"两阶段理论"的借鉴》，载《行政法学研究》2015年第3期。

117. 林来梵：《针对国家享有的财产权——从比较法角度的一个考察》，载《法商研究》2003年第1期。

118. 程明修：《双阶理论之虚拟与实际》，载《东吴大学法律学报》14卷第2期。

119. 童之伟：《宪法民法关系之实像与幻影——民法根本说的法理评析》，载《中国法学》2006年第6期。

120. 欧阳君君：《自然资源特许使用协议的性质认定——基于对双阶理论的批判性分析》，载《中国地质大学学报(社会科学版)》2015年第4期。

121. 李建良：《行政契约与私法契约区分的新思维》，载《月旦法学杂志》2008年第6期。

122. 崔潮：《论财政主体的演进与中国财政学的发展》，载《改革与战略》2009年第9期。

123. 崔潮：《财政主体结构视角下中西财政形态演化的比较》，载《郑州大学学报(哲学社会科学版)》2012年第5期。

124. 孙树明、郑里：《财政法律关系论》，载《财政研究》1988年第9期。

125. 许光建、高照钰、赵宇：《1978年以来中国财政改革的回顾与展望——基于政府与不同主体财政关系的角度》，载《山西财经大学学报》2009年第2期。

126. 虞政平：《法人独立责任质疑》，载《中国法学》2001年第1期。

127. 税兵：《法人独立责任辨析——从语境论的研究进路出发》，载《四川大学学报(哲学社会科学版)》2005年第2期。

128. 张力：《私法中的"人"——法人体系的序列化思考》，载《法律科学(西北政法大学学报)》2008 年第 3 期。

129. 张力：《国家所有权遁入私法：路径与实质》，载《法学研究》2016 年第 4 期。

130. 张力：《社会转型期俄罗斯的公共所有权制度——兼论公共所有权与私人所有权的制度关系》，载《法律科学(西北政法大学学报)》2009 年第 2 期。

131. 单飞跃：《论行政权限结构与国家所有权》，载《法学评论》1998 年第 6 期。

132. 朱岩：《社会基础变迁与民法双重体系建构》，载《中国社会科学》2010 年第 6 期。

133. 柳经纬：《民法典编纂中的法人制度重构——以法人责任为核心》，载《法学》2015 年第 5 期。

134. 蒋学跃：《民事主体的学理论争及其初步结论——基于实证法的立场》，载《求索》2011 年第 1 期。

135. 蒋学跃：《法人行为能力问题探讨》，载《甘肃政法学院学报》2007 年第 4 期。

136. 蒋学跃：《法人侵权责任能力的理论预设与制度设计——以法人本质理论为线索》，载《现代法学》2007 年第 2 期。

137. 江平、龙卫球：《法人本质及其基本构造研究》，载《中国法学》1998 年第 3 期。

138. 睦鸿明、陈爱武：《非法人组织的困境及其法律地位》，载《学术研究》2004 年第 2 期。

139. 张力：《法人制度中的公、私法调整方法辨析——兼对公、私法人区分标准另解》，载《东南学术》2016 年第 6 期。

140. 蔡立东：《法人分类模式的立法选择》，载《法律科学(西北政法大学学报)》2012 年第 1 期。

141. 任尔昕：《我国法人制度之批判——从法人人格与有限责任制

度的关系角度考察》，载《法学评论》2004 年第 1 期。

142. 谢鸿飞：《〈民法总则〉法人分类的层次与标准》，载《交大法学》2016 年第 4 期。

143. 徐强胜：《论我国民法总则中营利法人的制度安排》，载《华东政法大学学报》2016 年第 5 期。

144. 谭启平、黄家镇：《民法总则中的法人分类》，载《法学家》2016 年第 5 期。

145. 张闯祺：《我国民法总则中的法人分类方式探析》，载《中州学刊》2017 年第 2 期。

146. 李永军：《以"社团法人与财团法人"的基本分类构建法人制度》，载《华东政法大学学报》2016 年第 5 期。

147. 谭启平：《中国民法典法人分类和非法人组织的立法构建》，载《现代法学》2017 年第 1 期。

148. 李昕：《中外行政主体理论之比较分析》，载《行政法学研究》1999 年第 4 期。

149. 张树义：《行政主体研究》，载《中国法学》2000 年第 2 期。

150. 张树义：《论行政主体》，载《政法论坛》2000 年第 4 期。

151. 袁治杰：《民法典制定中的国家与国库问题研究》，载《中国法学》2017 年第 3 期。

152. 王涌：《法人应如何分类——评〈民法总则〉的选择》，载《中外法学》2017 年第 3 期。

153. 叶金育、熊伟：《民法规范进入税法的立法路径——公法与私法"接轨"的规范配置技术》，载《江西财经大学学报》2013 年第 4 期。

154. 邵薇薇：《论法人的分类模式——兼评民法典草案的有关规定》，载《厦门大学法律评论》第 7 辑。

155. 葛云松：《法人与行政主体理论的再探——以公法人概念为重点》，载《中国法学》2007 年第 3 期。

156. 许中缘：《论法人的独立责任与二元民事主体制度》，载《法学评论》2017 年第 1 期。

157. 虞政平：《法人独立责任质疑》，载《中国法学》2001 年第 1 期。

158. 屈茂辉、张彪：《法人概念的私法性申辩》，载《法律科学(西北政法大学学报)》2015 年第 5 期。

159. 屈茂辉、刘敏：《国家所有权行使的理论逻辑》，载《北方法学》2011 年第 1 期。

160. 李志文、耿岩：《论公用物公法与私法层面上的双重法律规制》，载《暨南学报(哲学社会科学版)》2007 年第 6 期。

161. 程雪阳：《中国宪法上国家所有的规范含义》，载《法学研究》2015 年第 4 期。

162. 李忠夏：《宪法上的"国家所有权"：一场美丽的误会》，载《清华法学》2015 年第 5 期。

163. 税兵：《自然资源国家所有权双阶构造说》，载《法学研究》2013 年第 4 期。

164. 税兵：《非营利法人解释》，载《法学研究》2007 年第 5 期。

165. 巩固：《自然资源国家所有权公权说再论》，载《法学研究》2015 年第 2 期。

166. 张力：《国家所有权遁入私法：路径与实质》，载《法学研究》2016 年第 4 期。

167. 房绍坤、曹相见：《法人人格权的立法论分析》，载《山东社会科学》2016 年第 12 期。

168. 蒋大兴：《论私法的公共性维度——"公共性私法行为"的四维体系》，载《政法论坛》2016 年第 6 期。

169. 吴宣恭：《论法人财产权》，载《中国社会科学》1995 年第 2 期。

170. 李昌庚：《国有财产的中央与地方关系法治考量》，载《上海财经大学学报》2011 年第 4 期。

171. 刘剑文、王桦宇：《公共财产权的概念及其法治逻辑》，载《中国社会科学》2014年第8期。

172. 刘剑文：《论财政法定原则——一种权力法治化的现代探索》，载《法学家》2014年第4期。

173. 熊伟：《财政法基本原则论纲》，载《中国法学》2004年第4期。

174. 张怡：《税收法定化：从税收衡平到税收实质公平的演进》，载《现代法学》2015年第3期。

175. 蒋悟真：《我国预算法修订的规范分析》，载《法学研究》2011年第2期。

176. 侯卓：《财政法学总论体系构建论纲》，载《理论月刊》2015年第9期。

177. 王文英：《试论政府采购合同的性质》，载《行政法学研究》2003年第3期。

178. 于安：《我国政府采购法的几个问题》，载《法商研究》2003年第4期。

179. 于安：《我国政府采购法的合同问题》，载《法学》2002年第3期。

180. 湛中乐、杨君佐：《政府采购基本法律问题研究(上)》，载《法制与社会发展》2001年第3期。

181. 湛中乐、杨君佐：《政府采购基本法律问题研究(下)》，载《法制与社会发展》2001年第4期。

182. 杨蔚林、杨诗媛：《论法国政府采购主体的构成和特点》，载《中国政府采购》2015年第11期。

183. 陈兆霞：《政府采购法律问题研究》，载《现代法学》2003年第2期。

184. 张三保、田文杰：《地方政府企业化：模式、动因、效应与改革》，载《政治学研究》2014年第6期。

185. 李昌庚：《国家公产使用研究》，载《政法论丛》2014年第

2 期。

186. 葛延民：《法人越权原则比较研究》，载《当代法学》2002 年第 5 期。

187. 周友军：《德国民法上的公法人制度研究》，载《法学家》2007 年第 4 期。

188. 王保礼、刘德生：《对行政机关超越职权的认定》，载《法学杂志》1998 年第 4 期。

189. 戴红兵、余光辉：《法人目的事业范围之检析》，载《现代法学》2001 年第 6 期。

190. 孙玉芝、姜兆林：《浅析法人目的外行为的效力》，载《法学论坛》2001 年第 4 期。

191. 温世扬、何平：《法人目的事业范围限制与"表见代表"规则》，载《法学研究》1999 年第 5 期。

192. 李建华、许中缘：《法人越权行为原则的再认识》，载《法制与社会发展》2001 年第 2 期。

193. 徐凤真：《法人目的事业制度探析》，载《政法论丛》2003 年第 3 期。

194. 吴京辉、金恩雨：《〈民法总则〉背景下商事表见代理的制度回应》，载《社会科学》2017 年第 9 期。

195. 朱虎：《表见代理中的被代理人可归责性》，载《法学研究》2017 年第 2 期。

196. 叶金强：《表见代理构成中的本人归责性要件——方法论角度的再思考》，载《法律科学(西北政法大学学报)》2010 年第 5 期。

197. 叶金强：《表见代理中信赖合理性的判断模式》，载《比较法研究》2014 年第 1 期。

198. 尹田：《论表见代理》，载《政治与法律》1988 年第 6 期。

199. 杨芳：《〈合同法〉第 49 条(表见代理规则)评注》，载《法学家》2017 年第 6 期。

200. 王建文、李磊：《表见代理判断标准重构：民商区分模式及其制度构造》，载《法学评论》2011 年第 5 期。

201. 王浩：《表见代理中的本人可归责性问题研究》，载《华东政法大学学报》2014 年第 3 期。

202. 罗瑶：《法国表见代理构成要件研究——兼评我国〈合同法〉第49 条》，载《比较法研究》2011 年第 4 期。

203. 冉克平：《表见代理本人归责性要件的反思与重构》，载《法律科学(西北政法大学学报)》2016 年第 1 期。

204. 吴国喆：《表见代理中本人可归责性的认定及其行为样态》，载《法学杂志》2009 年第 4 期。

205. 张海燕：《简论表见代理》，载《政法论丛》2002 年第 2 期。

206. 张佑齐：《论国家赔偿法中"公权力"之概念——以给付行政与行政私法为探讨核心》，载《岭东财经法学》2013 年第 6 期。

207. 朱新力、余军：《国家赔偿归责原则的实证分析》，载《浙江大学学报(人文社会科学版)》2005 年第 2 期。

208. 高家伟：《论国家赔偿责任的性质》，载《法学杂志》2009 年第 5 期。

209. 杨小君：《国家赔偿的归责原则与归责标准》，载《法学研究》2003 年第 2 期。

210. 林卉：《怠于履行公共职能的国家赔偿责任》，载《法学研究》2010 年第 3 期。

211. 孙文桢：《私法视野下的〈国家赔偿法〉修改》，载《河北法学》2010 年第 9 期。

212. 刘宗德：《公私协力所生国家赔偿责任归属之研究》，载《行政法学研究》2015 年第 1 期。

213. 江必新：《国家赔偿与民事侵权赔偿关系之再认识——兼论国家赔偿中侵权责任法的适用》，载《法制与社会发展》2013 年第 1 期。

214. 林鸿潮：《论民事责任在国家赔偿中的适用——扩大国家赔偿

范围的一种可能途径》，载《南都学坛(人文社会科学学报)》2016 年第
1 期。

215. 廖海：《中外国家赔偿制度之比较》，载《法学评论》1996 年第
1 期。

216. 应松年、杨小君：《国家赔偿若干理论与实践问题》，载《中国
法学》2005 年第 1 期。

217. 雷运龙：《强制执行之基本定位》，载《民事程序法研究》第
16 辑。

218. 刘松山：《德国行政诉讼和国家赔偿制度》，载《云南大学学报
(法学版)》2004 年第 3 期。

219. 余睿：《行政法视野下的公共财产支配权效力探究》，载《江汉
论坛》2015 年第 9 期。

220. 张建文：《民事程序法视野中的国家公产问题》，载《理论探
索》2006 年第 1 期。

221. 王伟奇：《论行政法上金钱给付义务的强制执行》，载《南京工
业大学学报(社会科学版)》2006 年第 2 期。

222. 张骐：《论当代中国法律责任的目的、功能与归责的基本原
则》，载《中外法学》1999 年第 6 期。

223. 胡敏洁：《论政府购买公共服务合同中的公法责任》，载《中国
法学》2016 年第 4 期。

224. 张敏：《政府购买公共服务后的行政担保责任》，载《行政论
坛》2015 年第 5 期。

225. 王瑞雪：《论行政法上的治理责任》，载《现代法学》2017 年第
4 期。

226. 李霞：《公私合作合同：法律性质与权责配置——以基础设施与
公用事业领域为中心》，载《华东政法大学学报》2015 年第 3 期。

227. 杨彬权：《论国家担保责任——担保内容、理论基础与类型
化》，载《行政法学研究》2017 年第 1 期。

228. 卢护锋：《公私合作中政府责任的行政法考察》，载《政治与法律》2016 年第 8 期。

229. 陈松：《公私合作的公法调适——以国家担保责任为中心》，载《武汉理工大学学报(社会科学版)》2015 年第 5 期。

五、英文文献

1. Paul A. Grout, Margaret Stevens: "The Assessment: Financing and Managing Public Services", Oxford Review of Economic Policy, Vol.19, No.2, Summer 2003.

2. Liam Murphy and Thomas Nagel, "The Myth of Ownership-Taxes and Justice", New York, 2002.

3. Andreoni Erard, and Feinsten, "Tax Compliance", Journal of Economic Literature 36, 1998, p.851.

4. Friedrich Carl von Savigny, "Jural Relations or the Roman Law of Persons as Subject of Jural Relations: being a Translation of the Second Book of Savigny's System of Modern Roman Law", translated by William Henry Rattigan, London, 1884, p.179.

5. Roberts, N. C. "Public Entrepreneurship and Innovation", Policy Studies Review, 1992, Vol.11.

6. Ravi Ramamurti, "Public Entrepreneurs Who They Are and How They Operate", California Management Review, Vol.XXVII, No.3, Spring, 1986.

7. Dorothy J.Solinger, "Urban Entrepreneurs and the State: The Merger of State and Society in Dorothy J.Solinger, China's Transition from socialism: Statist legacies and Market Reforms", 1980—1990. M.E.Sharpe, Inc., 1993, p.256.

8. W.E.Butler, "Immunity of Soviet Juridical Persons", The Modern Law Review, Vol.35, No.2(Mar., 1972), pp.189—193.

9. O.S.Yoffe, Y.K.Tolstoy, "The New Civil Code of the R.S.F.S.R.: A

Soviet View", The International and Comparative Law Quarterly, Vol.15, No.4 (Oct., 1966), pp.1090—1115.

10. Andrew Vincent, "Can Groups Be Persons?", The Review of Metaphysics, Vol.42, No.4(Jun., 1989), pp.687—715.

11. Kazimierz Grzybowski, "Public Policy and Soviet Law in the West after World War II", The American Journal of Comparative Law, Vol.4, No.3 (Summer, 1955), pp.365—387.

12. George H. Sabine, "Pluralism: A Point of View", The American Political Science Review, Vol.17, No.1(Feb, 1923), pp.34—50.

13. W. W. Willoughby, "The Juristic Conception of the State", The American Political Science Review, Vol.12, No.2(May, 1918), pp.192—208.

14. D.Harcourt Kitchin, "The Public Corporation", The British Medical Journal, Vol.2, No.4315(Sep.18, 1943), pp.369—371.

15. D. Harcourt Kitchin, "The Public Corporation (Concluded)", The British Medical Journal, Vol.2, No.4317(Oct.2, 1943), pp.423—424.

16. J. Preston Carson, "The Liability of Public Corporations", The Virginia Law Register, Vol.5, No.10(Feb., 1900), pp.661—665.

17. W.Friedmann, "The New Public Corporations and the Law", The Modern Law Review, Vol.10, No.3(Jul., 1947), pp.233—254.

18. J. A. G. Griffith, "Public Corporations as Crown Servants", The Modern Law Review, Vol.12, No.4(Oct., 1949), pp.496—498.

19. Bahl R. "A Regression Approach to Tax Effort and Tax Ratio Analysis", International Monetary Fund Staff Papers, 1971, 18(3):570—612.

20. MJ Barclay, CG Holderness, "Private benefits from control of public corporations", Journal of Financial Economics, 1989, 25(2):371—395.

21. A Prosser, R Kofler, R Krimmer, "Deploying Electronic Democracy for Public Corporations", Lecture Notes in Computer Science, 2003, 2739: 234—239.

后　记

　　本书是在博士学位论文《财政法视角的机关法人研究》基础上修订而成。而博士论文和本书的完成，不仅在于自身的努力，更有赖于诸多师友和亲人的支持和帮助。

　　我生性愚钝，有幸拜师于熊伟老师门下，得其悉心指导，耐心释疑，倾心育人，甚为感激。犹记得博士刚入学时，熊老师便教导我："你的研究方向侧重于财政法，财政法的视野更广阔，即便将来专注于税法，也是有帮助的。你给我的印象是，有较好的抽象思维基础，即便做税法，也适合做税法总论。"至此，基于自身因素的综合考虑，我走向了以财政法为主，辅之于税法的攻博研习之路。并且，自进入"熊门"伊始，无论是之于学习还是生活，熊老师均给予了耐心指导、精心培育和竭力帮助，深刻诠释了"学高为师、德高为范"的师德观。通过财政部委托课题、国家社科基金重点项目等的学习与研究，我近距离地感受到了老师做学问的严谨态度和精益求精的品质，领略到了老师的远见卓识，更让我慢慢体悟到了为人和做学问的真谛。每周一次的读书会，更是给予了我们太多的指导，受益匪浅。不止于此，老师逐字逐句地对博士论文予以指导与修改的风范，即便是小到一个标点符号的指正，也都督促我慢慢养成为人踏实，为学问严谨的习惯。

　　本书暨博士论文在选题期间，经多次与导师沟通，最终确定机关法人这一具有中国特色的法律主题。于我而言，这是一个全新的尝试和挑战，之前虽侧重于财政法的研习，但并未深入关注过这一极具领域法特质的领域。它不仅涉及民法，也与行政法、财政法等公法领域紧密关联，横跨两大法域，加之我对财政法既有研究的薄弱，更是无形中增加了写作的难度。幸运的是，熊老师精通财政法、税法理论与实务，给了我不竭的信心和点拨。写作过程中，老师经常找我交流看法，修正思路，以免偏离正确的航道，从而也消除了我的一些困惑乃至怀疑。每一次走出办公室，每一次微信的信息传递和语音通话，都让我重燃激情，茅塞顿开。正是熊老师不厌其烦地教诲和导引，才让我在本书的构思与写作之中，慢慢顿悟到论题的理论价值与实践意义。在此，特别感谢熊老师对博士论文暨本书的真知灼见，感恩老师对学术论文撰写的应有态度和科学方法论等方面的指导，以及对我学术生涯规划的指引。熊老师的指导与帮助，必将使我受益终生，我将永生铭记。生活上，熊老师同样给了我最大的帮助，让我在窘迫的经济环境下安心读书，潜心研究。当然，熊老师对我的影响和帮助，远不止体现在博士论文的写作上，也不仅仅局限于如何做学问，他给了我为学界所认知的机会和展现自我的平台，让我懂得了一些未曾注意的细节和待人处事之道。对于我的择业与生活，老师也常常表示关心与尊重。凡此种种，都使我受益一生。同时还要感谢师母傅老师对于学生生活的关心，让人倍感亲切。借此后记，对熊老师和傅老师自我攻博以来的支持和帮助，表示最真实的谢意！无以回报，唯有继续努力。

"熊门"一直是一个团结的大家庭。通过读书会这一平台，同门们不仅定期碰撞思想，交流心得，更重要的是我们结下的兄弟姐妹情谊。先前已经毕业的宗涛师兄、映川师兄、洪平师兄、晓光师兄、金育师兄、聂淼师兄、德瑞师兄，一直是我前行路上的榜样。各位师兄或对我的论文写作给予深度指点和诚心鼓励，或对我 PPT 制作和讲课技巧予以耐心指导，赐予我不少前进的力量。尤其感激金育师兄，亦师亦兄亦友，同样在生活和学习中给予了我诸多帮助。对我的每一篇小论文的真知灼见，对博士论文大纲的调适建议、对就业简历的字字斟酌等，均给以耐心细致的指导，不胜感激。同时要感谢苏娟嫂子，每当中秋佳节之际，总能寻得一桌可口的饭菜，让深处异乡的我倍感温暖。感谢宛立、小东、铁拴等师弟师妹，让我全身心投入博士论文的撰写之中；感谢艳芳、佳敏、露云、斯琪、何麒、丹丹、王昭、光辉、帅帅等 2015 级财税法小伙伴，一路相伴，共同成长，累并快乐着，《珞珈税洲》即为典型例证。同时感谢睿刚、楷理、新凯、文标、世能、杜茜、侯瑶等师弟师妹，攻博期间在我生活和研究上给予了诸多帮助。书短意长，不尽欲言，祝愿大家一切都好！

武汉大学经济法教研室的冯果教授、宁立志教授、孙晋教授、张荣芳教授、喻术红教授，在教研室的各种会议中，领略了到各位老师的风采。正是因为有老师们的无私帮助，才使我得以幸运地步入法学院攻读博士学位；也因为老师们在博士论文开题、预答辩时的金玉良言，让我及时调整了论文的建构思路和写作风格，才避免博士论文偏离应有的航向，学生感激不尽。青年老师李安安副教授、南玉梅副教授、袁康副教授、班小辉副教授、周围副教授，于我两次博士学术沙龙的亲身指导，无论是知识拓展还是写作技巧，都使我学到不少。中南大学法学院李国海教授、安徽大学法学院李胜利教授在毕业答辩中对博士论文的指点让我颇受启发，一并感谢。当然，我的求学路上还有许许多多的师友一直支持和鼓励着我，在此也一并表示谢意。各位老师为人为学的风范，定将指引我前行。

武汉大学经济法的各位同学，鲍雨、王贵、段丙华、董维、罗高峰、曾青未、谢贵春、郑定山、毛景、房海军、钟原等师兄弟姐妹，博士期间不但给了我拓宽知识面的机会，还给了我思维上的诸多启迪，特此感谢！

此外，还需要感谢西南政法大学经济法学院张怡教授对我入职以来在学业、工作和生活的悉心指导与关心，感谢西南政法大学经济法学院卢代富教授对本书出版的大力支持与帮助，感谢西南政法大学经济法学院诸位老师和同仁于我工作和生活上的诸多支持和帮衬，感谢上海人民出版社夏红梅编辑和伍安洁编辑对本书的精心编校与无私帮助。需要感谢的人太多，在此不一一列举，还请见谅。

后　记

　　"无父何怙，无母何恃?"最后必须感谢的是我的父母，数年来仅是春节期间回家一次，家中事务极少承担，但父母从不抱怨，还时常开导和牵挂着我，感动之余难免愧疚。感谢妹妹和妹夫，你们对家里的照顾，才能让我在外踏实学习，潜心研究。借本书出版之机，对至亲家人表示诚挚的感谢，祝愿你们身体健康，万事顺心!

　　本书虽倾注了我不少心血，凝聚诸多人的希望，但终因能力所限，不足之处难以避免。唯有不断努力，继续全面而又深刻地诠释机关法人制度和其他财税法命题。成功也好，遗憾也罢，本书终将是三年博士生涯的思想结晶，也预示着人生走向了另一阶段。人生只有走出来的美丽，没有等出来的辉煌，只愿未来不忘初心，砥砺前行，不负众望!

图书在版编目(CIP)数据

机关法人体系化研究:从民法到财政法/张成松著
.—上海:上海人民出版社,2021
ISBN 978-7-208-17061-2

Ⅰ.①机… Ⅱ.①张… Ⅲ.①民法-研究-中国 ②财
政法-研究-中国 Ⅳ.①D923.04 ②D922.204

中国版本图书馆 CIP 数据核字(2021)第 071685 号

责任编辑 夏红梅 伍安洁
封面设计 一本好书

机关法人体系化研究:从民法到财政法
张成松 著

出　　版　上海人民出版社
　　　　　　(200001　上海福建中路 193 号)
发　　行　上海人民出版社发行中心
印　　刷　常熟市新骅印刷有限公司
开　　本　635×965　1/16
印　　张　16
插　　页　2
字　　数　214,000
版　　次　2021 年 5 月第 1 版
印　　次　2021 年 5 月第 1 次印刷
ISBN 978-7-208-17061-2/D·3752
定　　价　60.00 元